Pesquisa de mercado:
fundamentos teórico-metodológicos
aplicados a estudos de publicidade
e de opinião

Edmundo Brandão Dantas
Samuel Pantoja Lima

Pesquisa de mercado:
fundamentos teórico-metodológicos
aplicados a estudos de publicidade
e de opinião

Livraria & Editora Senac-DF
1ª edição

Brasília, 2018

SENAC • Serviço Nacional de
Aprendizagem Comercial – DF

PRESIDENTE DO CONSELHO REGIONAL
Adelmir Santana

DIRETOR REGIONAL
Luiz Otávio da Justa Neves

EDITORA SENAC DISTRITO FEDERAL

Coordenador
Luiz Otávio da Justa Neves

Editora-chefe
Bete Bhering (mariabh@df.senac.br)

Livreiro-Chefe
Antonio Marcos Bernardes Neto
(marcos@df.senac.br)

Coordenação Editoriall
Gustavo Coelho (gustavo.souza@df.senac.br)

EQUIPE DA EDITORA
Bete Bhering, Gustavo Coelho, Nair Ofuji
e Paula Dias

EDITORA SENAC-DF
SIA Trecho 3, lotes 625/695,
Shopping Sia Center Mall - Loja 10
CEP 71200-030 - Guará - DF |
Telefone: (61) 3313.8789
e-mail: editora@senacdf.com.br
home page: www.editora.senacdf.com.br

CONSELHO EDITORIAL
Ana Beatriz Azevedo Borges
Antonio Marcos Bernardes Neto
Elidiani Domingues Bassan de Lima
Kátia Christina S. de Morais Corrêa
Luiz Carlos Pires de Araújo
Paulo Henrique de Carvalho Lemos
Thales Pereira Oliveira
Verônica Theml Fialho Goulart
Viviane Rassi

NESTA EDIÇÃO

Capa
Gustavo Coelho e Paula Dias

Projeto gráfico e diagramação
Gustavo Coelho
Paula Dias

Revisão
Edelson Rodrigues

Revisão de prova
Nair Ofuji

Copyright © by Edmundo Brandão Dantas
Todos os direitos desta edição
reservados à Editora Senac-DF.
Editora Senac Distrito Federal, 2018.

FICHA CATALOGRÁFICA

D192p

Dantas, Edmundo Brandão
    Pesquisa de mercado: fundamentos teórico-metodológicos aplicados
a estudos de publicidade e de opinião / Edmundo Brandão Dantas,
Samuel Pantoja Lima - Brasília: SENAC, 2018.
    224 p. 16,5cm X 24cm
    ISBN: 978-85-62564-71-0
    1. Publicidade. 2. Metodologia de pesquisa. 3. Estudos de mercado.
I. Título. II. Autor

CDU 659.113.2

Lidiane Maia dos Santos – Bibliotecária – CRB 2284/DF

Sumário

Prefácio 9

Apresentação e agradecimentos 11

Notas sobre os autores 15

Alguns conceitos importantes para se entender pesquisa 17

    Tipos de pesquisas 18

    A pesquisa exploratória 18

    Objetivos da pesquisa exploratória 18

    A pesquisa conclusiva 19

    A pesquisa conclusiva descritiva 19

    A pesquisa painel 23

    Vantagens e desvantagens da pesquisa painel 23

    Pesquisa conclusiva causal, explicativa ou experimental 23

    Conceitos importantes para a experimentação 24

    O projeto experimental 25

    Modalidades de pesquisa 26

O ambiente de comunicação e as pesquisas 27

    Fontes de dados em pesquisas 30

    Dados primários e secundários 31

    Sequência na procura de dados em pesquisas 32

    Classificação econômica 34

A informação psicográfica e algumas técnicas para sua caracterização 39

    Itens de atividades, interesses e opiniões (AIO)
    para caracterizar estilo de vida 40

    A teoria de valores de Schwartz 42

    A lista de valores (LOV) 44

    O sistema VALS (*Values and Lifestyle System*) 46

    O estudo psicográfico genérico 49

Metodologia utilizada em pesquisa **51**

Técnicas de coleta de dados primários 54

Técnica de coleta de dados: comunicação 55

Medidas exigidas para a preparação da entrevista 57

Principais problemas com a técnica da entrevista.. 57

O questionário 58

Vantagens e desvantagens da técnica da comunicação para coleta de dados........60

Técnica de coleta de dados: Observação..61

Tipos de observação..62

Vantagens e desvantagens da técnica de observação para coleta de dados 63

Técnicas de coleta de dados em fontes secundárias 63

Novas técnicas para coleta de dados 64

Medidas e instrumentos de coleta de dados 65

Técnicas para medir atitudes...66

Tipos de escalas de autorrelato utilizadas para medir atitudes 70

Construção de instrumentos de coleta de dados:
o questionário...**81**

Questões, capacidade dos entrevistados e efeito do método de aplicação
na elaboração do questionário 84

Propósito, estrutura e redação das questões 86

Tipos de questões..87

Estrutura das questões 87

Determinação do instrumento de coleta segundo o método de
administração e forma de aplicação 89

Redação do instrumento de coleta..89

Especificações do uso...91

Pré-testes 92

Decisões para a redação da versão final do instrumento de coleta...........92

Planejamento das operações de coleta de dados 93

Evitando vieses nas entrevistas...96

Contratação e capacitação de entrevistadores.. 97

Quando pagar salário fixo aos entrevistadores 99

Controle...99

O relatório de pesquisa 102

A pesquisa **103**

O problema de pesquisa.. 104

O objetivo geral 106

Os objetivos específicos 107

Formulação de hipóteses 108

Testes de hipóteses 108

Métodos de abordagem de pesquisas..110

Abordagem qualitativa 110

Limitações da abordagem qualitativa 110

Abordagem quantitativa.. 111

Limitações da abordagem quantitativa...112

Interfaces entre pesquisas com abordagem quantitativa e qualitativa 112

A pesquisa com abordagem qualitativa 115

Características da pesquisa qualitativa 116
A discussão em grupo (grupo focal) 118
Grupo focal on-line 123
O moderador das discussões em grupo 126
Entrevistas em profundidade 127
Entrevista intensiva 129
A pesquisa etnográfica 132
Análise do discurso 134

A pesquisa com abordagem quantitativa 137

Censo 137
Amostra e amostragem 138
Atributos de qualidade de uma boa amostra 140
Alguns conceitos importantes para se trabalhar com amostragem 141
Tipos de amostragem 143
Amostragens não probabilísticas 144
Seleção de amostras por conveniência ou acidental 145
Seleção de amostras por julgamento ou intencional 145
Seleção de amostras por quotas ou proporcional 145
Amostragens probabilísticas 146
Aleatória Simples 146
Estratificada 147
Por conglomerados 149
Sistemática 149
Notação de fórmulas utilizadas na teoria da amostragem, para cálculo do tamanho de amostras 151
Cálculo do tamanho da amostra 152
Outros fatores determinantes do tamanho da amostra 160
Erros que podem ser cometidos em pesquisas 161
Erros não amostrais 161
Erros amostrais 163
Erros cometidos no processo de amostragem 163
Os erros de não-resposta 163
Processamento dos dados 167
Tabulação de dados 172
A tabulação de dados de pesquisas realizadas pela Internet 176

Análise de dados 185

Tipos de análise de dados 189
Análise de conteúdo 192
Método da análise de conteúdo 197
Abordagens da análise de conteúdo 204

Referências 209

Anexos 215

Anexo 1 215
Anexo 2 222

Prefácio

Ensinar pesquisa, principalmente com abordagem quantitativa, a alunos de Comunicação Social em cujo curso não há disciplinas de Estatística é, no mínimo, um desafio interessante, para não dizer uma ousadia.

Eis a tarefa que cabe a mim, Edmundo, como professor de pesquisa para estudantes de Publicidade e Propaganda (PP), e que cabia ao professor Samuel Lima, quando professor de pesquisa para estudantes de Comunicação Organizacional (ComOrg), na Faculdade de Comunicação da Universidade de Brasília.

A verdade que tem que ser dita é que muitos dos que escolhem estudar Comunicação não têm qualquer afinidade nem com Matemática, nem com Estatística. Dá para imaginar, então, o tamanho do problema que enfrentamos.

Obviamente que, para professores brasileiros, que trabalham numa verdadeira corda bamba, com quase nenhum apoio e sem o devido suporte para o exercício da profissão, isso não é nenhuma novidade. Com certeza, há colegas nossos, em diversas instâncias, que enfrentam problemas muito maiores do que o nosso.

Nossa afinidade com a pesquisa, principalmente a quantitativa, vem desde os primórdios de nossa vida profissional. Eu, Edmundo, quando engenheiro, fui chefe do departamento de *marketing* de uma empresa de telecomunicações, que exigia, entre o seu rol de competências, a realização constante de pesquisas, ora para se levantar a demanda telefônica, ora para conhecer a satisfação dos usuários, ora para saber a opinião das pessoas acerca de alguma medida adotada pela empresa. O professor Samuel, além de exercer o jornalismo, sempre foi um pesquisador acadêmico nato, com várias pesquisas de opinião aplicadas no mercado e publicadas no âmbito da Comunicação Social, todas de grande importância para sua área de atuação. Juntou-se a essas afinidades mais uma que consideramos, talvez, a mais importante de todas: conhecemo-nos como professores da Faculdade de Comunicação da Universidade de Brasília, percebemos que ministrávamos disciplinas equivalentes, com as mesmas dificuldades e desafios, que tínhamos (temos) uma grande afinidade de ideias e nos tornamos bons amigos. Daí para a frente, começamos a conversar muito e a discutir essas dificuldades, sempre no sentido de aprimorar o conteúdo das disciplinas que ministrávamos. Principalmente, procuramos maneiras de minimizar o impacto da provável aversão dos alunos em relação aos números, ou seja, à Matemática e à Estatística.

Eu, que já ministrava a disciplina para o pessoal de PP antes mesmo de o professor Samuel ministrá-la para o pessoal de ComOrg (o curso foi criado bem depois na Faculdade de Comunicação), já convivia com essa situação há algum tempo. Minhas aulas iam bem até o momento em que eu chegava à pesquisa com abordagem quantitativa. Quando eu mostrava aos alunos as fórmulas usadas para o cálculo de amostras, muitos achavam que não ia dar para seguir com a disciplina. E, como se não bastasse o problema, a disciplina de Pesquisa Publicitária era uma disciplina de apenas dois créditos, o que equivale a dizer que eu tinha apenas duas horas semanais de aula para ensinar pesquisa suficiente para o uso de profissionais de PP. Mas havia outros problemas: alguns alunos achavam que jamais iriam usar os conhecimentos que eu, a duras penas, tentava lhes passar. E, como se não bastasse, não conseguiam entender como é que a gente aplicava uma pesquisa a mil pessoas e podíamos generalizar o resultado para um milhão. Concordam que o desafio era (é) grande?

As saídas que encontramos para solucionar o problema foram: valer-nos dos velhos macetes que sempre foram ensinados nas escolas brasileiras para resolver problemas; criar um aplicativo simples e amigável, no Excel, que facilitasse o cálculo do tamanho de amostras (esse aplicativo segue como um brinde deste livro); apresentar, em nossas aulas, o mínimo necessário e suficiente conteúdo de Estatística, para que os alunos entendessem os conceitos mais elementares de pesquisa; e mostrar aos alunos que tanto em PP quanto em ComOrg, com absoluta segurança, eles, em algum momento, teriam algum contato com a pesquisa e, eventualmente, teriam até que realizar algumas pesquisas mais simples. Na disciplina "Pesquisa em Opinião e Mercado", que o professor Samuel ministrava, com quatro horas semanais, foi possível experimentar a prática de pesquisas de opinião e mercado, com organizações públicas e privadas, que atuam no cenário de Brasília e Distrito Federal.

Consideramos os resultados, até agora, bastante satisfatórios, uma vez que os alunos têm passado pela disciplina sem traumas. Essa experiência foi o principal motivador para este livro: tentar passar aos leitores o mínimo necessário para que entendam a importância da pesquisa para a Comunicação, saber usar, sem grandes receios e de forma correta, os ferramentais de pesquisa e ter conhecimento suficiente para saber contratar um instituto de pesquisa e lidar com os resultados dela. A pretensão é grande? Achamos que não. Faça a sua avaliação.

Edmundo Brandão Dantas e Samuel Lima.

Apresentação e agradecimentos

O título inicialmente pensado para este livro, na verdade, não refletia uma verdade absoluta. A explicação é muito simples: o título seria "Pesquisa Publicitária", restrito a estudantes de Publicidade e Propaganda, ou "Pesquisa de Opinião e Mercado", direcionado para alunos de Comunicação Organizacional. Como o que existe, na verdade, é pesquisa, seja ela aplicada a que ramo for, quer com o fim de mensurar a satisfação de clientes e consumidores, quer para conhecer a opinião de públicos diversos, os critérios, métodos e técnicas aplicados em pesquisas relacionadas ao setor de comunicação são os mesmos aplicados em pesquisas relacionadas a quaisquer outros setores. Como, entretanto, ministramos, na Faculdade de Comunicação da Universidade de Brasília, duas disciplinas de pesquisa com nomes distintos – Pesquisa Publicitária, para estudantes de Publicidade e Propaganda; e Pesquisa de Opinião e Mercado, para alunos de Comunicação Organizacional –, resolvemos alterá-lo de modo a que reflita diretamente essas duas experiências pedagógicas.

E já que ministramos essas disciplinas, atrevemo-nos a propor um conceito a respeito do que seria uma pesquisa publicitária:

> *A pesquisa publicitária é a investigação sistemática, controlada, empírica e crítica de dados com o objetivo de descobrir e (ou) descrever fatos e (ou) de verificar a existência de relações presumidas entre fatos (ou variáveis) referentes à divulgação de bens, serviços e ideias, e à publicidade como ferramenta de comunicação.*

Como pode ser observado, pelo conceito apresentado, nada há de diferente em relação ao que se faz em qualquer tipo de pesquisa, a não ser o foco sobre a publicidade como ferramenta de comunicação. Vejamos:

a) Em nosso conceito, a pesquisa publicitária é uma investigação sistemática, controlada, empírica e crítica de dados, como é, aliás, qualquer outro tipo de pesquisa.

b) Com o objetivo de descrever e (ou) descobrir fatos e (ou) de verificar a existência de relações presumidas entre fatos (ou variáveis), como qualquer outro tipo de pesquisa.

c) Referente à divulgação de bens, serviços e ideias, e à publicidade como ferramenta de comunicação – e aí reside a única diferença da pesquisa "publicitária", em relação às demais.

Do mesmo modo, arriscamo-nos a propor um conceito a respeito do que seria a pesquisa de opinião:

> *A pesquisa de opinião, conhecida também como sondagem, é um levantamento de cunho quantitativo ou qualitativo, que indica as opiniões de uma população analisada, por meio de perguntas direcionadas a uma fatia dessa população. Quando a abordagem é quantitativa, pode-se extrapolar as respostas para toda a população, a partir de uma amostra específica calculada, dentro de determinado intervalo de confiança. Quando a abordagem é qualitativa, pode-se ter uma ideia aproximada do que as pessoas estão pensando acerca do assunto estudado e, com isso, extrair hipóteses para futuros estudos quantitativos. Trata-se de uma forma de saber o que as pessoas com um perfil definido pensam e como se comportam. A pesquisa de opinião possibilita a exploração desde temas polêmicos até situações cotidianas, razão pela qual é utilizada por empresas, instituições públicas e privadas, ONGs e empreendedores de todos os gêneros, para obter informações acerca dos interesses de eleitores, das preferências de mercados, da satisfação de clientes, entre outras.*

Entre as principais vantagens da pesquisa de opinião, podemos citar:

a) Permite compreender que tipo de informação necessitamos para nossa demanda e que favoreça os objetivos da organização.

b) Permite gerar informações até então ocultas sobre o mercado – concorrentes, negócio ou clientela –, de modo a aplicá-las de forma estratégica, e assim gerar diferencial.

c) Pode ser amplamente "customizada" a cada contexto.

d) Possui diversos tipos de técnicas e metodologias que podem se adequar a qualquer objetivo de pesquisa.

A demanda por um livro como este surgiu de alguns alunos das disciplinas, que, de certo modo, assustados com aspectos relacionados aos tipos de pesquisa utilizados normalmente nas organizações em geral, seja com objetivos relacionados ao *marketing*, à publicidade e a propaganda e à comunicação organizacional, muitos deles com abordagem quantitativa, solicitaram que escrevêssemos algo com o mesmo conteúdo das aulas. É importante explicar que, em nossas aulas, por sua rápida carga horária, não temos tempo de nos debruçarmos profundamente em certos aspectos ligados à estatística. Apresenta-se, então, a nós, professores de pesquisa, um desafio interessante: como falar em pesquisa, em especial a com abordagem quantitativa, sem nos aprofundarmos em estatística? Vale esclarecer que na grade de disciplinas de graduação das diversas habilitações oferecidas pela Faculdade de Comunicação da Universidade de Brasília, onde lecionamos, não é oferecida nenhuma disciplina de introdução à Estatística ou de Estatística aplicada. Isso faz com que nossos alunos, avessos quase que unanimemente a números, enfrentem certos problemas quando, por exemplo, ao elaborarem seus trabalhos de conclusão de curso, têm que realizar alguma pesquisa quantitativa. Esse é o problema maior, o grande desafio. Mas, mesmo assim, ao ministrarmos a disciplina já há algum tempo, entendemos que conseguimos obter sucesso em nossa difícil empreitada: a maior parte dos alunos consegue, ao final, perceber a relevância da pesquisa para sua área de estudo, sem passar por grandes sofrimentos.

O diferencial deste livro, então, é abordar o assunto "pesquisa", de antemão um assunto relativamente complexo, sem causar grandes traumas nos que utilizam ou contratam pesquisas para suas tomadas de decisão, ou seja, no ambiente de negócios da comunicação organizacional, de maneira geral, e da publicidade e propaganda, de maneira específica. Para nós, pesquisa é produção de conhecimento, seja de caráter empírico (técnico) ou científico. De todo modo, quando sustentada por uma metodologia científica, ganha em credibilidade e solidez dos dados e inferências produzidos.

Sob certos aspectos, portanto, o livro pode ser considerado superficial. Não temos qualquer pretensão de oferecer aos leitores um livro complexo sobre pesquisa aplicada ao campo da comunicação (jornalismo, publicidade e propaganda, comunicação organizacional etc.), até porque não entramos para valer nos intrincados meandros da estatística. Nossa intenção é, pura e simplesmente, municiar os profissionais de comunicação (publicitários, jornalistas, profissionais de audiovisual e comunicadores organizacionais), em especial os mais jovens, do mínimo de informação necessária, mas suficiente, para boas tomadas de decisão, sem sofrer com o trauma quase que onipresente no curso de comunicação: o trabalho com números.

Temos ainda a preocupação de contribuir para que nossos alunos e alunas não sejam colocados no mercado a cometer tantas gafes como as que vemos diuturnamente nos jornais e na televisão: análises de cenário malfeitas, interpretações incorretas de gráficos e tabelas, pesquisas viciadas, confusões entre amostra e amostragem, análises de tendência com quantidade de pontos de observação insuficientes para configurar uma tendência e coisas do tipo.

Mas tivemos o cuidado de não ficar apenas na pesquisa com abordagem quantitativa. Achamos por bem adentrar também nos caminhos da pesquisa qualitativa, levando em conta que os alunos de comunicação, de modo geral, são relativamente hábeis em entrevistas em profundidade e análises do discurso, técnicas eminentemente qualitativas, mas quase que somente ouvem falar de outras técnicas qualitativas, como o grupo focal e as técnicas projetivas.

Trata-se, assim, de um livro muito simples, mas que, esperamos, pode ajudar muitos profissionais. Como tudo o que nos propomos a fazer, essa é a nossa verdadeira e mais importante intenção.

Queremos agradecer à Editora, que viabilizou a publicação desta obra, ao demonstrar seu voto de confiança em dois professores e pesquisadores brasileiros, possibilitando o compartilhamento do conhecimento desenvolvido em suas áreas de atuação.

Os Autores

Notas sobre os autores

Edmundo Brandão Dantas

Professor pesquisador do Programa de Pós-Graduação em Comunicação da Faculdade de Comunicação da Universidade de Brasília (UnB). Professor Associado da Faculdade de Comunicação da UnB. Doutor em Ciência da Informação (UnB). Mestre em Engenharia de Produção, com ênfase em Planejamento Estratégico (Universidade Federal de Santa Catarina – UFSC). Especializado em *Marketing* (FGV) e em Comunicação Social (CEUB-DF). Engenheiro de Telecomunicações (Inatel-MG) e Economista (AEUDF – DF). Ex-professor de graduação em Comunicação Social do UniCEUB e de outras instituições privadas de ensino superior (FGV-DF, IBMEC e Universidade Católica de Brasília) em cursos de pós-graduação *lato sensu*. Ex-gerente de *marketing* da Telebrasília e do mercado residencial da Brasil Telecom no Centro-Oeste. Consultor de empresas. Autor de diversos livros técnicos publicados pelas editoras Atlas (SP) e Senac (DF). Natural de Caxambu (MG). Atualmente coordena e participa da pesquisa *"Branding* em comunicação", do PPGCOM-FAC-UnB.

Samuel Lima

Docente e pesquisador do curso de Jornalismo e do Programa de Pós-Graduação em Jornalismo (Posjor), da Universidade Federal de Santa Catarina (UFSC), desde março de 2016. Foi professor no curso de comunicação da Associação Educacional Luterana Bom Jesus/Ielusc, em Joiinville/SC (2000/2009) e na Faculdade de Comunicação da Universidade de Brasília (2009/2015). Doutor e Mestre em Engenharia de Produção (UFSC). Autor de diversos livros técnicos em sua área de atuação. Jornalista graduado pela UFSC (1988). Sua última passagem pelo mercado foi em 2009, como repórter especial de economia e política do jornal *Notícias do Dia* (Joinville/Florianópolis). Atualmente participa da coordenação da pesquisa "Governança social, produção e sustentabilidade para um jornalismo de novo tipo (GPS-JOR)" e é pesquisador do Observatório da Ética Jornalística (objETHOS/UFSC).

Alguns conceitos importantes para se entender pesquisa

Para entendermos razoavelmente os processos de pesquisa, é preciso equalizar pelo menos cinco conceitos, todos igualmente importantes:

1. Metodologia: ou seja, o conjunto de métodos, técnicas e instrumentos utilizados para pesquisa de usuários de informação, considerando a descrição do contexto, os fatores e os recursos que incidem ou podem incidir na pesquisa que se levará a cabo.

2. Teoria: ao lado do conhecimento empírico (senso comum), a teoria é o caminho mais fecundo para se chegar à essência dos fenômenos. Ou seja, é na prática que a teoria comprova sua efetividade, se for uma teoria correta, que corresponda efetivamente à essência dos fenômenos (GENRO FILHO, 1987).

3. Método: isto é, o conjunto de procedimentos utilizados para levar a cabo a pesquisa sobre os usuários de informação, mediante a utilização de técnicas e instrumentos com a finalidade de validar os resultados.

4. Técnica: ou seja, o conjunto de ações que permitem obter os dados da pesquisa sobre usuários de informação mediante a utilização dos instrumentos pertinentes.

5. Instrumento: isto é, o dispositivo de registro, em que se apoia a técnica, utilizado como meio para a coleta de dados da pesquisa sobre usuários de informação.

6. Abordagem de pesquisa: ou seja, a forma como será conduzida a pesquisa. Pode ser quantitativa ou qualitativa. A quantitativa lida com números, enquanto que a qualitativa lida com aspectos psicológicos.

Tipos de pesquisas

A classificação dos tipos de pesquisa varia conforme diversos autores. A que mostramos na Figura 1 é a proposta por Mattar (2012), que divide a pesquisa em dois tipos: pesquisa exploratória e pesquisa conclusiva.

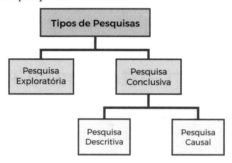

Figura 1: Tipos de pesquisa, segundo Mattar (2012).

A pesquisa exploratória

A pesquisa exploratória geralmente constitui a primeira etapa de uma pesquisa mais ampla e tem o objetivo de proporcionar uma visão geral acerca de determinado fato, com vistas à elaboração de problemas mais precisos e hipóteses (quando for o caso) para estudos posteriores. Ela provê o pesquisador de maior conhecimento sobre o tema ou problema de pesquisa em perspectiva e é apropriada para os primeiros estágios da investigação, quando a familiaridade, o conhecimento e a compreensão do fenômeno por parte do pesquisador são, geralmente, poucos ou inexistentes. É útil quando se tem uma noção muito vaga do problema de pesquisa, além de ajudar a estabelecer as prioridades a serem pesquisadas, quando as opções que se aplicam ao problema de pesquisa são muitas. Assim, a pesquisa exploratória pode ajudar a saber quais as opções mais adequadas.

Objetivos da pesquisa exploratória

Os principais objetivos da pesquisa exploratória são:
- Familiarizar e elevar o conhecimento e a compreensão de um problema de pesquisa em perspectiva.

- Ajudar:
  - » a desenvolver a formulação mais precisa do problema de pesquisa;
  - » a desenvolver ou criar hipóteses explicativas de fatos a serem verificados numa pesquisa causal;
  - » a desenvolver questões de pesquisa relevantes para o objetivo pretendido;
  - » a determinar variáveis relevantes a serem consideradas num problema de pesquisa;
  - » a delinear o projeto final de pesquisa.
- Clarificar conceitos.
- Acumular, *a priori*, informação disponível relacionada a um problema de pesquisa conclusiva a ser efetuada ou que está em andamento.
- Verificar se pesquisas semelhantes já foram realizadas, quais os métodos utilizados e quais os resultados obtidos.
- Estabelecer prioridades para futuras pesquisas.

A pesquisa conclusiva

Uma pesquisa é considerada conclusiva quando permite testar hipóteses específicas e examinar relações entre variáveis que possibilitem explicar um fenômeno. Como suas principais características, destacamos:

- A informação necessária é claramente definida.
- O processo de pesquisa é formal e estruturado.
- A amostra é relativamente grande e representativa.
- A análise dos dados é quantitativa.

As constatações advindas de sua aplicação são, como o seu próprio nome diz, conclusivas, usadas como informação para tomada de decisão.

A pesquisa conclusiva descritiva

A pesquisa descritiva consiste na descrição de características de determinada população ou fenômeno ou o estabelecimento de relações entre variáveis. Ela retrata situações que ocorrem no ambiente pesquisado a partir de dados obtidos diretamente do público-alvo e responde às questões relacionadas ao objeto da pesquisa: quem, o que, quanto, como, onde, quando e por quê.

A pesquisa descritiva estuda fatos e fenômenos do mundo físico e especialmente do mundo humano, sem a interferência do pesquisador (CERVO e BERVIAN, 1983). Segundo Rudio (1978), na pesquisa descritiva o pesquisador observa, registra, analisa e correlaciona os fatos, sem manipulá-los. Sem manipular o objeto de pesquisa, ela procura descobrir, com a precisão possível, com que frequência um fenômeno ocorre, sua natureza, características, causas, relações e conexões com outros fenômenos.

A Figura 2 apresenta um esquema com a divisão da pesquisa descritiva:

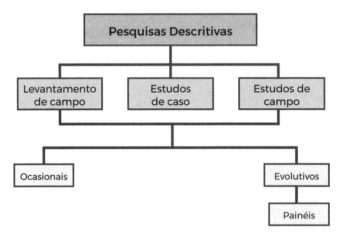

Figura 2 - Pesquisas descritivas e sua divisão.

Por se tratar de uma pesquisa conclusiva, a pesquisa descritiva possui as seguintes características:

- o bjetivos bem definidos;
- procedimentos formais;
- bem estruturadas;
- dirigidas para a solução de problemas ou avaliação de alternativas de cursos de ação;
- a elaboração das questões pressupõe profundo conhecimento do problema a ser estudado:
- O que se pretende com a pesquisa?
    » O que se deseja medir?
    » Quando e onde o fará?
    » Como fará?

» Por que deverá fazê-lo?

A pesquisa descritiva é utilizada para descrever a característica de grupos: obter o perfil dos consumidores por sexo, faixa etária etc., estimar a proporção de elementos de uma população específica que tenham determinadas características ou comportamentos (p. ex.: quantos consomem o produto A ou o produto B) e descobrir a existência de relação entre variáveis: será que as pessoas de maior nível educacional preferem nosso produto?

Como vemos na Figura 2, a pesquisa descritiva, segundo Mattar (2012) pode ser dos tipos levantamento de campo, estudos de caso e estudos de campo. Vejamos o que é cada um deles:

- **Pesquisa de campo ou levantamento de campo**: talvez a mais comum entre as pesquisas descritivas, consiste em explorar e coletar os dados sobre o objeto de estudo, por meio do uso procedimentos metodológicos e objetivos pré-estabelecidos e de técnicas como: observação, participante ou não participante, entrevistas e questionários, em que se procura ter dados representativos da população de interesse, tanto em relação ao número de casos incluídos na amostra, quanto à forma de sua inclusão. É o mesmo que *survey*.

- **Estudo de caso**: é a pesquisa sobre determinado indivíduo, família, grupo ou comunidade, para examinar aspectos variados de sua vida. Trata-se de um método qualitativo que consiste, geralmente, em uma forma de aprofundar uma unidade individual. Ele serve para responder questionamentos a respeito do fenômeno estudado sobre o qual o pesquisador não tem muito controle. O estudo de caso contribui para compreendermos melhor os fenômenos individuais, os processos organizacionais e políticos da sociedade. É uma ferramenta utilizada para entendermos a forma e os motivos que levaram a determinada decisão. Conforme Yin (2001), o estudo de caso é uma estratégia de pesquisa que compreende um método que abrange tudo em abordagens específicas de coletas e análise de dados. Esse método é útil quando o fenômeno a ser estudado é amplo e complexo e não pode ser estudado fora do contexto onde ocorre naturalmente. Ele é um estudo empírico que busca determinar ou testar uma teoria, e tem como uma das fontes de informação mais importantes as entrevistas. Por meio de delas o entrevistado vai expressar sua opinião sobre determinado assunto, utilizando suas próprias interpretações. A tendência do estudo de caso é tentar esclarecer decisões a serem tomadas. Ele investiga um fenômeno contemporâneo partindo do seu contexto real, utilizando múltiplas fontes de evidências. É preciso que tenha diferentes visões teóricas acerca do assunto estudado, pois serão a base para orientar as discussões sobre determinado fenômeno e constituem a orientação para discussões sobre a aceitação ou não das alternativas encontradas. Para isso é preciso possuir uma amostra de várias evidências. É uma investigação que trata sobre uma situação específica, procurando encontrar as características e o que há de essencial nela. Esse estudo pode ajudar na busca de novas teorias e questões que serviram como base para futuras investigações. Os estudos de caso podem ser:

> » Exploratórios: quando se quer encontrar informações preliminares sobre o assunto estudado. Para estudos de casos explanatórios, uma boa abordagem é quando se utiliza de considerações rivais, em que existem diferentes perspectivas, aumentando as chances de que o estudo seja um modelo exemplar.
>
> » Descritivos: cujo objetivo é descrever o estudo de caso.
>
> » Analíticos: quando se quer problematizar ou produzir novas teorias que irão procurando problematizar o seu objeto, construir ou desenvolver novas teorias que irão ser confrontadas com as teorias que já existiam, proporcionando avanços do conhecimento.

- **Estudo de campo**: que permite observar determinado local e/ou situação a partir de uma realidade e, se necessário, buscando soluções para um problema específico. Durante o estudo de campo, é imprescindível que ocorra a pesquisa de campo, que compreende a observação de fatos e fenômenos exatamente como ocorrem no real, a coleta de dados referentes aos fatos e, finalmente, a análise e a interpretação desses dados, com base numa fundamentação teórica consistente, objetivando compreender e explicar o problema pesquisado. A pesquisa de campo exige que as técnicas de coleta de dados sejam apropriadas à natureza do tema e, ainda, à própria definição das técnicas que serão empregadas para registro e análise. Dependendo das técnicas de coleta, análise e interpretação dos dados, a pesquisa de campo poderá ser classificada como de abordagem predominantemente quantitativa ou qualitativa. Numa pesquisa em que a abordagem é basicamente quantitativa, o pesquisador se limita à descrição factual desse ou daquele evento, ignorando a complexidade da realidade social. Já o estudo de campo está menos preocupado com a geração de grandes amostras representativas de uma dada população; ele está preocupado com o estudo medianamente profundo de algumas situações típicas.

O levantamento e o estudo de campo podem ser, de acordo com Mattar (2012), subdivididos em pesquisas ocasionais e pesquisas evolutivas. As pesquisas ocasionais, também conhecidas como pesquisas *ad hoc*, visam atender a um objetivo específico. Nelas, usa-se uma amostra de elementos da população de interesse, que são medidos uma única vez no tempo. As pesquisas evolutivas se baseiam na coleta e na análise periódica das mesmas variáveis, de forma a permitir seus acompanhamentos evolutivos no tempo. Nesse caso, a população pesquisada deverá ser sempre a mesma, mas a amostra pesquisada a cada evolução poderá ou não ser a mesma.

A pesquisa painel

Entre as pesquisas evolutivas, uma das mais usadas em *marketing* e publicidade é a chamada pesquisa painel, que permite a obtenção de informação de forma periódica, além de uma avaliação contínua de sua evolução no tempo. Uma variação da pesquisa de painel bastante utilizada por agências de publicidade é o painel do tipo *omnibus*, em que uma amostra permanente da população é frequentemente pesquisada (a empresa seleciona *a priori* um grupo de pessoas interessadas em participar do painel e as entrevista sempre que necessitar, o que barateia o processo de coleta de dados). A informação coletada pode variar conforme as necessidades dos clientes contratantes da agência.

Vantagens e desvantagens da pesquisa painel

O Quadro 1, a seguir, apresenta as principais vantagens e desvantagens de uma pesquisa painel:

Quadro 1 - Vantagens e desvantagens do painel.

VANTAGENS	DESVANTAGENS
Possibilita análises longitudinais por longos períodos de tempo, que permitem verificar tendências.	Pode gerar vieses por preguiça dos entrevistados no preenchimento dos questionários de avaliação.
Reduz os custos de construções contínuas de amostras (o painel *omnibus* reduz mais ainda).	
Ao repetirem sempre as mesmas tarefas, os entrevistadores ficam habilmente treinados na coleta de dados.	Ao longo do tempo, pode ficar viciada (pincipalmente dos painéis do tipo *omnibus*).
Ganha-se rapidez e precisão.	
Há grande interação entre entrevistado e entrevistador: cria-se ambiente propício para a colaboração.	

Fonte: Elaborado pelos autores.

Pesquisa conclusiva causal, explicativa ou experimental

A pesquisa conclusiva causal, também conhecida como pesquisa explicativa, ou experimental, tem como preocupação central identificar os fatores que determinam ou que contribuem para a ocorrência dos fenômenos. Tenta explicar a razão das coisas, o porquê.

Trata-se de um tipo de pesquisa mais delicado e complexo, pois aumenta consideravelmente o risco de se cometer erros. A experimentação, base da pesquisa causal, é muito utilizada em *marketing* para procurar identificar relações de causa e efeito entre variáveis. Exemplos:

- Qual o melhor canal para distribuir nosso produto?
- Qual a relação entre espaço ocupado na prateleira dos supermercados e a participação de mercado de nosso produto?
- Qual deverá ser o efeito de um novo plano de incentivo à equipe de vendas?

A pesquisa causal baseia-se no conceito de causalidade. Causalidade é a relação entre um evento X (a causa) e um segundo evento Y (o efeito). O conceito de causalidade pode ser visto segundo o senso comum, em que se admite uma única causa gerando um único efeito, e nesse caso é chamado de causação determinística, conforme mostra a Figura 3:

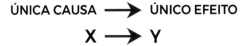

Figura 3: Causação determinística.
Em que: X = variável independente e Y = variável dependente.

O conceito de causalidade pode ser também visto sob a ótica do pesquisador científico, sendo chamado de causação probabilística. Nesse caso admite-se que o cientista tem consciência da impossibilidade de provar, mas de apenas inferir, a existência de causalidade, em que há várias possíveis causas para um único efeito, conforme mostra a Figura 4, a seguir:

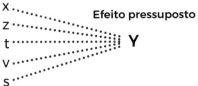

Figura 4 - Causação probabilística.
Em que: x, z, t, v e s são possíveis causas para um efeito pressuposto y.

Conceitos importantes para a experimentação

Para se trabalhar com experimentação, é necessário que entendamos alguns conceitos, tais como:

- **Variáveis independentes:** as que são manipuladas (e/ou controladas), e cujos efeitos sobre as variáveis de *marketing* se deseja medir. Ex.: preço, gastos com propaganda, tipos de promoções etc.

- **Variáveis dependentes:** aquelas cujos efeitos, provocados pelas variáveis independentes, interessam ao pesquisador medir. Ex.: vendas, participação no mercado, atitudes, imagem etc.

- **Variáveis estranhas:** todas as outras variáveis, que não as variáveis independentes consideradas, que possam afetar os resultados da variável dependente. Ex.: desastres naturais.

- **Unidades de teste:** entidades nas quais os tratamentos são aplicados e os efeitos medidos. Ex.: indivíduos, famílias, lojas, regiões geográficas, cidades etc.

O projeto experimental

O projeto experimental, ou experimentação propriamente dita, consiste em se dividir as unidades de teste de produtos, ideias ou campanhas em dois grandes grupos, sendo um deles chamado de grupo experimental, o qual é exposto ao tratamento experimental que se pretende testar, e o outro chamado de grupo de controle, ou seja, o grupo não exposto ao tratamento experimental. O grupo de controle serve para medir os efeitos de outras variáveis a que tanto ele como o grupo experimental estão sujeitos, conforme mostra a Figura 5:

Grupo experimental

Unidades de teste expostas ao tratamento experimental

Qual a resposta do mercado a certos estímulos de comunicação?

Grupo de controle

Unidades de teste não expostas ao tratamento experimental e que servem para medir os efeitos de outras variáveis que tanto o grupo experimental quanto o de controle estão sujeitos

Se não existissem os estímulos de comunicação como seria a resposta do mercado?

1. Definição de hipótese;
2. Determinação da variável independente;
3. Determinação das unidades de teste;
4. Determinação das variáveis dependentes;
5. Determinação dos procedimentos para tratar as variáveis estranhas.

Figura 5 - Projeto experimental.

O processo de um projeto experimental consiste em se estabelecer comparações entre o grupo experimental e o de controle, a partir da definição e dos testes de hipóteses, baseados em uma variável dependente e em diversas variáveis dependentes que caracterizam as unidades de teste. O teste experimental pressupõe, então, a manipulação das variáveis, para se obter maior certeza nas inferências dos experimentos. Há ainda os testes chamados não experimentais, em que não se manipulam as variáveis; os fatores são observados, registrados e correlacionados. Esse tipo de testes não permite controle muito acurado.

Modalidades de pesquisa

Há uma grande diversidade de pesquisas, resultantes, talvez, de classificações distintas propostas por autores com pensamentos diferenciados dos autores mais tradicionais. A essa diversidade chamamos, neste livro, de modalidades de pesquisa, relacionadas conforme segue:

- **Pesquisa transversal múltipla**: é um estudo no qual há duas ou mais amostras de entrevistados e as informações de cada uma delas são obtidas somente uma vez. Um tipo de concepção transversal múltipla é a análise de corte, que consiste em uma série de *surveys* realizados a intervalos de tempo apropriados, em que o corte serve como unidade básica de análise.

- **Pesquisa longitudinal**: é uma variação de pesquisa que envolve uma amostra fixa, a qual é medida repetitivamente. A amostra permanece a mesma ao longo do tempo. Dá uma visão em profundidade da situação e das mudanças que estão ocorrendo. Um exemplo dessa variação de pesquisa é a pesquisa painel.

- **Pesquisa de opinião**: procura saber atitudes, pontos de vista e preferências que as pessoas têm a respeito de determinado assunto, com o objetivo de tomar decisões. Abrange uma grande gama de investigações que visam identificar falhas ou erros, descrever procedimentos, descobrir tendências, reconhecer interesses e outros comportamentos.

- **Pesquisa de motivação**: busca saber as razões inconscientes e ocultas que levam, por exemplo, o consumidor a utilizar determinado produto ou que determinam certos comportamentos ou atitudes.

- **Pesquisa documental e bibliográfica**: consiste em recolher, analisar e interpretar as contribuições teóricas já existentes sobre determinado fato, assunto ou ideia. Normalmente antecede a pesquisa de campo e a pesquisa experimental. Nela são investigados documentos e artigos científicos, além de livros (e neste caso ela é chamada de pesquisa bibliográfica), a fim de se poder descrever e comparar usos e costumes, tendências, diferenças e outras características. Estuda a realidade presente, e não o passado, como ocorre com a pesquisa histórica.

- **Pesquisa histórica**: os fatos são sintetizados e interpretados em relação ao período em que ocorreram.

- **Pesquisa participante ou pesquisa-ação**: caracterizada pelo envolvimento dos pesquisadores com os pesquisados durante o processo da pesquisa.

O ambiente de comunicação e as pesquisas

O ambiente de comunicação está diretamente relacionado a pesquisas de diversos aspectos. Na área de Publicidade e Propaganda, por exemplo, de todas, as mais comuns talvez sejam as pesquisas de audiência, tão importantes para municiar especialmente os profissionais de mídia na distribuição otimizada do dinheiro dos clientes aplicado em comunicação publicitária. Na área de Jornalismo e de Comunicação Organizacional, as pesquisas de opinião constituem insumos importantes para a elaboração de trabalhos diversificados.

Há ainda as pesquisas de perfil de clientes, como as que dão embasamento ao Critério Brasil, do qual falaremos mais adiante, a forma mais tradicional de classificação socioeconômica utilizada pela publicidade. Há as pesquisas de cunho demográfico, geográfico e psicográfico. Há ainda as pesquisas de *recall*, amplamente utilizadas pela publicidade para verificar se as campanhas atingiram como se esperava seus públicos-alvo.

Assim, arriscamo-nos a dizer, com absoluta segurança, que qualquer profissional de Comunicação, seja ele de que habilitação for, de um modo ou de outro, um dia terá que lidar com alguma atividade de pesquisa, seja para contratar um instituto, seja para organizar dados, seja para interpretá-los e, em alguns casos, até planejar, desenvolver e realizar pequenas pesquisas, que variam desde a avaliação da eficácia da publicidade até o teste de *slogans* e o teste de conceitos, passando por pesquisas de opinião, de satisfação de clientes e outras do gênero.

No caso da publicidade, as empresas, por exemplo, utilizam o teste de *copy* para assegurar a eficácia da mensagem utilizada na publicidade e prevenir a exposição de segmentos de mercado importantes a uma publicidade ineficaz e perdulária. *Copy* é o termo utilizado para definir o texto de uma peça publicitária. No âmbito da comunicação publicitária, o resultado desse teste fornece, entre outras informações, uma orientação mais clara para ajustar as promoções.

A pesquisa utilizada em publicidade é praticamente a mesma utilizada em *marketing*, e esta, muitas vezes, também é usada em outras áreas da Comunicação, haja vista a afinidade entre as duas áreas. Uma agência, antes de qualquer campanha, necessita de uma avaliação dos objetivos estratégicos de seus clientes, a fim de sintetizar os detalhes da campanha no contexto dos segmentos-alvo. Um jornal não pode prescindir de pesquisas de diversos tipos e com abordagens distintas para gerar informação confiável aos seus leitores. Uma empresa não pode abrir mão da pesquisa de opinião para gerir suas atividades.

As pesquisas constituem a base de praticamente todas as decisões tomadas na fase de planejamento de campanhas. Com elas, clientes e agências adquirem maior capacidade de compreender o mercado, identificar e definir o perfil do público-alvo, testar ideias criativas, escolher a forma de mídia mais adequada e avaliar o sucesso da campanha.

No *briefing*, normalmente, o próprio cliente municia as agências das pesquisas básicas e iniciais sobre o mercado e os públicos de interesse. Essas pesquisas costumam ser, posteriormente, complementadas por pesquisas realizadas ou encomendadas pela agência.

Quando se fala em pesquisa, logo vem à cabeça o IBGE, o Ibope, o Datafolha e outros institutos de pesquisa mais conhecidos e se pensa que pesquisar é um trabalho complicado e que deve, portanto, ser sempre terceirizado. Isso tem algum sentido, quando se deseja elaborar pesquisas mais complexas, mais aprofundadas e que exijam análises e interpretações mais cuidadosas. Algumas pesquisas mais simples, entretanto, como boa parte dos testes de *recall* necessários para avaliar a percepção do público a respeito de certas mensagens publicitárias repassadas pelas campanhas, podem, eventualmente, ser realizadas pelas próprias agências, desde que haja algum especialista habilitado para isso.

Ouvir o consumidor e transmitir suas crenças para os diferentes departamentos da agência são a essência do trabalho da equipe de planejamento e pesquisa. Pesquisar é muito mais do que perguntar. Quando se utiliza de técnicas exclusivas, desenvolvem-se projetos de pesquisa preocupados em fazer as perguntas certas, da forma e na situação mais adequadas. Muitas vezes essas pesquisas não são de grande porte, o que nos permite descartar o uso de um instituto de pesquisa terceirizado. Uma questão, contudo, é condição essencial para o êxito de qualquer tipo de pesquisa: a precisa definição do problema de pesquisa, ou seja, qual a pergunta que nosso estudo pretende responder.

Outro modo de pesquisar é coletar as informações que já estão disponíveis, de forma gratuita, em livros, na Internet, em cartórios e tudo mais que possa informar sobre consumidor, mercado, produto ou serviço ligado ao cliente, como veremos mais adiante.

Há quem ache a pesquisa algo banal e que pode, portanto, ser descartado, mas a verdade é que sem boas informações a respeito do mercado e outras, nem sempre se pode tomar decisões acertadas. Eis porque a pesquisa é a ferramenta de gestão mais utilizada por todas as economias mundiais.

Os profissionais de mídia de uma agência, que atuam como conselheiros de investimentos que administram os orçamentos de cada cliente, buscam sempre construir e sustentar a liderança da marca desse cliente. Sempre muito integrada à pesquisa, a área de mídia da agência utiliza todas as pesquisas de mercado disponíveis associadas a um banco de dados de veículos de todo o país, garantindo todos os recursos para um bom planejamento estratégico com um planejamento de mídia eficaz, em que o cliente pode ter a segurança de estar investindo bem seu dinheiro. Sua mensagem, seja de marca, seja institucional, será absorvida pelo público que realmente interessa, sem desperdícios e em harmonia com a linha geral de comunicação.

O Quadro 2 apresenta uma síntese dos tipos, abordagens, formas de coleta, análises e aplicações mais comuns utilizados tanto nas pesquisas direcionadas ao *marketing*, quanto às direcionadas à comunicação publicitária:

Quadro 2 - Síntese das pesquisas utilizadas em *marketing* e em publicidade

TIPOS	ABORDAGENS	FORMAS DE COLETA DE INFORMAÇÃO	ANÁLISES REALIZADAS	APLICAÇÕES MAIS COMUNS
Exploratória Descritiva	**Quantitativa** (variáveis numéricas) Trabalha com amostragem (a partir de uma amostra calculada, pode-se tirar conclusões em relação a uma população, dentro de determinadas condições de contorno)	· Levantamentos bibliográficos e de campo · Estudos de caso · Entrevistas pessoais · Entrevistas por telefone · Questionários pelo correio · Questionários via Internet · Questionários pessoais · Observação formal	**Análises estatísticas:** Moda, porcentagens, teste binomial, teste qui-quadrado, medianas, quartis, decis, percentis, correlação, média, intervalo, amplitude total, desvio médio, variância, desvio-padrão, teste z, teste t, análise de variância etc.	**Produtos e serviços:** Lançamentos, melhorias, novos empregos, posição em face da concorrência, preferência do consumidor etc. **Mercados:** Análise do mercado, rentabilidade, estimação do mercado potencial e de demanda, fixação de quotas de vendas etc.
Causal ou Experimental	**Qualitativa** (variáveis psicológicas) Não permite conclusões em relação a uma população, a menos que a quantidade de aplicações seja grande o suficiente para tal	· Levantamentos bibliográficos e de campo · Estudos de caso · Discussões em grupo · Entrevistas pessoais · Entrevistas por telefone · Observação informal · Técnicas projetivas	**Análises psicológicas:** Ligadas a opiniões, atitudes, valores, comportamentos, motivações, estilos de vida, personalidade etc.	**Política comercial:** Estrutura de preços, métodos de vendas, crédito aos clientes, relação com o público, capacidade de atendimento etc. **Métodos comerciais:** Custos comerciais, escolha de sistema publicitário, pesquisa de mídia, testes de vendas etc.

Fonte: Elaborado pelos autores.

No decorrer deste livro, abordaremos com mais detalhes alguns dos itens contidos no Quadro 2.

Fontes de dados em pesquisas

Como obter os dados necessários para a realização de uma pesquisa?

Essa é uma pergunta que sempre nos fazemos quando necessitamos escrever um plano de pesquisa ou realizar alguma pesquisa. A pergunta é pertinente, se considerarmos que as pesquisas tendem a ser caras e, como tal, nem sempre podem ou devem ser realizadas por qualquer motivo.

Para responder a essa indagação, precisamos recorrer a diversas fontes. Entre as principais, destacam-se:

- **O entrevistado**: ao definirmos as pessoas que vão responder à pesquisa, esperamos que elas realmente tenham a informação de que necessitamos. Assim, essa seleção deve seguir critérios rígidos que nos garantam essa certeza. Nesse caso, a informação é obtida por declaração própria, oralmente ou por escrito.

- **Por meio de observação**: como nem sempre conseguimos acesso aos entrevistados, podemos observá-los de diversas maneiras e, mesmo sem ter declarações diretas deles, orais ou escritas, obter informação relevante a seu respeito. Por exemplo, por meio de uma pesquisa rigorosa de notícias publicadas em jornais, revistas e na Internet, podemos ter informação relativamente confiável a respeito de uma personalidade.

- **Pessoas que tenham informação sobre o entrevistado**: a informação pode ser conseguida por meio de pessoas que convivem com ele. Isso acontece, por exemplo, com as autoridades que, por causa de sua importância, se tornam quase inacessíveis. A alternativa é procurar pessoas próximas a elas e, com base em um questionário bem elaborado, extrair dessas pessoas informação que nos permita avaliar, com certa segurança, aspectos diversos dessas autoridades.

- **Documentais**: podem ser considerados "dados secundários", de origem interna ou externa às empresas: relatórios, publicações (impressas ou na Internet), livros, arquivos digitais.

- **Situações similares**: permitem que se chegue a uma aproximação da informação desejada. Exemplo interessante é o das empresas que desejam implantar algum novo serviço em certas regiões de um país, mas têm alguma restrição que as impeçam de realizar pesquisas de mercado mais aprofundadas, para obter informação de melhor qualidade. É comum, nesse caso, buscar por informação colhida em outros mercados e adaptá-la para a região em estudo.

- **Dados disponíveis**: trabalha-se com dados já coletados, tabulados e até analisados, obtidos de pesquisas tornadas públicas por qualquer meio. Exemplo: pesquisas disponibilizadas gratuitamente na Internet por diversas instituições.

Dados primários e secundários

Existem dois tipos de dados: os dados primários e os dados secundários. Os dados primários são aqueles que não foram coletados antes e que ainda estão em posse dos potenciais pesquisados. Esses dados são coletados em campo, para atender às necessidades específicas da pesquisa em andamento, e só devem ser coletados quando a informação decorrente de dados secundários for insuficiente. Para obtê-los, necessitamos da aplicação em campo de pesquisas. Os dados secundários são aqueles que já foram coletados, tabulados, ordenados e, às vezes, até analisados. Eles estão catalogados à disposição de quem se interessar. Há uma diversidade de fontes de dados, destacando-se os anuários estatísticos, o censo demográfico, as cartas de conjuntura, as pesquisas universitárias e as disponibilizadas de forma gratuita ou paga pelos institutos de pesquisa mais conceituados, em diversos meios.

Com a Internet, tornou-se hábito muitas pessoas recorrerem à *Wikipedia* como fonte de dados secundários. Não que isso não possa ser feito, mas temos que ter cuidado na utilização dessa base de dados, uma vez que ela permite que qualquer pessoa poste informação nela. Nem sempre a informação contida na *Wikipedia* é confiável, o que exige que a pessoa que a utiliza tenha capacidade suficiente de discernimento para saber se é confiável ou não.

O uso de dados, tanto primários como secundários, tem suas vantagens e desvantagens, conforme sintetizado no Quadro 3.

Quadro 3 - Vantagens e desvantagens dos dados primários e secundários.

| PRIMÁRIOS || SECUNDÁRIOS ||
VANTAGENS	DESVANTAGENS	VANTAGENS	DESVANTAGENS
Ajustam-se perfeitamente às necessidades de determinada pesquisa	Mais demorados	Economia de tempo	Raramente serão encontrados dados que se ajustem perfeitamente às necessidades de determinada pesquisa
Permite maior exploração do entrevistado para a obtenção de informações adicionais	Mais caros	Economia de dinheiro	Os intervalos de classes podem não coincidir com os que interessariam à pesquisa
Tendem a ser mais confiáveis	Exigem conhecimento de técnicas de coleta e análise	Economia de esforços	Tempo entre a coleta de dados e sua publicação
			Confiabilidade

Fonte: Elaborado pelos autores.

Sequência na procura de dados em pesquisas

A Figura 6 apresenta uma sequência para a procura de dados em pesquisas. Fica clara a evidência da necessidade de se planejar bem a pesquisa, a partir da definição criteriosa de seus objetivos e da especificação das necessidades dos dados.

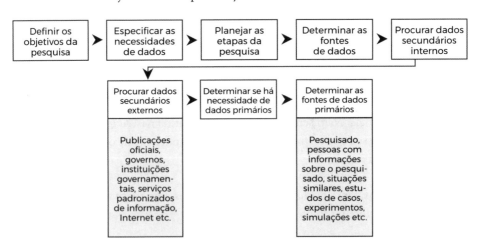

Figura 6 - Sequência na procura de dados em pesquisas.

Após a definição clara dos objetivos e da especificação das necessidades de dados, deve-se planejar as etapas da pesquisa, o que facilitará a determinação das fontes de dados. Inicialmente, buscamos as fontes internas de dados secundários, que são as diversas bases de dados espalhadas pelas diversas áreas das organizações. A área de contabilidade das empresas, por exemplo, costuma ser uma ótima fonte de dados, uma vez que todo o histórico de entrada e saída de dinheiro deve ficar armazenado em base de dados específicas. As áreas de *marketing*, finanças, recursos humanos e outras também costumam ter informação relevante armazenada em suas bases de dados. O trabalho que se apresenta é selecionar a informação das diversas bases e verificar aquelas que podem nos ajudar na pesquisa que estamos desenvolvendo. Se percebermos que as informações internas, por si sós, não são suficientes para nossa pesquisa, partimos para a busca de dados secundários externos. Nesse caso, há diversas fontes, como publicações variadas, as bases de dados de governos e organizações não governamentais, serviços padronizados de informação de *marketing* (as pesquisas desenvolvidas pelos diversos institutos e tornadas públicas nos meios de comunicação) e a própria Internet, guardados os devidos cuidados. Se ainda assim a informação coletada não for suficiente para solucionar o nosso problema de pesquisa, partimos para a busca de dados primários, com a aplicação de pesquisa de campo.

Não devemos deixar de ter em mente a preocupação com o caráter científico de nossas pesquisas, pois, se quisermos ter decisões acertadas, temos que ter o cuidado de usar técnicas e métodos adequados, respaldados cientificamente, por informação considerada útil e, consequentemente, relevante. Isso implica zelar pelas regras fundamentais para a pesquisa científica, que são, *grosso modo* :

- Evitar precipitação, preconceito.
- Dividir cada uma das dificuldades do estudo em tantas partes possíveis e necessárias para solução.
- Dirigir ordenadamente os pensamentos, começando dos objetivos mais simples até os mais complexos
- Fazer enumerações completas e revisões gerais até estarmos seguros de não omitir nada.

Os dados primários geralmente coletados referem-se principalmente a características demográficas, socioeconômicas e de estilo de vida, atitudes e opiniões, conscientização e conhecimento, motivações, comportamento e intenções.

Por fim, talvez seja interessante estabelecer uma distinção de suma importância entre as noções de dados e informações, recorrendo ao que afirmava o pesquisador Theodore Levitt: "A diferença entre dados e informações é que, enquanto os dados são coletáveis de fatos brutos, informações representam a organização seletiva e a interpretação imaginativa desses fatos (citado por MATTAR, 1999: p. 21)". Nesse sentido, o exercício da pesquisa em qualquer área da comunicação é transformar dados em informações úteis e relevantes à vida das pessoas e às organizações.

Classificação econômica

Lembram Alves e Soares (2009) que, em qualquer sociedade, diferenças entre os indivíduos são consistentemente observadas quanto ao lugar que eles ocupam na hierarquia social. Os autores reconhecem que essas diferenças são associadas às oportunidades educacionais, às trajetórias ocupacionais, ao prestígio social, ao acesso aos bens e serviços, ao comportamento político e social etc., e que o estudo dessas diferenças, seja como um fenômeno a ser explicado ou sua associação a outros fenômenos sociais, constitui uma área de grande importância nas pesquisas sociais.

Mas, para que as diferenças na hierarquia social possam ser apreendidas na pesquisa empírica, lembram Alves e Soares (2009), é necessário um esforço no sentido de definir e operacionalizar medidas dessas diferenças. Para eles, uma alternativa é a distinção dos indivíduos por meio de variáveis diretamente observadas, tais como os níveis de escolaridade ou de renda. Outra forma é a estratificação dos indivíduos ou das famílias por meio de uma medida sintética de posição social, que eles chamam de nível socioeconômico, ou, simplesmente, NSE. Do ponto de vista mais operacional dos dois autores, o NSE é tomado como uma variável latente (não diretamente observada) cuja medida é feita pela agregação de informação sobre: a educação, a ocupação e a riqueza ou o rendimento dos indivíduos. O nível socioeconômico aparece em diversos estudos como variável explicativa ou de controle para a análise de diversos fenômenos sociais. No entanto, não há um consenso na literatura sobre sua conceituação, bem como sobre como medi-lo nas pesquisas empíricas. Há vários aspectos relacionados ao NSE que vêm merecendo debate entre os cientistas sociais. Por exemplo, a sua base de conceituação teórica, o tipo de medida – se contínua ou categórica –, os fatores a serem considerados na produção da medida – se variáveis isoladas ou em forma de um índice –, a definição de um esquema de classificação das variáveis consideradas e a importância relativa do pai e da mãe para a definição do NSE das famílias.

No Brasil, o Critério de Classificação Econômica Brasil, ou CCEB, é um sistema de classificação de preços ao público brasileiro, cujo objetivo é ser uma forma única de avaliar o poder de compra de grupos de consumidores, sem a pretensão de classificar a população em termos de "classes sociais".

Os principais objetivos do CCEB são:

34 | *Pesquisa de mercado*

- Ter um sistema de pontuação que possa estimar com eficiência a capacidade de consumo da população pesquisada.

- Estabelecer cortes na classificação da população que permita discriminar grandes segmentos.

- Facilidade na coleta e operacionalização da classificação entre a população pesquisada.

- Precisão da informação coletada, considerando os diferentes níveis de entrevistadores.

- Capacidade de discriminação do poder de compra.

- Condições de uniformidade geográfica para aplicação em todo o país.

- Estabilidade ao longo do tempo.

Suas principais características são:

- A atribuição de pesos diferenciados para determinados bens duráveis e itens de conforto e *status* familiar, quando a família tem a posse ou o uso de dois ou mais deles.

- A subdivisão das classes A, B e C em A1 e A2, B1 e B2, C1 e C2, a fim de atender produtos cujos *targets* são muito específicos.

- A atualização das correlações entre posse de bens duráveis e itens de conforto e *status* familiar, com a renda familiar.

O CCEB divide o mercado exclusivamente em classes econômicas. Trata-se de uma evolução do indicador criado pela Associação Brasileira de Anunciantes, no final da década de 1960, para definir uma segmentação mais apropriada da população em classes econômicas para fins relacionados ao consumo – como a avaliação do poder de compra de grupos homogêneos de pessoas para a determinação de públicos-alvo mais fiéis para os diferentes mercados de produtos de massa e dos preços de anúncios em veículos de mídia.

Essa classificação é feita com base na posse de bens, e não com base na renda familiar. Para cada bem possuído, há uma pontuação, e cada classe é definida pela soma dessa pontuação. As classes definidas pelo CCEB são A1, A2, B1, B2, C, D e E. Esse critério foi construído para definir grandes classes que atendam às necessidades de segmentação (por poder aquisitivo) da grande maioria das empresas. Não pode, entretanto, como qualquer outro critério, satisfazer todos os usuários em todas as circunstâncias. Certamente há muitos casos em que o universo a ser pesquisado é de pessoas, digamos, com renda pessoal mensal acima de US$ 30.000 (trinta mil dólares). Em casos como esse, o pesquisador deve procurar outros critérios de seleção que não o CCEB.

O ambiente de comunicação e as pesquisas

O CCEB, tendo em vista a atual dinâmica do mercado, caracterizada por muitas e constantes mudanças, é periodicamente revisto e atualizado, numa tentativa de ser o mais fidedigno possível em relação à representação da sociedade brasileira.

A entidade responsável pela gestão do Critério de Classificação Econômica Brasil é a Associação Brasileira de Empresas de Pesquisa (ABEP), que, no final de 2014, apresentou uma nova versão do CCEB, denominada Novo Critério de Classificação Econômica Brasil, que passou a ser aplicado a partir de 1º de janeiro de 2015. Entre as principais diferenças apresentadas em relação ao critério utilizado anteriormente, estão a substituição da renda declarada por variáveis indicadoras de renda permanente e o uso da Pesquisa de Orçamentos Familiares (POF) do IBGE, que amplia a abrangência da ferramenta. Segundo os especialistas da ABEP e os mentores do novo critério, ele identifica de forma mais realista o potencial de consumo dos lares no Brasil.

O novo modelo, formulado pelos professores brasileiros Wagner Kamakura (Rice University) e José Afonso Mazzon (FEA-USP), prevê, em seu desenvolvimento, a utilização de 35 variáveis indicadoras de renda permanente (como a educação, as condições de moradia, o acesso a serviços públicos, a posse de bens duráveis, a composição familiar, o porte dos municípios e a região onde estão localizados como parâmetros fundamentais para a segmentação e comparação entre os padrões de consumo dos brasileiros.), que permitiram a segmentação dos domicílios brasileiros em estratos, e o posterior estudo da relação entre nível socioeconômico e potencial de consumo dos domicílios em relação a 20 categorias de produtos e serviços (entre elas, alimentação no domicílio e fora de casa, artigos de limpeza, vestuário e saúde e medicamentos).

A partir do modelo original, foi desenvolvida uma regra simplificada de classificação para uso em projeto de pesquisa.

Segundo a nova regra de classificação, a população brasileira é dividida em seis estratos socioeconômicos denominados A, B1, B2, C1, C2 e DE e sua distribuição se dará da seguinte forma, conforme mostra a Tabela 1:

Tabela 1 - Estratos e classes socioeconômicas.

CLASSE	POPULAÇÃO BRASILEIRA (=100%)
A	2,80%
B1	3,60%
B2	15,10%
C1	20,60%
C2	20,60%
D	22,80%
E	14,50%

Fonte: POF 2009 (Brasil).

Cumpre esclarecer, segundo alertam os técnicos da equipe que participou do comitê de revisão do CCEB, que sempre que há uma mudança de critério de classificação existe a quebra da série histórica de dados, o que não permite que comparemos os novos percentuais de distribuição de classe com os anteriores, pois são critérios de classificação completamente diferentes. Vale ressaltar, ainda, que o aumento ou a diminuição da quantidade de brasileiros em uma determinada classe não significa que a população brasileira ficou mais rica ou mais pobre. Essa variação ocorre apenas por conta da mudança nos critérios de classificar a população.

Outra novidade incorporada no CCEB é que a nova classificação agora passa a levar em conta os dados dos 62 mil domicílios avaliados pela POF, enquanto o indicador atual cobre nove regiões metropolitanas (Porto Alegre, Curitiba, São Paulo, Rio de Janeiro, Belo Horizonte, Distrito Federal, Salvador, Recife e Fortaleza), mudança que aumenta a cobertura geográfica da amostra, pois a POF é uma amostra nacional, estratificada por grandes regiões geográficas e por áreas metropolitanas, urbanas e rurais.

A regra de classificação também sofreu alterações. Além da inclusão de acesso a serviços públicos (água encanada e rua pavimentada), na posse de itens, deixaram de ser variáveis televisão em cores, rádio e videocassete. Foram incluídos microcomputador, lava-louças, forno de micro-ondas, motocicleta e secadora de roupas. Foram mantidos banheiro, empregada doméstica, automóvel, geladeira, *freezer*, lava roupas e DVD. O peso para a posse de cada item também foi alterado.

Os detalhes das novas regras para o CCBE são mostrados no Anexo I.

A informação psicográfica e algumas técnicas para sua caracterização

Não nos parece exagero afirmar que a segmentação psicográfica, apesar de ser um conceito criado há décadas, ainda é mal compreendida e/ou mal utilizada por alguns profissionais de *marketing* e pesquisa de mercado.

Talvez pelo fato de o termo "psicografia" ser utilizado pelos que professam a fé espírita, palavra "psicográfica" parece estar rodeada de certo misticismo. Cabe ratificar, porém, que o uso da expressão neste artigo nada tem a ver com espiritualismo, cartas psicografadas por um médium ou compreensão da personalidade da pessoa a partir da sua escrita (letra). "Psicográfico", aqui, diz respeito às definições citadas no Dicionário Aurélio: "Psicografia (...) 1. História ou descrição da mente ou das suas faculdades; análise psicológica (...) 3. *Market.* Estudo do comportamento dos consumidores do ponto de vista do estilo de vida (atividades, interesses, opiniões etc.)".

Relatam Tomanari e Yanaze (2001) que o termo "psicográfico" (do inglês *Psychographics*) surgiu nos Estados Unidos, em 1965, quando Emanuel Demby afirmou, embora em publicação bem posterior, ter tido um *insight* da palavra em uma reunião com seus clientes para definir o que pretendiam fazer. A proposta de Demby era de segmentar o público não somente pelas suas características demográficas (sexo, idade, renda, grau de instrução etc.), mas pelas características pessoais e psicológicas de seu público (como estilo de vida, sentimentos, tendências). Para dar um nome a esse tipo de estudo, Demby subitamente teria sugerido a palavra *Psychographics*, como sendo uma extensão do termo *demographics* (ou seja, seria uma análise, como a demográfica, que utilizava, porém, variáveis psicológicas – uma combinação da palavra psicologia com a palavra demografia, ou *psychology* com *demographics*).

Demby (1994, p. 26) define *Psychographics* como

> *O uso de fatores psicológicos, sociológicos e antropológicos, como benefícios desejados (...), autoconceito e estilo de vida, para determinar como o mercado é segmentado pela tendência de grupos dentro do mercado – e suas razões – para tomar decisões particulares sobre um produto, pessoa, ideologia.*

Apesar do registro desse *insight* de Demby, comentam Tomanari e Yanaze (2001), a primeira publicação do termo apareceu, no mesmo ano (1965), na *Grey Matter*, publicação da *Grey Advertising*, uma agência de publicidade americana. Segundo Piirto (1991), Russell Haley, que comandava os esforços de pesquisa da agência na época, afirmou que a palavra foi criada, numa reunião editorial, como forma de descrever a pesquisa corrente da agência: "(...) Isto é o que psicografia deveria ser – interesses da mente. Originalmente, nós dividimos psicografia em duas áreas: os aspectos de benefício – interesses relacionados ao produto – e estilo de vida. (...)" (RUSSELL HALEY, 1965, citado por PIIRTO, 1991, p. 18).

Temos que ter em mente, então, que o termo já é utilizado há muito tempo e que sua origem foi baseada em pesquisas mercadológicas relacionadas a características psicológicas dos consumidores.

A seguir são apresentados alguns modelos utilizados para se obter informação de caráter psicográfico.

Itens de atividades, interesses e opiniões (AIO) para caracterizar estilo de vida

Abreviação de *Activities, Interests and Opinions,* esse modelo, também conhecido como Modelo AIO, classifica as pessoas de acordo com as respostas a um longo questionário que separa o indivíduo em diversas dimensões, de acordo com suas atividades, seus interesses ou suas opiniões.

Os principais fatores levados em conta na segmentação são:

- **Atividades**: Onde trabalha, o que gosta de fazer, o que faz nas férias, quais os passatempos preferidos, esportes, compras, que programas gosta de assistir, tipos de música, eventos sociais etc.

- **Interesses**: Que tipo de roupa usa, o que come, o que bebe, quais as realizações, como é o comportamento em relação à família, a grupos sociais, na comunidade, no clube, no trabalho, na escola etc.

- **Opiniões**: O que o entrevistado pensa em relação à sociedade, ao futuro, à cultura, aos negócios, à economia, à política etc.

O Modelo AIO acrescenta, ainda, à classificação, uma série de fatores demográficos, entre eles: faixa etária, nível escolar, ocupação, local onde mora, tamanho da cidade, tamanho da família etc.

Engel, Blackwell e Miniard (2000, p. 279) definem estilo de vida como:

> *(...) um modelo sumário definido como padrões nos quais as pessoas vivem e gastam tempo e dinheiro. O estilo de vida reflete atividades, interesses e opiniões (AIO) de uma pessoa. As pessoas usam modelos como estilo de vida para analisar os eventos que acontecem em torno de si e para interpretar, conceituar e prever eventos, assim como para reconciliar seus valores com os eventos. Valores são relativamente duradouros; estilos de vida mudam rapidamente.*

Sob a ótica dos autores, então, estilo de vida é um conceito mais moderno que o de personalidade e refere-se ao dia a dia do consumidor, aos padrões de como as pessoas vivem e gastam tempo e dinheiro. Para Kotler (1997), o termo representa o padrão de vida dos consumidores expresso em termos de atividades, interesses e opiniões. Os estilos de vida mudam mais rápido que os valores, pois estão ligados a atividades, interesses e opiniões (AIO). As declarações AIO normalmente utilizam escalas Likert (concorda plenamente/discorda fortemente – da qual falaremos mais à frente). Pode haver AIOs genéricas e AIOs específicas. Estudos psicográficos buscam segmentar utilizando variáveis tradicionais e complementares (estudos com variáveis AIOs). A análise psicográfica permite avaliar estilos de vida e ir além da demografia, criando um produto alinhado a atividades, medos e sonhos. Um dos estudos nessa linha é o de Plummer (citado por ENGEL, 2000), que pode ser visualizado no Quadro 4, a seguir:

Quadro 4 - Categorias AIO de estudos de estilo de vida.

ATIVIDADES	INTERESSES	OPINIÕES
Trabalho	Família	De si mesmo
Passatempos	Lar	Sobre itens sociais
Eventos sociais	Emprego	Políticas
Férias	Comunitários	Sobre negócios
Diversões	Recreação	Econômicas

Continua na página seguinte

ATIVIDADES	INTERESSES	OPINIÕES
Membros de clubes	Moda	Sobre educação
Comunitárias	Alimentos	Sobre produtos
Compras	Meios de comunicação	Sobre futuro
Esportes	Aquisições	Sobre cultura

Fonte: Plummer, citado por Engel et al. (2000).

Gostos e desejos são variáveis e mudam de acordo com o contexto e a condição financeira das pessoas. São esses fatores e, principalmente, essas mudanças que determinam os estilos de vida.

A teoria de valores de Schwartz

A Escala de Valores de Schwartz (EVS) introduz uma estrutura de fatores motivacionais. Segundo Engel et al. (2001, p. 125):

> *Schwartz propõe que valores são metas transsituacionais que servem ao interesse de indivíduos ou de coletivos de pessoas e expressam uma de dez motivações universais ou tipos de valor. Estas motivações ou tipos de valor são os princípios orientadores nas vidas dos consumidores. O primeiro tipo de valor é o que serve aos interesses pessoais: (1) realização, (2) autodireção e (3) estimulação. Os valores que servem aos interesses sociais: (4) benevolência, (5) conformidade e (6) segurança. Por fim, os interesses mistos, que são descritos na EVS como universalismos: (7) um mundo de beleza, (8) um mundo de paz, (9) sabedoria e (10) amor maduro.*

Ainda segundo Engel et al. (2001), compreender os valores pessoais ajuda a entender as respostas individuais à questão "este produto é para mim?". Valores são particularmente importantes no estágio de reconhecimento da necessidade da tomada de decisão do consumidor, afetando seus critérios de avaliação. São motivações duradouras ou os fins que as pessoas buscam em suas vidas. De certa maneira, o *marketing* fornece os meios para alcançar tais fins.

De acordo com a teoria de Schwartz, valores representam, em forma de metas conscientes, três exigências humanas universais: necessidades individuais, como organismos biológicos, exigências de interação social coordenada e necessidades de sobrevivência e bem-estar dos grupos. Daí derivaram os dez tipos motivacionais de valores sintetizados no Quadro 5, a seguir:

Quadro 5 - Síntese dos valores de Schwartz.

TIPOS DE VALORES	METAS	TIPOS DE INTERESSE
Hedonismo	Prazer e gratificação sensual para si mesmo	Individuais
Realização	O sucesso pessoal obtido pela demonstração de competência	Individuais
Poder social	Controle sobre pessoas e recursos, prestígio	Individuais
Autodeterminação	Independência de pensamento, ação e opção	Individuais
Estimulação	Excitação, novidade, mudança, desafio	Individuais
Conformidade	Controle de impulsos e ações que podem violar normas sociais ou prejudicar os outros	Coletivos
Tradição	Respeito e aceitação de ideais e costumes da sociedade	Coletivos
Benevolência	Promoção do bem-estar das pessoas próximas	Coletivos
Segurança	Integridade pessoal, estabilidade da sociedade e do relacionamento	Mistos
Universalismo	Tolerância, compreensão e promoção do bem estar de todos e da natureza	Mistos

Fonte: Engel et al. (2001).

A estrutura de relações dinâmicas entre os tipos motivacionais de valores tem consequências psicológicas, práticas e sociais, que podem ser compatíveis ou gerar conflito quando buscados ou expressos simultaneamente.

Tal estrutura é circular, com nove fatias, cada uma representando um tipo motivacional de valor. Uma delas é subdividida pelos tipos de valor tradição e conformidade. Os lados adjacentes representam os tipos compatíveis, que possuem metas compartilhadas. Quanto mais afastados os tipos motivacionais de valores estiverem nessa ordem circular, mais conflitos envolverão e suas metas serão opostas e conflitantes. A Figura 7 ilustra a estrutura universal dos valores e sua dinâmica:

Figura 7 - Estrutura universal dos valores e sua dinâmica.

A estrutura circular é possível, porque a teoria postula que, no nível mais básico, os valores formam um conjunto de motivações relacionadas, distintas umas das outras. Apesar de os tipos motivacionais de valores tradição e conformidade estarem localizados na mesma fatia do círculo, o primeiro situa-se do lado de fora do segundo, implicando que esses dois tipos apresentam diferenças e compartilham uma meta motivacional única, que é a subordinação do *self* (aquilo que define a pessoa na sua individualidade e subjetividade, isto é, a sua essência) em favor das expectativas socialmente expostas.

As oposições de valores que competem entre si tornam-se mais claras considerando-se a organização dos tipos motivacionais em dimensões bipolares de ordem superior: autotranscedência (universalismo e benevolência) *versus* autopromoção (poder, realização e uma parte de hedonismo), em uma dimensão; abertura à mudança (uma parte do hedonismo, estimulação e autodireção) *versus* conservação (tradição, conformidade e segurança), em outra.

O modelo teórico de Schwartz é bastante vantajoso, especialmente para a investigação da relação entre valores e comportamentos.

A lista de valores (LOV)

Uma das formas mais utilizadas para se identificar valores é a lista de valores (LOV), desenvolvida na *University of Michigan Survey Research Center* (KAHLE et al., 1986; MCINTYRE et al, 1994). Trata-se de um modelo desenvolvido a partir de outro modelo denominado RVS (*Rokeach Value Survey*). O RVS foi criado por Milton Rokeach (1973), um psicólogo social norte-americano de origem polonesa, que propôs uma lista de 18 valores instrumentais (descritos por um adjetivo) que conduzem a 18 valores fundamentais (descritos por um substantivo):

- A pessoa procura ser (objetivo instrumental): ambiciosa, tolerante, capaz, alegre, limpa, corajosa, indulgente, prestativa, honesta, imaginativa, independente, intelectual, lógica, afetuosa, obediente, educada, responsável, controlada.

- Para alcançar (objetivo final): uma vida confortável, uma vida excitante, a sensação de alcançar alguma coisa, um mundo em paz, um mundo belo, igualdade, segurança familiar, liberdade, felicidade, harmonia interior, amor maduro, segurança do país, prazer, salvação (fé), autorrespeito, reconhecimento social, amizade verdadeira, sabedoria.

O RVS é uma espécie de teste psicológico no qual a pessoa deve colocar esses valores na ordem correspondente à importância que eles têm para ela.

Como se vê na lista, os objetivos finais listados podem ser atingidos de diferentes maneiras, por meio de diferentes objetivos instrumentais.

A LOV transforma os valores propostos por Rokeach em um modelo menor, com apenas nove valores orientados diretamente ao indivíduo e às circunstâncias de sua vida cotidiana, tendo como principal objetivo identificar seus valores dominantes (BATRA et al., 2001; KAHLE et al., 1986; KAHLE; KENNEDY, 1989; KAMAKURA ; NOVAK, 1992; MCINTYRE et al., 1994; MOWEN ; MINOR, 2003). De fato, os valores propostos na LOV têm demonstrado maior alinhamento às pesquisas de comportamento do consumidor e relação mais direta para aplicações de *marketing* (KAHLE et al., 1986; NOVAK, 1992 ; MACEVOY, 1990).

Os componentes da escala LOV de Kahle e Kennedy (1988) são mensurados por meio de itens que variam de "pouco importante" a "muito importante", a partir de uma escala que vai de 1 (pouco importante) a 9 (muito importante). Ao aplicarem a LOV no setor de alimentação, Homer e Kahle (1988) identificaram três fatores nos quais seus valores poderiam ser agrupados: valores externos (dimensão na qual os valores "sentimento de pertencer", "ser bem respeitado", "segurança" e "relações calorosas com os outros" obtiveram as maiores cargas fatoriais); valores internos (dimensão na qual as maiores cargas fatoriais se referiram a "autorrealização", "autorrespeito" e "sentimento de realização"); finalmente, dois valores compuseram o terceiro fator e lhe deram nome : diversão/excitação. O Quadro 6 relaciona esses valores:

Quadro 6 - Lista de Valores (LOV), da Michigan State University.

Lista de valores que algumas pessoas esperam ou desejam em suas vidas. Analise a lista cuidadosamente e depois classifique cada um dos valores de acordo com a importância deles na sua vida cotidiana (1 = pouco importante e 9 = extremamente importante)

LISTA DE VALORES	ESCALA DE IMPORTÂNCIA
1. Sentido de posse	1-2-3-4-5-6-7-8-9
2. Entusiasmo	1-2-3-4-5-6-7-8-9
3. Relações de afeto com o próximo	1-2-3-4-5-6-7-8-9
4. Autorrealização	1-2-3-4-5-6-7-8-9
5. Respeito ao próximo	1-2-3-4-5-6-7-8-9
6. Prazer e desfrute da vida	1-2-3-4-5-6-7-8-9
7. Segurança	1-2-3-4-5-6-7-8-9
8. Autoestima	1-2-3-4-5-6-7-8-9
9. Sentido de cumprimento	1-2-3-4-5-6-7-8-9

Agora, volte a ler os itens e indique os dois valores que você considera mais importantes em sua vida

Fonte: Kahle et al. (1986).

O sistema VALS (*Values and Lifestyle System*)

Desenvolvido por Arnold Mitchell, no *Stanford Research Institute* – SRI (MITCHELL, 1983), o primeiro sistema denominado VALS foi baseado em teorias de motivação e desenvolvimento psicológico, particularmente na teoria da hierarquia das necessidades de Maslow (1954). O sistema classificava os indivíduos em nove grupos com características próprias, organizados de forma ascendente, desde os "sobreviventes", que representam, em termos grosseiros, os indivíduos da base da pirâmide social, até os "integrados", ponto mais elevado da cadeia (MOWEN; MINOR, 2003). Baseavase no estilo de vida do consumidor a partir da análise das respostas a um questionário com quatro perguntas demográficas e 35 atitudinais. Ainda dentro do mesmo sistema e acompanhando a evolução ascendente das categorias, formam-se agrupamentos de categorias, tais como os dirigidos para as necessidades básicas (*need driven*), os direcionados pelo grupo social (*outer directed*), e os direcionados por interesses próprios (*inner directed*). Os grupos eram dispostos, verticalmente, por seus recursos: educação, níveis de energia e vontade de comprar; e, horizontalmente, por sua auto-orientação. As dimensões horizontais eram três:

- **Orientados por princípios**: tomam decisão de compra guiada por um sistema de crenças e não se preocupam com as opiniões dos outros.

- **Orientados por *status***: tomam decisões baseadas em opiniões percebidas de outras pessoas.

- **Orientados por ações**: compram produtos para causar impactos sobre o mundo a sua volta.

Durante a década de 1980, várias empresas especializadas em pesquisa de mercado, usuárias regulares do sistema VALS, levantaram questionamentos sobre elementos práticos no uso do sistema. O SRI, então, recorreu a uma grande quantidade de informação acumulada nesses anos para uma revisão e consequente evolução no sistema original de classificação VALS. Na versão revisada, o VALS2, os pesquisadores do SRI enfatizaram menos os valores, demonstrando maior preocupação com as bases psicológicas do comportamento, influenciadas pelos recursos do consumidor e classificaram as pessoas em oito grupos, conforme veremos mais adiante.

O sistema VALS e sua nova versão, revista e modificada, o VALS2, representam uma contribuição imensurável sob múltiplos aspectos. De modo coerente com as profundas transformações ocorridas mundialmente no âmbito da segmentação em termos de *status* socioeconômico ou de atividades profissionais e no que diz respeito à mobilidade social, fazia-se necessário, para fins de pesquisa de mercado, recorrer a critérios mais adequados do que os disponíveis até a época do surgimento do VALS. Em vez de se concentrar em apenas um ou dois critérios (por exemplo, renda e profissão), o novo instrumento, apoiado em uma impressionante massa de pesquisas, adotou uma concepção pluralista, que se apoia principalmente nas ordens de variáveis que originam seu título: valores que a pessoa mais preza (V), atitudes (A) e estilo de vida dessa mesma pessoa (*lifestyle*, LS).

Trocando em miúdos, o novo sistema VALS2 é menos teórico e mais pragmático, sendo considerado único, pois torna mais claros os fatores que motivam o comportamento do consumidor, enquanto os sistemas de segmentação que se baseiam somente em dados demográficos ou geográficos não dão a devida atenção aos aspectos psicológicos da vida das populações.

Apresentamos, a seguir, uma descrição aproximada das características de cada um dos grupos, mantendo sua designação original, em inglês. É importante lembrar que essa caracterização reflete o perfil do indivíduo norte-americano. No Brasil ainda não existem dados suficientes que permitam traçar um paralelo com o indivíduo brasileiro:

1. *Actualizers* (**Modernizadores**): bem-sucedidos, sofisticados, ativos, com autoestima elevada e recursos abundantes. Estão interessados em crescimento e buscam o autodesenvolvimento e o autoconhecimento. Expressam-se de vários modos, algumas vezes guiados por princípios, outras por um desejo de ação, desejo de fazer a diferença. A imagem é importante para os *actualizers*, não como evidência de *status* ou poder, mas com o objetivo de desfrutar de independência, e caráter. São líderes já estabelecidos ou emergentes em negócios ou no governo; contudo, continuam buscando desafios. Têm um vasto campo de interesses, preocupam-se com assuntos sociais e estão abertos a mudanças. Suas vidas são caracterizadas por riqueza e diversidade. Seus bens e o tipo de recreação refletem um gosto refinado para as melhores coisas da vida.

2. *Fulfilleds* (**Satisfeitos**): pessoas maduras, satisfeitas, confortáveis, refletem personalidades que estimam a ordem, o conhecimento e a responsabilidade. A maioria tem boa formação profissional (ou é aposentada recente). Estão bem informados sobre as notícias nacionais e mundiais e são abertos a oportunidades que permitam alargar seu conhecimento geral.

3. *Achievers* (**Realizadores**): gozam de uma carreira de sucesso e são pessoas orientadas a escolher uma carreira da qual gostem, o que geralmente fazem. Querem ter o controle sobre suas próprias vidas, preferem consenso e estabilidade e não gostam de correr riscos. São profundamente dedicados ao trabalho e à família. O trabalho proporciona a eles senso de responsabilidade, recompensa financeira e prestígio. Suas vidas sociais refletem esse enfoque e são estruturadas ao redor da família, da igreja e da carreira. Vivem vidas convencionais, são politicamente conservadores e respeitam a autoridade e o *status quo*.

4. *Experiencers* (**Experimentadores**): são jovens, têm vitalidade, são entusiasmados, impulsivos e rebeldes. Buscam variedade e excitações, saboreiam o novo e apreciam o risco. Ainda no processo de formular seus estilos de vida e padrões de comportamento, ficam entusiasmados depressa com novas possibilidades, mas igualmente se desinteressam. Nessa fase de suas vidas, não são politizados, são ignorantes e altamente ambivalentes sobre o que acreditam.

5. *Believers* (**Crédulos**): são pessoas conservadoras, convencionais, com convicções concretas baseadas em códigos tradicionalmente estabelecidos, como família, igreja, comunidade e nação. Muitos expressam códigos morais profundamente arraigados e literalmente interpretados. Seguem rotinas estabelecidas, realizadas em grande parte nas proximidades de seus lares, residem próximos de familiares e das organizações sociais ou religiosas às quais pertencem. Como consumidores, são conservadores e previsíveis e favorecem produtos nacionais e marcas tradicionais. Sua renda e seu nível de educação são modestos, mas suficientes para satisfazer suas necessidades.

6. *Strivers* (**Batalhadores**): estão em busca de motivação e da aprovação do mundo ao seu redor, esforçando-se para encontrar seu lugar na sociedade. São inseguros de si mesmos e possuem poucos recursos econômicos, sociais e psicológicos. Preocupam-se com as opiniões e a aprovação dos outros. Para eles, o sucesso resume-se a possuir dinheiro, visto que não dispõem de reservas e frequentemente sentem a vida de forma dura e amarga. São impulsivos e ressentem-se facilmente. Muitos procuram se vestir de acordo com a moda. São emuladores daqueles que consideram ídolos, mas o que desejam obter está frequentemente além de suas posses.

7. *Makers* (**Criadores**): são pessoas práticas, que têm habilidades construtivas e conhecem seu valor pessoal. Vivem dentro de um contexto tradicional de família, emprego e recreação física e têm poucos interesses fora desse ambiente. Experimentam o mundo pelas mãos: construindo uma casa, criando as crianças, consertando um carro, realizando pequenas atividades domésticas, como fazer suas próprias conservas. Têm suficiente habilidade manual, renda e força de vontade para prosperar e concluir seus projetos. São politicamente conservadores, resistentes a novas ideias, respeitam a autoridade e o governo, mas se ressentem quando estes invadem seus direitos individuais.

8. *Strugglers* (**Lutadores**): são pessoas de situação econômica muito difícil, com uma vida de restrições. Têm pobreza crônica, baixo nível de educação e qualificação profissional, sem laços sociais fortes, displicentes sobre sua saúde e seu futuro, frequentemente resignados e passivos. Pelo fato de estarem limitados pelas necessidades, mostram-se desorientados. Suas preocupações imediatas são a sobrevivência e segurança.

O VALS 2 nada mais é do que a segmentação dos norte-americanos em oito grupos distintos, de acordo com variáveis demográficas e psicográficas. É um estudo genérico, porque, além de segmentar a população de um país inteiro, não foi feito para uma empresa ou um produto específico.

O estudo psicográfico genérico

Os estudos psicográficos genéricos geralmente iniciam-se com a seleção de cerca de 200 ou 300 frases (baseadas em variáveis atitudinais e comportamentais ou em afirmações AIO), e o respondente deve concordar ou discordar da afirmação, numa escala de 5 a 7 pontos ("concordo plenamente" até "discordo plenamente"). Outras questões que podem fazer parte do questionário são sobre posse de produtos, exposição a determinadas mídias e questões de caráter demográfico. Segundo Kotler (1997, p. 447):

> (...) respostas AIO são reduzidas em fatores para mostrar a estrutura dos dados e para eliminar redundância. Esses fatores são, então, alimentados numa rotina de agrupamento para revelar os respondentes que têm padrões de resposta similares. Após estes procedimentos, são desenvolvidas as descrições dos grupos resultantes.

Os profissionais de pesquisa em *marketing* e publicidade de empresas brasileiras, geralmente as de grande porte, acham mais adequado realizar pesquisas específicas para cada produto. Entretanto, muitos deles afirmam que os estudos psicográficos gerais servem como base para suas ações e acreditam que estes sejam muito úteis para empresas de menor porte, que não têm verbas para realizar estudos específicos.

A escassez de recursos financeiros disponíveis para o investimento nas ações de *marketing* mais extensivas, a crescente demanda por produtos "customizados" e a necessidade efetiva de se identificar os nichos de mercado para potencializar e focalizar estratégias e ações eficazes fazem com que as empresas tenham que investir cada vez mais nos estudos de segmentação.

Estudos genéricos, que levam a definições de modelos tais como o VALS, talvez não sejam os mais adequados para definir a realidade da segmentação em um país como o Brasil, cujas desigualdades, em todos os sentidos, são enormes. Há que "segmentar a segmentação", buscar novos parâmetros (e atualizá-los constantemente) para adequá-la às necessidades mercadológicas das empresas, de acordo com suas limitações de recursos e com o nível de abrangência de suas ações. No caso da segmentação, o que serve eficientemente ao mercado norte-americano não necessariamente é bom para as empresas brasileiras.

Some-se a isso o fato de que a pesquisa psicográfica, por si só, não produz uma "fórmula mágica" de como abordar os clientes. Há a necessidade de cruzar seus resultados com o ambiente de *marketing* (variáveis culturais, econômicas, políticas, tecnológicas, que estão sempre mudando e influenciando o mercado). O ideal é cruzar os dados dos estudos psicográficos com variáveis externas, buscando minimizar os riscos por meio da análise conjunta de vários aspectos diferentes.

A análise de estilo de vida para a segmentação detém ainda grande potencial. O desafio que se apresenta aos profissionais de *marketing* e de publicidade é "acompanhar" os valores em rápida mudança dos consumidores e identificar como esses valores serão traduzidos em preferências por produto e serviço e, em última instância, num novo sistema VALS para análise de segmentação (KOTLER, 1997, p. 336).

Sheth (2001) propõe que também as marcas têm seus "valores pessoais", e para tal baseia-se na teoria de personalidade de marca, entendida como o conjunto de características humanas atribuídas ou associadas àquela (AAKER, 1998).

Metodologia utilizada em pesquisa

Segundo Cunha, Amaral e Dantas (2014, p. 154), alguns conceitos importantes são necessários quando tratamos de metodologia utilizada em pesquisa. Tais conceitos são sintetizados nas definições de alguns termos, elaboradas pelo grupo de pesquisa liderado pelo mexicano Juan José Calva González, durante o *VII Seminario de Usuarios de la Información*, realizado em 2012, que são apresentadas a seguir:

- **Metodologia**: é o conjunto de métodos, técnicas e instrumentos utilizados para pesquisa de usuários de informação, considerando a descrição do contexto, os fatores e os recursos que incidem ou podem incidir na pesquisa que se levará a cabo. Pode-se pensar também metodologia como um *mix* de teoria, técnica e o potencial criativo do pesquisador.

- **Método**: é o conjunto de procedimentos utilizados para levar a cabo a pesquisa sobre os usuários de informação mediante a utilização de técnicas e instrumentos com a finalidade de validar os resultados.

- **Técnica**: é o conjunto de ações que permitem obter os dados da pesquisa sobre usuários de informação mediante a utilização dos instrumentos pertinentes.

- **Instrumento**: é o dispositivo de registro, em que se apoia a técnica, utilizado como meio para a coleta de dados da pesquisa sobre usuários de informação.

A metodologia de pesquisa, para ser considerada válida, utiliza-se do método científico, sintetizado na Figura 8:

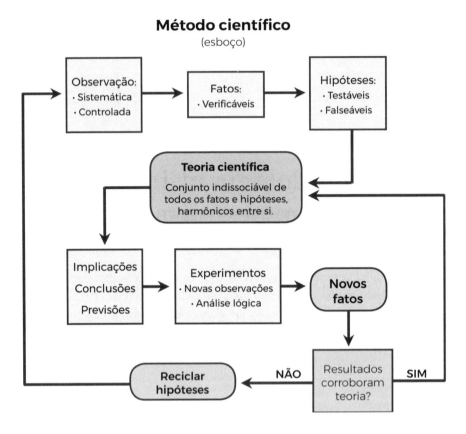

Figura 8 - Método científico.
Fonte: Cunha, Amaral e Dantas (2014, p. 155).

O método científico pode ser definido como o conjunto de regras e normas gerais que, por meio da pesquisa, tornaram-se úteis para o conhecimento da realidade. Conforme o método científico, no planejamento do estudo a ser realizado é necessário inicialmente levar em conta os objetivos a serem alcançados pelo projeto de pesquisa. Tendo em mente os objetivos a serem alcançados, é importante também escolher qual ou quais técnicas serão utilizadas para coletar os dados.

O método científico é que define os métodos de abordagem da pesquisa científica, conforme sintetizado no Quadro 7:

Quadro 7 - Métodos de abordagem da pesquisa científica.

Método	Corrente Filosofica	Base teórica	Características	Exemplo
Indutivo	Empirismo (Bacon)	Todo conhecimento provém da experimentação	Partindo de premissas particulares, inferimos uma premissa geral	Pedro é mortal. João é mortal. Lucas é mortal. Pedro, João e Lucas são homens. Logo, (todos) os homens são mortais.
Dedutivo	Racionalismo (Descartes)	Apenas a razão leva ao conhecimento	Parte do geral e a seguir desce ao particular	Todo homem é mortal.» Premissa maior; Pedro é homem. » Premissa menor; Logo, Pedro é mortal. » Conclusão.
Hipotético-dedutivo	Neopositivismo (Popper)	Lógica + experimentação = conhecimento	A partir de hipóteses formuladas, deduz-se a solução do problema	Estrutura: · Fazer observações. · Organizar as observações em hipóteses. · Testar essas hipóteses em observações ulteriores. · Modificar as hipóteses originais, se for necessário. · Testar conclusões.
Dialético	Materialismo/ Idealismo (Pré-Socráticos; Hegel)	Os fenômenos têm aspectos contraditórios	Baseia-se no debate para gerar conclusões	**Pré-Socrática:** busca da verdade por meio de formulação adequada de perguntas e respostas até se chegar ao ponto crítico do que é falso e verdadeiro. A primeira pergunta é a tese, e a resposta é a antítese, até se chegar à verdade, que é a síntese. **Hegel:** cada fenômeno é um processo em realização, que se modifica e se transforma em virtude de leis internas, do seu auto-dinamismo e das contradições que encerram. Há um encadeamento de processos, de forma que o mundo, o conjunto de todos os processos, onde tudo sofre uma transformação concentrada e progressiva, como uma espiral. Os fenômenos trazem em si as contradições. Tendem a se transformar no seu contrário. Em várias oportunidades, um processo que se orienta em ritmo quantitativo de repente muda qualitativamente: muda de natureza.
Fenomenológico	Fenomenologia (Husserl)	Descrição de uma experiência, isolando-a de suas causas	Método mais complexo, baseado especialmente na observação	Tematização do objeto de estudo, remoção dos obstáculos à observação, ver e descrever as próprias coisas.

Fonte: Dantas (2014) (Material de aula).

Na maior parte das pesquisas publicitárias, os métodos de abordagem científica mais utilizados são o dedutivo, o indutivo e o hipotético-dedutivo.

Técnicas de coleta de dados primários

Há diversas técnicas de coleta de dados que podem ser utilizadas na pesquisa publicitária. Mattar (2012) chama essas técnicas de "meios básicos de coleta de dados" e os divide em dois tipos: comunicação e observação, conforme mostra a Figura 9.

As técnicas de coleta de dados agrupadas sob o "guarda-chuva" da comunicação são as mais utilizadas na pesquisa publicitária, enquanto que as agrupadas sob o "guarda-chuva" da observação só são utilizados no caso de pesquisas muito específicas, em que, por qualquer motivo, nem sempre se pode aplicar um questionário ou entrevistar alguém diretamente. Nesse caso, parte-se para a observação.

Cada técnica de coleta tem suas vantagens e desvantagens, como veremos mais à frente.

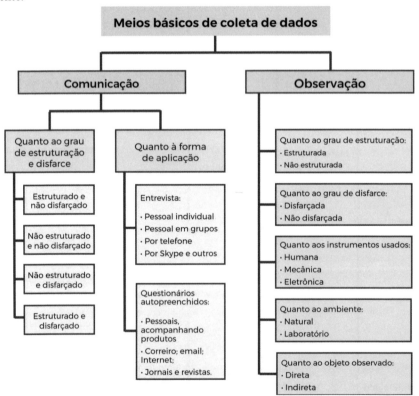

Figura 9 - Técnicas ou meios básicos de coleta de dados, segundo Mattar (2012).

Técnica de coleta de dados: comunicação

A técnica de coleta de dados denominada "comunicação" pode ser agrupada conforme o grau de estruturação e disfarce e a forma de aplicação. O grau de estruturação define a forma do instrumento de registro da informação coletada, enquanto que o disfarce define até que ponto a informação real que se pretende obter pode ou não ser declarada. Com base no grau de estruturação e disfarce podem-se identificar quatro tipos de instrumentos de coleta:

- **Estruturado e não disfarçado**: o respondente sabe qual é o objetivo da pesquisa, e o questionário é padronizado, usando principalmente questões fechadas.

- **Não estruturado e não disfarçado**: nesse caso são usadas mais questões abertas, geralmente sob a forma de roteiro de entrevistas, e o respondente sabe qual é o objetivo da pesquisa.

- **Não estruturado e disfarçado**: trata-se de um roteiro de entrevistas que, algumas vezes, usa técnicas projetivas (completar sentenças etc.) para conseguir a informação, sem que o respondente saiba a finalidade da pesquisa.

- **Estruturado e disfarçado**: tenta, por meio da tabulação e do cruzamento de informação obtida de um questionário padronizado, descobrir a importância de um assunto para o entrevistado, indiretamente.

Quanto à forma de aplicação, a técnica de comunicação prevê o uso dos seguintes instrumentos de coleta:

- **Entrevista pessoal individual**: em que um pesquisador aplica a entrevista separadamente a uma pessoa de cada vez. Trata-se do modo mais comum de se aplicar uma pesquisa.

- **Entrevista pessoal em grupos**: em que o pesquisador aplica a entrevista ao mesmo tempo para um grupo de pessoas.

- **Entrevista por telefone**: em que a entrevista é aplicada individualmente, por telefone. Esse tipo de entrevista exige questionários curtos, de preferência com resposta fechadas. A entrevista por telefone tem sido altamente prejudicada no Brasil, principalmente por causa das atividades de *telemarketing* que aqui se praticam, cheias de armadilhas e de roteiros complexos.

- **Questionário autopreenchido pessoal ou acompanhando produto**: em que um questionário é enviado aos potenciais pesquisados pelo correio, por *e-mail* ou pela Internet (por intermédio de um *hotsite* específico, divulgado nas redes sociais), para que eles o preencham.

Metodologia utilizada em pesquisa | **55**

Quando a pesquisa realizada envolve a apresentação de um produto, é enviada ao pesquisado em potencial uma amostra do produto, para que ele responda a pesquisa com suas opiniões a respeito deste. Nas duas situações, o questionário oferece alguma opção de resposta, geralmente pelo correio (com porte pago) ou por *e-mail* ou, ainda, como é mais comum, no próprio hotsite.

- **Questionário autopreenchido enviado como encarte em jornais e revistas:** o questionário é encartado em jornais e revistas. O potencial pesquisado o enviará ao pesquisador pelo correio, com porte pago. Os questionários autopreenchíveis trazem consigo o problema do interesse do potencial pesquisado em respondê-los. Se não houver uma quantidade de respostas suficientes, que contemplem o tamanho da amostra calculada, a pesquisa poderá ser invalidada. O que se costuma fazer para aumentar o número de respostas é oferecer brindes ou alguma vantagem para o respondente.

As entrevistas podem ser de pelo menos quatro tipos:

- **Padronizadas ou estruturadas:** os formulários de registro da entrevista trazem questões fechadas, e o entrevistador não pode alterar a ordem das questões, ou criar novas questões. Ou seja, o entrevistador segue um roteiro previamente estabelecido.

- **Semiestruturadas:** constituem um tipo de entrevista mais espontâneo do que a entrevista estruturada, uma vez que, nesse tipo de entrevista, o entrevistador tem um conjunto de questões predefinidas, mas mantém liberdade para colocar outras cujo interesse surja no decorrer da entrevista. As questões predefinidas são uma diretriz, mas não ditam a forma como a entrevista irá decorrer, na medida em que as questões não têm de ser colocadas numa determinada ordem nem exatamente da mesma forma com que foram inicialmente definidas. As vantagens desse tipo de entrevista em relação às estruturadas é que, sendo flexíveis, elas possibilitam a exploração de outras questões que surjam no decorrer da entrevista, mesmo quando saem um pouco do "guia" do entrevistador; permite criar uma maior diferenciação entre entrevistados, uma vez que o rumo seguido irá depender, em grande parte, do retorno destes. Como desvantagens, elas exigem uma grande agilidade por parte do entrevistador, sendo mais aconselhada para pesquisadores mais experientes.

- **Despadronizadas ou não estruturadas:** os formulários usam questões abertas e o entrevistador tem liberdade de formular novas questões, conduzindo a entrevista, ou seja, o entrevistador tem liberdade para desenvolver cada situação em qualquer direção que considere adequada. Como a entrevista semiestruturada, sua aplicação é mais aconselhada por pesquisadores mais experientes.

56 | *Pesquisa de mercado*

- **Painel**: como já citado anteriormente, as entrevistas são repetidas de tempos em tempos, com os mesmos elementos da amostra, para avaliar a evolução das opiniões das pessoas.

Medidas exigidas para a preparação da entrevista

Para que uma entrevista seja realizada de maneira satisfatória, esta deve ser bem preparada. A preparação da entrevista exige:

- **Planejamento**: organização de um roteiro que permita que a entrevista flua da melhor maneira possível e de acordo com o que se deseja. Obviamente que isso exige que o entrevistador possua boa cultura geral, raciocínio rápido e percepção aguçada sobre o comportamento humano. Durante a entrevista, devem ser eliminadas todas as influências negativas, como quaisquer tipos de preconceitos culturais, sociais, de sexo, cor etc. Os problemas pessoais íntimos, as antipatias, as opiniões particulares, os julgamentos sem fundamentação real ou os medos e as pressões também devem ser deixados de fora da entrevista.

- **Conhecimento prévio do entrevistado**: para programar uma entrevista adequadamente, o entrevistador deve conhecer previamente os dados sobre o entrevistado (biografia), bem como sobre de sua área de atuação e, eventualmente, de interesses pessoais.

- **Oportunidade da entrevista**: saber se o entrevistado tem a informação que se deseja obter e o que se pode esperar dele.

- **Condições favoráveis**: o entrevistado precisará ser deixado à vontade, pois, na maioria das vezes, as pessoas não gostam de ser entrevistadas.

- **Contato prévio com o entrevistado**: as entrevistas devem ser agendadas previamente com o entrevistado, a fim de que sejam definidos, *a priori*, local, data e horário mais adequados para sua aplicação.

Principais problemas com a técnica da entrevista

Tendo em vista a resistência de muitas pessoas em responder pesquisas, alguns problemas podem afetar a técnica da entrevista. Entre elas, destacam-se:

- **Falta de motivação do entrevistado**: é comum certas pessoas aceitarem ser entrevistadas apenas por questão de educação. Ao serem contatadas para a entrevista, ficam sem graça em não aceitar o convite e respondem à entrevista sem qualquer motivação, o que pode prejudicar o resultado. Aqui, a empatia do(a) entrevistador(a) pode fazer vertical diferença no resultado final e empolgar o entrevistado, tornando o diálogo fecundo e produtivo.

- **Inadequada compreensão do significado das perguntas**: esse fato tem a ver com roteiros mal estruturados. Uma solução para o problema é a realização de pré-testes, a fim de verificar se o entendimento do significado das perguntas por potenciais entrevistados está claro.

- **Fornecimento de respostas falsas**: acontece com muita frequência, em certas pesquisas, quando os entrevistados, por preguiça ou má-fé, forjam suas respostas, gerando afirmações contrárias aos seus pontos de vista reais. Uma forma de resolver o problema, além de uma seleção criteriosa do entrevistado, é fazer a mesma pergunta de várias maneiras possíveis para ele. Ao perceber a fraude, a entrevista é cancelada e anulada.

- **Inabilidade do entrevistado para responder**: também acontece com certa frequência, principalmente se considerarmos que em nosso país as pessoas tendem a não ter uma capacidade de discernimento muito aguçada, além de serem manipuladas muito facilmente pela mídia. O problema pode gerar muitas reposições de entrevistas, ou seja, para se obter a informação necessária, podem ser necessárias várias entrevistas, em vez de poucas.

- **Influência exercida pelo aspecto pessoal do entrevistador com o entrevistado**: esse é um viés que pode ser evitado se a seleção dos entrevistadores for bem feita. O entrevistador deve ser neutro e não influenciar as respostas do entrevistado em hipótese alguma.

O questionário

Como foi visto, o questionário é um instrumento de coleta de dados constituído por uma série ordenada de perguntas, que devem ser respondidas por escrito e sem a presença do entrevistador. Embora sua elaboração pareça ser algo simples, trata-se de uma das tarefas mais complexas que compõem um processo de pesquisa. Recomenda-se, por exemplo, que, ao elaborar uma pesquisa, uma pessoa não tente criar um questionário sozinha. Isso porque muitas vezes pode-se incorrer em alguns problemas aparentemente simples, mas que podem levar até à invalidação da pesquisa, como é o caso de uma questão mal formulada, ou do uso de escalas inadequadas, ou mesmo de vieses que possam provocar a indução de respostas.

No processo de elaboração de questionários, alguns cuidados devem ser tomados:

Primeiramente, deve-se conhecer o assunto que se pretende pesquisar, o que pode requerer a obtenção de informação secundária acreditada, tornada disponível por meios científicos, como livros, artigos acadêmicos, pesquisas realizadas por instituições reconhecidas, universidades etc. Há que lembrar que vivemos no mundo da Internet, que se tornou para muitos a principal fonte de informação. Só não se pode esquecer que a Internet, como uma rede pública, aceita qualquer tipo de informação. Há quem use como base para pesquisas, informação obtida, por exemplo, na *Wikipedia*. Não que ela não possa ser considerada uma fonte, mas qualquer pessoa pode colocar qualquer coisa nela. Ali há informação de excelente qualidade, assim como informação de péssima qualidade. Levando esse aspecto em consideração, então, ela deve ser utilizada com cautela, somente depois que todas as fontes consideradas fidedignas tiverem sido consultadas.

Outro aspecto que deve ser considerado, na elaboração de questionários, é o cuidado na seleção das questões. Devemos nos perguntar sempre se as questões que escolhemos ajudam realmente a atingir os objetivos e, consequentemente, a solucionar o problema de pesquisa. Temos que ter em mente que um questionário deve trazer somente questões que tenham essa finalidade, pois, em caso contrário, não contribuirá para o bom êxito da pesquisa.

Os questionários, de modo geral, devem ser limitados em extensão e em finalidade, levando-se em conta que sua aplicação deve ser objetiva e a mais rápida possível, para não ocupar muito o tempo da pessoa pesquisada.

As questões devem ser codificadas, para facilitar a tabulação. Codificação é um processo analítico em que dados, tanto na forma quantitativa (tal como resultados de questionários), quanto na forma qualitativa (como em transcrições de entrevistas), são categorizados para facilitar a análise. Codificar significa transformar os dados em um formato compreensível, por exemplo, por um *software* de computador. A classificação de informação é um passo importante na preparação de dados para que sejam processados em um computador por meio de *softwares* estatísticos. Um código deve se aplicar a apenas uma categoria e as categorias devem ser abrangentes. Devem existir recomendações claras para os indivíduos responsáveis pela codificação, de modo que o código seja consistente. Alguns estudos empregam múltiplos codificadores e trabalham independentemente com os mesmos dados, o que minimiza as chances de erros de codificação e aumenta a confiabilidade dos dados. Para a análise quantitativa, geralmente os dados são codificados e registrados como variáveis nominais ou ordinais. Nesse caso, os dados de questionários podem passar por pré-codificação (o processo de atribuir códigos às respostas esperadas em um questionário designado), codificação em campo (um processo de associar códigos assim que os dados estão disponíveis, geralmente durante o trabalho de campo), codificação posterior (codificação de questões abertas em questionários completos) ou codificação no escritório (feita após o trabalho de campo). É importante notar que alguns dos itens anteriores não são mutuamente exclusivos. Em ciências sociais, geralmente são utilizadas planilhas, tais como as do Excel, e pacotes de *softwares* mais avançados, tais como R, Matlab, SPSS, DAP/SAS, MiniTab e Stata.

Metodologia utilizada em pesquisa

Para disciplinas em que um formato qualitativo é preferível, incluindo a etnografia, a geografia humanística ou a psicologia fenomenológica, uma abordagem variada pode ser aplicada à codificação. Iain Hay (2005) descreve, em linhas gerais, um processo em duas etapas, iniciando com a codificação básica, para distinguir entre temas gerais, seguida por um código mais profundo e interpretativo, em que tendências e padrões mais específicos possam ser interpretados. O processo pode ser feito manualmente, o que pode ser tão simples quanto destacar diferentes conceitos com cores distintas, ou realizado em um *software* especializado em análise qualitativa de dados. Alguns dos principais pacotes de *softwares* qualitativos incluem MAXQDA, QDA Miner, Atlas.ti e NVivo.

Há ainda métodos mistos para codificação, indicados tanto em análises qualitativas quanto quantitativas. O *software* MAXQDA e o pacote RQDA dentro do R (*Programming Language*) são recursos em potencial.

Não se deve esquecer, na elaboração do questionário, da indicação da entidade organizadora da pesquisa, o que funciona como uma assinatura que dá credibilidade a esta.

Além disso, o questionário deve ser acompanhado por instruções claras e ter uma boa apresentação estética.

Podemos afirmar, então, que a construção do questionário consiste em traduzir os objetivos da pesquisa em perguntas claras e objetivas.

Vantagens e desvantagens da técnica da comunicação para coleta de dados

Como quase todas as técnicas de coletas de dados, a técnica de comunicação tem suas vantagens e desvantagens, conforme detalha o Quadro 8:

Quadro 8 - Vantagens e desvantagens da técnica de comunicação.

VANTAGENS	DESVANTAGENS
Mais versátil	Depende da boa vontade dos respondentes
Mais rápido	Depende de o respondente dispor ou se lembrar do dado solicitado
Menor custo	Depende da sinceridade dos respondentes
Pode ser usada para obter a grande maioria de tipos de dados	O instrumento de coleta ou a forma de coleta pode influenciar as respostas
	Menos preciso

Fonte: Elaborado pelos autores.

Técnica de coleta de dados: Observação

A técnica de coleta de dados chamada "observação" utiliza os sentidos na obtenção de determinados aspectos da realidade. Observar não consiste apenas em ver e ouvir, mas também em examinar fatos ou ferramentas que se deseja estudar. A observação ajuda o pesquisador a identificar e a obter provas a respeito de objetivos sobre os quais os indivíduos não têm consciência, mas que orientam seu comportamento.

A observação pode ser agrupada segundo:

- **O grau de estruturação e disfarce**: na **observação estruturada**, o observador prepara um instrumento formal para registro da observação, geralmente um formulário em que os itens a serem observados e os critérios da observação são descritos e organizados. Ou seja, o pesquisador segue um roteiro estruturado. Na **observação não estruturada**, não há esse rigor, nem a exigência de um instrumento formal para registro da observação. A informação a ser obtida está na cabeça do observador, que pode fazer anotações a respeito do comportamento observado. Uma **observação é disfarçada** quando o observador não deixa explícitos aos observados os reais objetivos da observação ou observa pessoas que não sabem que estão sendo observadas. Na **observação não disfarçada**, esses objetivos são declarados e as pessoas informadas de que estão sendo observadas.

- **Os instrumentos usados**: nesse caso, a observação pode ser **humana**, quando feita por pessoas, ou **mecânica**, quando feita por dispositivos mecânicos e/ou eletrônicos (ex.: monitores de tráfego, aparelhos de eletroencefalograma, pupilômetros[1], equipamentos para análise de tom de voz etc.).

- **O ambiente**: nesse caso, a observação pode ser feita em **ambiente natural** (como em grande parte das pesquisas mercadológicas que usam esse procedimento), ou em **laboratório**, como em certas pesquisas comportamentais.

- **O objeto observado**: quanto a esse aspecto, a observação pode ser **direta** ou **indireta**. No primeiro caso, observa-se diretamente o comportamento das pessoas. No segundo, são feitos registros de rastros deixados no passado, como as pesquisas realizadas por arqueólogos, especialistas em lixo, devolução de produtos não utilizados etc.

[1.] Pupilômetros são aparelhos utilizados na área da óptica, que servem para medir as distâncias naso-pupilares, ou seja, a distância da pupila ao nariz.

Metodologia utilizada em pesquisa

Tipos de observação

Na investigação científica são empregadas várias modalidades de observação, que variam de acordo com as circunstâncias:

Segundo os meios utilizados:

- **Observação não estruturada**: é a que se realiza sem planejamento e sem controle anteriormente elaborados, como decorrência de fenômenos que surgem de imprevisto.

- **Observação estruturada**: é a que se realiza em condições controladas, para se responder a propósitos que foram anteriormente definidos. Requer planejamento e necessita de operações específicas para o seu desenvolvimento.

Segundo a participação do observador:

- **Observação participante**: consiste na participação real do pesquisador com a comunidade ou o grupo. Em geral são apontadas duas formas: a **observação participante natural**, em que o observador pertence à mesma comunidade ou grupo que investiga, e a **observação participante artificial**, em que o observador se integra ao grupo com a finalidade de obter informação.

- **Observação não participante**: o observador toma contato com a comunidade, o grupo ou a realidade estudada, mas sem integrar-se a ela – permanece de fora.

Segundo o número de observadores:

- **Observação individual**: é a técnica de observação realizada por um pesquisador. Nesse caso, a personalidade dele se projeta sobre o observado, fazendo algumas inferências ou distorções, pela limitada possibilidade de controles.

- **Observação em equipe**: é a mais aconselhável, pois o grupo pode observar a ocorrência por vários ângulos.

Vantagens e desvantagens da técnica de observação para coleta de dados

Como quase todas as técnicas de coletas de dados, a técnica de observação também apresenta vantagens e desvantagens, como pode ser visto no Quadro 9:

Quadro 9 - Vantagens e desvantagens da técnica de observação para coleta de dados.

VANTAGENS	DESVANTAGENS
Independe da boa vontade dos respondentes	Menos versátil
Não há influência do processo nas respostas	Menos rápido
Certos dados só podem ser obtidos por esse método	Tende a ser mais caro
Independe da sinceridade dos respondentes	Dados coletados são de interpretação mais difícil
Independe de o respondente dispor ou se lembrar do dado necessário	Não pode ser utilizado para obter dados de situações íntimas
Tende a ser mais preciso	Só pode ser usado para obter dados exteriorizados por meio de comportamentos

Fonte: Elaborado pelos autores.

O principal problema com a técnica da observação, porém, é que a presença do pesquisador pode provocar alterações no comportamento dos observados, comprometendo a espontaneidade destes e produzindo resultados pouco confiáveis. Some-se a isso o fato de que qualquer observação é feita sempre conforme o viés do observador. Se ele não estiver muito bem preparado, pode invalidar a pesquisa.

Técnicas de coleta de dados em fontes secundárias

Como principais técnicas de coleta de dados em fontes secundárias, destacam-se:

- **Levantamentos bibliográficos**: são desenvolvidos com base em material já elaborado, constituído principalmente de livros e artigos científicos. Não se recomendam trabalhos não acadêmicos oriundos da Internet, a menos de trabalhos publicados na rede por instituições acreditas, como as universidades mais conceituadas, por exemplo.

- **Levantamentos documentais**: são muito parecidos com os levantamentos bibliográficos. A diferença está na natureza das fontes, pois essa forma de levantamento vale-se de materiais que não receberam ainda um tratamento analítico, ou que ainda podem ser reelaborados de acordo com os objetos da pesquisa. Além de analisar os documentos de "primeira mão" (documentos de arquivos, igrejas, sindicatos, instituições etc.), existem também aqueles que já foram processados, mas podem receber outras interpretações, como relatórios de empresas, tabelas etc.

- **Levantamentos de estatísticas**: são dados estatísticos publicados periodicamente por terceiros e divulgados geralmente em periódicos e revistas do tipo "carta de conjuntura", anuários e mensários estatísticos, como a *Suma Econômica*, a *Mídia Dados* etc.

- **Levantamento de pesquisas efetuadas**: são pesquisas divulgadas por entidades representativas de classes, como Federação das Indústrias, Federação do Comércio etc., além de pesquisas de interesse setorial realizadas e vendidas por institutos de pesquisas.

- **Levantamento de experiências**: são relatos de experiências publicados em periódicos científicos, monografias, dissertações de mestrado e teses de doutorados.

Novas técnicas para coleta de dados

Há outras técnicas de coleta bastante utilizadas em pesquisas, mas que não são enquadradas por alguns autores nem na técnica de comunicação nem na técnica de observação, conforme é mostrado a seguir:

- *Meters*: é o nome dado aos aparelhos eletroeletrônicos utilizados na medição de audiência de televisão. Eles são ligados nas saídas para antenas dos televisores e emitem sinais em tempo real para o instituto de pesquisa, cada vez que alguém muda de canal. Os *meters* estão divididos em dois grupos, de acordo com sua função:

  » *Set meters*: identificam o estado de sintonia dos televisores, permitindo que audiências domiciliares sejam estimadas sem identificação da audiência individual.

  » *People meters*: além da identificação do estado de sintonia do televisor, permitem que as pessoas registrem sua presença identificando a audiência individual. No Brasil, várias gerações de *meters* receberam os nomes de Tevêmetro, Tevetron, Teletron, Dataibope e Eurometer.

- **Leitores óticos**: são aparelhos que leem códigos de barra ou, mais recentemente, os chamados *QR Codes*. Como os códigos de barra e os *QR Codes* permitem a armazenagem de uma grande quantidade de dados e informação, a leitura ótica permite que as empresas detentoras dos aparelhos que a realizam sofistiquem suas bases de dados com cruzamentos de informação.

- *Notebooks, tablets, smartphones,* **coletadores eletrônicos de dados**: são os *gadgets* modernos que permitem a recepção, a coleta e a transmissão de dados e a informação em tempo real.

- *Smart cards*: são os cartões de débito e de crédito com *chips*. Esses cartões, aliados aos leitores óticos, facilitam a sofisticação da informação sobre os clientes e permitem trabalhar sua segmentação de diversas maneiras.

- **Redes sociais,** *e-mail, fax*: podem ser excelentes fontes de pesquisa, se usadas corretamente para esse fim. Alguns poderão estranhar a citação do *fax* como instrumento de pesquisa, pois ele, aparentemente, está sendo canibalizado aos poucos pelo *e-mail* e pelos dispositivos que permitem a emissão de nota fiscal eletrônica (EDI – *Electronic Data Interchange*). Entretanto, ele ainda é muito utilizado por empresas de logística, para enviar e receber informação.

- **Infovias**: são as grandes redes de comunicação, cabeadas ou não, utilizadas pelas grandes empresas para receber e enviar informação de alta velocidade e com alta qualidade.

- **TV interativa**: com a popularização e a modernização da televisão digital, os receptores e os transmissores de sinais de televisão serão dotados de interatividade, o que permitirá que as empresas os utilizem para realizar pesquisa em tempo real.

Medidas e instrumentos de coleta de dados

Medir algo é precisar o grau em que determinadas qualidades são apresentadas, a fim de que se possam distinguir as unidades observadas (indivíduos, grupos sociais etc.) em subgrupos internamente mais homogêneos. Com efeito, pode-se medir a quantidade de consumidores que preferem um produto a outro, o potencial de mercado para determinado produto, atitudes, comportamentos, percepções, preferências, intenções de compra etc., e descrever, por meio de medidas, quem são os consumidores de determinado produto em relação a inúmeras características demográficas, socioeconômicas e psicológicas.

Um processo de medição consiste em associar números a um objeto, que, segundo uma regra estabelecida, passam a representar as quantidades das características ou atributos desse objeto. Segundo esse conceito, não se mede o objeto em si, mas suas características ou atributos. Em grande parte dos processos de medição, as unidades observadas são localizadas em escalas.

O termo escala, no âmbito da pesquisa, designa a sucessão/sequência ordenada de valores de uma mesma qualidade. É um modo de classificar os objetos ou os eventos de forma prática e eficaz. Por exemplo: "a faixa etária predominante entre os consumidores do produto é entre 20 e 50 anos"; "a faixa de renda da população situa-se entre 10 e 15 salários mínimos".

As escalas utilizadas nas pesquisas são eminentemente de avaliação ou de posição, ou seja, representam modos de escalonar medidas de posição. O avaliador coloca o objeto medido em determinado ponto de um contínuo, ou em uma categoria, numa série ordenada; dá-se um valor numérico ao ponto ou à categoria. Esse avaliador pode ser o próprio indivíduo analisado, um observador, entrevistador ou codificador. O uso dessas escalas pressupõe que a resposta dada é suficiente para caracterizar a unidade de estudo no que diz respeito a uma variável específica. Um exemplo de escala de avaliação é mostrado no Quadro 10:

Quadro 10 - Exemplo de escala de avaliação ou de posição.

PERGUNTA 1 A 10					
1. Sou comunicativo	Nunca	Pouco	Às vezes	Muito	Sempre
2. Procuro criticar os outros	Nunca	Pouco	Às vezes	Muito	Sempre
3. Estou sempre trabalhando	Nunca	Pouco	Às vezes	Muito	Sempre
4. Sou desanimado	Nunca	Pouco	Às vezes	Muito	Sempre
5. Tento achar sempre uma solução	Nunca	Pouco	Às vezes	Muito	Sempre

Fonte: Elaborado pelos autores.

Técnicas para medir atitudes

As escalas de medição são usadas em publicidade e em *marketing* para medir atitudes relacionadas a essas duas áreas. Elas ajudam a: prever comportamentos para compra, comportamentos de pós-compra, aceitações e/ou rejeições de produtos e marcas; avaliar conceitos de novos produtos, publicidade e promoção de vendas; e tomar medidas para mudar atitudes desfavoráveis à empresa e aos seus produtos.

Sabemos, a partir da Psicologia, que o conceito de atitude está ligado à predisposição para a reação comportamental em relação a um produto, uma organização, uma pessoa, um fato ou uma situação. A atitude revela uma disposição mental em face de uma ação potencial. Enquanto ações podem ser observadas, atitudes só podem ser inferidas. A atitude é persistente no tempo e tende a produzir comportamentos consistentes. Ela engloba três componentes: o cognitivo (crenças), o afetivo (sentimentos) e o comportamental (predisposições), e sua formação resulta de crenças, reflexos condicionados, fixações, julgamentos, estereótipos, experiências, exposições a comunicações persuasivas, trocas de informação e experiências com outros indivíduos etc.

As escalas para medir atitudes são caracterizadas pelo uso de uma unidade arbitrária de mensuração de um fenômeno e denotam a posição do indivíduo (ou unidade de observação) na escala resulta do conjunto das suas respostas a uma série de perguntas ou itens considerados significativos. A indagação básica que se propõe é: a que atitude corresponde uma dada resposta do entrevistado? Cada pergunta ou item não importa por seu interesse intrínseco; importa o resultado total (ou sub-resultados) que cada indivíduo obtém pela combinação das respostas aos vários itens/perguntas. Os problemas-chaves para se medir atitudes residem basicamente em como escolher e ordenar os itens e em como dar pesos aos itens de modo a obter o resultado final a atribuir a cada indivíduo.

Há pelo menos três técnicas para medir atitudes:

- **Técnicas indiretas ou projetivas**: trabalham com questionários e roteiros não estruturados e disfarçadas e contemplam a contação de histórias, a interpretação de papéis, o completamento de histórias e sentenças, a associação de palavras etc.

- **Técnicas de desempenho da tarefa-objetivo**: é solicitado às pessoas que relatem informações reais a respeito do produto objeto da pesquisa.

- **Técnicas de autorrelato**: é solicitado às pessoas que respondam a um questionário com questões escalares para medição de atitudes.

As **técnicas indiretas ou projetivas** constituem uma forma indireta, não estruturada, de questionar o que leva os respondentes a projetar suas motivações implícitas, suas crenças, suas atitudes ou seus sentimentos, com vistas a obter a informação desejada. Nesse caso, os respondentes são estimulados a interpretar o comportamento de outros e, ao fazê-lo, projetam indiretamente as próprias motivações, crenças, atitudes ou os próprios sentimentos dentro de determinada situação. Exemplo: propõe-se ao respondente a seguinte pergunta: "O que o senhor acha que as pessoas apontariam como pontos negativos de nossa empresa?". Entre as técnicas projetivas, destacam-se:

Metodologia utilizada em pesquisa | **67**

- **A associação de palavras**: é apresentada aos respondentes uma lista de palavras, uma de cada vez, e pede-se a eles que respondam a cada palavra da lista com a primeira palavra que lhes venha à cabeça. As palavras de interesse, chamadas de palavras-teste, estão espalhadas ao longo da lista, que também contém algumas palavras neutras ou não relacionadas ao objeto de estudo, para disfarçar o propósito da pesquisa. As respostas são analisadas pelo cálculo da frequência com que cada palavra é dada como resposta, do tempo que leva para que a reposta seja dada e do número de respondentes que não respondem totalmente a uma palavra-teste em um período razoável de tempo.

- **A técnica de completamento de sentenças**: são dadas aos respondentes sentenças incompletas e é solicitado a eles que as completem. Geralmente, é pedido a eles que completem a sentença com a primeira palavra ou sentença que lhes venham à mente. Exemplos: "Uma pessoa que compra na loja tal é…"; "Uma pessoa que recebe um diploma na universidade tal é…"; "As pessoas preferem comprar nesta loja porque…"; "Essa empresa é mais conhecida porque…"; "Quando penso em fazer compras em uma loja de departamentos, eu penso em…".

  » **Outras técnicas de completamento**: entre as mais comuns, estão a **complementação de parágrafos**, em que o respondente completa um parágrafo que começa com a frase de estímulo; o **completamento de estórias**, em que são dadas aos respondentes partes de uma estória – o suficiente para direcionar sua atenção para um tópico em particular, mas não para induzi-los a um final específico, sendo solicitado a eles que façam a conclusão da estória com as próprias palavras.

- **As técnicas de construção**: entre essas técnicas, destacam-se o **quadro-resposta**, em que os respondentes são solicitados a descrever uma série de desenhos, fotografias ou pinturas, tanto de eventos comuns quanto de eventos não usuais, e sua interpretação dá indicações de sua personalidade; e os **testes de *cartoon***, em que são mostrados *cartoons* relacionados a situações específicas ligadas ao problema que se quer pesquisar e os respondentes são solicitados a indicar o que poderia dizer determinado personagem do *cartoon* em resposta aos comentários de outro. Os testes de *cartoon* tendem a ser mais simples de aplicar e analisar do que as técnicas de quadro-resposta.

- **As técnicas expressivas**: nas quais é apresentada aos respondentes uma situação verbal ou visual e solicita-se que eles relatem os sentimentos e as atitudes de outras pessoas em relação a tal situação. Entre elas destacam-se o **desempenho de papéis**, em que os respondentes são conclamados

68 | *Pesquisa de mercado*

a desempenhar o papel ou a assumir o comportamento de outra pessoa; e a **técnica da terceira pessoa**, em que é apresentada ao respondente uma situação verbal ou visual e solicitado a ele que relate as crenças e as atitudes de uma terceira pessoa em relação a tal situação, em lugar de suas próprias crenças e atitudes. A terceira pessoa pode ser um amigo, um vizinho, um colega ou qualquer pessoa típica.

Como toda técnica de coleta de informação, as técnicas projetivas apresentam vantagens e desvantagens. Entre as vantagens das técnicas projetivas, destacam-se:

- Podem estimular respostas que as pessoas entrevistadas não estariam dispostas a ou não seriam capazes de dar se soubessem dos reais propósitos do estudo.

- São úteis quando: os pontos a serem pesquisados são pessoais, sensíveis ou sujeitos a fortes normas sociais; e as motivações, crenças e atitudes implícitas estão operando em um nível subconsciente.

Como desvantagens das técnicas projetivas, podem-se citar:

- Sofrem da maioria das desvantagens das técnicas indiretas não estruturadas, mas em maior extensão.

- Requerem entrevistadores muito bem treinados (caros).

- Requerem interpretadores muito habilidosos para analisar as respostas.

- Há um sério risco de viés na interpretação.

- Tendem a ser muito caras.

- Podem requerer respondentes que tenham um comportamento não usual.

O uso das técnicas projetivas é adequado quando a informação desejada não pode ser obtida de forma acurada pelos métodos diretos e no caso de pesquisa exploratória, quando se deseja buscar *insights* e conhecimentos iniciais. Devido à sua complexidade, não devem ser usadas ingenuamente.

As **técnicas de desempenho da tarefa-objetivo** exigem que o entrevistado seja submetido a uma experiência com um produto, um serviço ou uma situação, solicitando-se a ele, em seguida à experiência, que relate informação real a respeito do produto objeto da pesquisa. Em gerência de produtos, uma das macrofunções do *marketing*, costuma-se entregar aos pesquisados protótipos dos produtos, para que eles, após usá-los, manifestarem sua opinião a respeito.

Tipos de escalas de autorrelato utilizadas para medir atitudes

As técnicas de autorrelato para medir atitudes trabalham com escalas, entre as quais se destacam:

As escalas nominais: consistem em duas ou mais categorias, nas quais os objetos são classificados. O único requisito é que as categorias sejam diferentes umas das outras. Exemplo:

Sua casa está ocupada com lava-louça?

_____ 1. Sim _____ 2. Não

As escalas de avaliação: que podem ser **gráficas, verbais, itemizadas** e **cumulativas. As escalas gráficas** valem-se de símbolos para facilitar ao respondente suas escolhas. A Figura 10 ilustra:

Com relação aos serviços prestados em nosso hotel, qual a sua opinião sobre:			
Recepção	☹	😐	☺
Serviço de copa	☹	😐	☺
Serviço de arrumadeira	☹	😐	☺
Serviço de lavanderia	↓	→	↑
Serviço telefônico	↓	→	↑
Asseio e limpeza	↓	→	↑
Conforto	↓	→	↑
Localização	-	O	+
Café da manhã	-	O	+
Restaurante	-	O	+
Bar	-	O	+

Figura 10 - Exemplo de escala gráfica (MATTAR, 2012).

Nas **escalas de avaliação verbal**, propõe-se uma frase ao respondente e ele escolhe uma alternativa. Exemplo:

O que você achou do filme que acabou de assistir?

_____1. Ótimo _____2. Bom _____3. Regular____4. Ruim
____5. Péssimo_____6. Não sei

Na **escala de avaliação itemizada**, são propostas frases para que o/a respondente escolha aquela com a qual mais se identifica. É difícil trabalhar com esse tipo devido à subjetividade das expressões utilizadas. Às vezes os respondentes não encontram opções de expressões de atitudes que coincidam com as suas. A forma de reduzir o problema é fazer com que grande número de pessoas participe da criação da escala, e que esta, antes de ser utilizada, seja pré-testada inúmeras vezes, para verificar sua consistência. Outra forma é incluir como último item a opção "Outro (especificar)", para que o respondente escreva com suas próprias palavras a frase que melhor se aplica ao seu caso. Eis um exemplo, retirado de Mattar (2012):

Com relação ao produto amaciante que a senhora testou, qual das frases está mais de acordo com sua opinião:

_____ 1. Eu não acreditava no produto desde o começo e por isso não o usei.

_____ 2. Eu não acreditava no produto desde o começo e seu uso confirmou minhas suspeitas.

_____ 3. Eu acreditei no produto no início, mas seu uso me decepcionou.

_____ 4. Eu não acreditava no produto, mas seu uso me surpreendeu.

_____ 5. Eu acreditei no produto desde o início, e fiquei muito satisfeita com seu uso.

_____ 6. Ainda não formei opinião a esse respeito.

_____ 7. Outra (especificar):_____

As escalas de ordenação ou ordinais: que revelam a posição relativa de objetos. Os objetos podem ser categorizados e colocados em ordem. Exemplos: notas de alunos, relevância de documentos para a busca, autores mais preferidos etc. São fáceis de aplicar. O processo de obter a informação é muito similar ao próprio processo de decisão de compra. Produzem apenas dados ordinais que permitem saber a ordem de preferências, mas não a distância entre essas preferências. A Figura 11 ilustra:

Ordene as 4 principais marcas de automóveis fabricados no Brasil, segundo a sua opinião, em relação a cada um dos atributos

Utilize a seguinte legenda: Ford–FD, General Motors–GM,Volksvagen–VG e Fiat–FT				
ATRIBUTO	**1º LUGAR**	**2º LUGAR**	**3º LUGAR**	**4º LUGAR**
Qualidade				
Economia de combustível				
Economia de manutenção				
Durabilidade				
Acabamento				
Desempenho				
Segurança				
Confiança na marca				
Valor de revenda				
Modelos modernos				
Qualidade da assistência técnica				

Figura 11 - Exemplo de escala de ordenação (MATTAR, 2012).

As escalas comparativas: resultam de um julgamento relativo que os respondentes são solicitados a fazer antes de fornecerem suas opiniões, conforme mostra a Figura 12:

Com relação às marcas de café A e B, qual a sua opinião sobre a marca B, comparativamente à marca A, em relação aos seguintes atributos				
ATRIBUTO	**PIOR QUE A**	**IGUAL A A**	**MELHOR QUE A**	**NÃO SEI**
Pureza				
Sabor				
Aroma				
Qualidade				
Textura				
Torrefação				
Embalagem				
Marca				

Figura 12 - Exemplo de escala comparativa (MATTAR, 2012).

As escalas comparativas podem ser: de **comparação pareada**, de **diferencial semântico (Osgood)**, de **Stapel**, indiretas, de **intervalos aparentemente iguais de Thurstone e somatória ou Escala Likert**. Elas são detalhadas a seguir.

Escalas de comparação pareada: os respondentes são solicitados a comparar dois objetos (produtos, marcas, material de publicidade etc.) de cada vez de um conjunto de vários objetos, em relação a suas opiniões sobre os objetos ou sobre vários de seus atributos. Eles comparam todos os possíveis pares de objetos do conjunto apresentado. Assim, por exemplo, para grupo de quatro marcas, terão que comparar C4,2 = seis pares; cinco marcas C5,2 = dez pares etc. Essas escalas são utilizadas quando é fundamental conhecer as atitudes comparativas dos consumidores em relação aos vários produtos ou marcas existentes.

Escala de diferencial semântico: baseia-se no pressuposto de que o significado de um objeto detém distinções sutis e difíceis de serem descritas e descobertas de outra forma. Utiliza-se um número de adjetivos para avaliar o significado de três fatores básicos: avaliativos, potência e atividade. Esse procedimento de escala foi desenvolvido por Osgood, Suci e Tannenbaun (1957), para mensurar o significado conotativo dos conceitos. Para Mattar (1996, p. 94) e Chisnall (1973, p. 94), os significados de um objeto para um indivíduo incluem desde os significados denotativos mais óbvios até os significados conotativos mais sutis e difíceis de descrever. Daí a importância e aceitação desse método dentro do meio científico. Basicamente, esse método consiste em uma escala bipolar de sete pontos cujos extremos são definidos por um adjetivo ou uma frase adjetivada. Chisnall (1973, p. 177) coloca que "é importante que os termos bipolares definam precisamente a diferença entre dois extremos", pois, caso contrário, o método pode ser comprometido. Os passos que envolvem esse método são os seguintes: os respondentes avaliam algum conceito em particular dentro de uma escala de sete pontos, colocando uma marca na posição que mais tem a ver com seus sentimentos. Os pesos são atribuídos segundo a posição do *continuum*, que, nesse caso, assume valores iguais, como, por exemplo: +3 +2, +1, 0,-1, -2, -3. O total de pontos de respondentes individuais é computado, definindo os perfis em cada dimensão. São dados pesos quantitativos a cada categoria, os quais são somados. Obtém-se, dessa forma, um perfil do sentido e do valor que o objeto representa para o indivíduo. A Figura 13 ilustra:

Com relação à marca de café A, qual a sua opinião sobre os seguintes atributos:						
Puro						Impuro
Forte						Fraco
Saboroso						Sem sabor
Sabor diferente						Sabor comum
Aromático						Sem aroma
Alta qualidade						Baixa qualidade
Barato						Caro
Bem torrado						Mal torrado
Embalagem bonita						Embalagem feia
Produto moderno						Produto antigo

Figura 13 - Exemplo de escala de diferencial semântico (MATTAR, 2012).

Escala de Stapel: é uma modificação da escala de diferencial semântico que consiste em uma escala verbal de dez pontos, cujos valores variam de +5 a -5, em que os respondentes são instruídos a avaliar quão precisamente o adjetivo ou frase descrevem o objeto que está sendo avaliado (ver Figura 14). Kinnear e Taylor (1991, p. 255) afirmam que "essa técnica de escalonamento é designada para mensurar a direção e a intensidade de atitudes, simultaneamente". Para Churchill (1998, p. 261), a escala de Stapel se difere da escala de diferencial semântico, pelas seguintes características: (a) os adjetivos ou as frases descritivas são testadas separadamente, em vez de simultaneamente, como ocorre com pares bipolares; (b) os pontos na escala são identificados por números; (c) há dez pontos de posição na escala, e não sete pontos. A vantagem da escala de Stapel é que não há necessidade de desenvolver adjetivos bipolares para uma série de itens que estão sendo utilizados para medir atitudes.

Avalie o café da marca A, segundo sua opinião:					
ATRIBUTOS	**AVALIAÇÃO**				
Pureza	-3	-2	-1	+2	+3
Sabor	-3	-2	-1	+2	+3
Aroma	-3	-2	-1	+2	+3
Qualidade	-3	-2	-1	+2	+3
Textura	-3	-2	-1	+2	+3
Torrefação	-3	-2	-1	+2	+3
Embalagem	-3	-2	-1	+2	+3
Marca	-3	-2	-1	+2	+3

Figura 14 - Exemplo de escala de Stapel, com variação de -3 a +3 (MATTAR, 2012).

Escalas de intervalos aparentemente iguais de Thurstone: é um exemplo clássico de escala de intervalo que envolve procedimentos matemáticos sofisticados. Essa escala é relativamente cara e a sua definição final consome muito tempo. Porém, uma vez definida, é fácil de ser administrada e de ser compreendida pelos respondentes. Para Chisnall (1973, p. 173), por causa dessas complicações, esse método tende a ser menos usado na prática. Thurstone e Chave (1929) publicaram uma série de escalas para mensurar atitudes em relação a problemas como mercado livre, patriotismo, guerra, entre outros, empregando o método da variabilidade e fazendo julgamentos do tipo comparativo. Essa escala pode ser adaptada para medir atitudes em relação a qualquer tipo de objeto, usando-se o seguinte procedimento, baseado em Mattar (1996, p. 96), Chisnall (1973, p. 173 e 174) e Churchill (1998, p. 249): (a) os pesquisadores preparam uma lista de afirmações a respeito do objeto em questão; (b) as afirmações são avaliadas por um determinado número de juízes, que as classificam em onze grupos, dos mais favoráveis aos menos favoráveis. Os valores da média de cada grupo são calculados; (c) são selecionadas de 20 a 25 afirmações, descartando-se aquelas que não estão indicadas pelos quartis que medem a dispersão do julgamento; (d) essas afirmações selecionadas são apresentadas aos respondentes em ordem aleatória, para que eles concordem ou não com a afirmação; (e) a colocação do respondente na escala será resultante da média dos valores obtidos com as respostas que foram confirmadas.

Um ponto fraco dessa escala é que ele não permite identificar a intensidade dos sentimentos em relação a determinada frase, pois os respondes somente poderão concordar ou não com ela. Devido a isso, o responde pode atribuir a mesma resposta para dois assuntos completamente diferentes e pelos quais ele apresenta níveis de atitudes diferentes. Churchill (1998, p. 254) exemplifica dizendo que uma pessoa que responde "concordo" na escala de Thurstone poderia estar concordando totalmente, por exemplo, com que o banco possui um horário conveniente de serviço ou poderia ainda estar concordando com que o banco possui um horário conveniente, mas que poderia ser melhorado, não concordando totalmente com a frase. Não há como diferenciar os graus de concordância dos respondentes.

Outras críticas a esse método se baseiam no fato de que o julgamento para escolher as afirmações que irao fazer parte da listagem apresentada aos respondentes depende das atitudes dos "juízes", o que pode enviesar a seleção das afirmações usadas no teste. Alguns autores, como Chisnall (1973, p. 174) contra-argumentam que, na maioria dos casos, esse efeito é pequeno, somente juízes com atitudes extremas poderiam distorcer o resultado substancialmente.

Metodologia utilizada em pesquisa

A Figura 15 apresenta um exemplo:

Com relação às marcas de café A e B, qual a sua opinião sobre a marca B, comparativamente à marca A, em relação aos seguintes atributos:		
ATRIBUTO	**CONCORDO**	**DISCORDO**
1. É um café puro		
2. É um café muito forte		
3. É muito saboroso		
4. Seu sabor é diferente e marcante		
5. Seu aroma é delicioso		
6. É feito com grãos de qualidade		
7. É um café caro		
8. É torrado no ponto certo		
9. Sua embalagem protege o sabor		
10. Sua embalagem é moderna		

Figura 15 - Exemplo de escala de Thurstone (MATTAR, 2012).

O exemplo da Figura 16, de itens de uma escala de tipo Thurstone, foi retirado de um estudo de MacCrone sobre atitudes com relação aos nativos da África do Sul (1937):

VALOR	**ITEM**	**ESCALA**
10,3	1	Acho que o nativo serve apenas para o trabalho "sujo" na comunidade branca.
10,2	2	A ideia de contato com a pele negra ou escura do nativo provoca horror e repugnância.
8,6	15	Acho que não se pode colocar o nativo em posição de confiança ou de responsabilidade.
8,4	17	Penso que o nativo é tão infantil e tão irresponsável que não pode se esperar que saiba o que é melhor para ele.
3,8	22	Acho que a comunidade branca deste país tem uma dívida real de gratidão para com os missionários, pela maneira com que tentaram erguer o nativo
3,1	5	Acho que o homem branco, ao colocar restrições tais como o "Impedimento da Cor", para o nativo, procura, na realidade, explorá-lo economicamente.
0,8	11	Preferiria ver o povo branco perder sua posição nesse país a mantê-la à custa da injustiça para com o nativo.

Figura 16 - Itens de uma escala de Thurstone aplicados
a uma pesquisa (MacCRONE, 1937).

Evidentemente, os valores de escala não são apresentados no questionário, e os itens geralmente são dispostos em ordem casual, e não na ordem de seu valor na escala. A média (ou mediana) dos valores de escala dos itens que o indivíduo assinala é interpretada como indicação de sua posição numa escala de atitude favorável-desfavorável com relação ao objeto.

Escala Somatória ou Escala Likert: baseia-se na premissa de que a atitude geral se remete às crenças sobre o objeto da atitude, à força que mantém essas crenças e aos valores ligados ao objeto.

As escalas de Likert têm semelhança com as escalas de Thurstone, pois dizem respeito a uma série de afirmações relacionadas com o objeto pesquisado, isto é, representam várias assertivas sobre um assunto. Porém, ao contrário das escalas de Thurstone, os respondentes não apenas respondem se concordam ou não com as afirmações, mas também informam qual seu grau de concordância ou discordância. É atribuído um número a cada resposta, que reflete a direção da atitude do respondente em relação a cada afirmação. A somatória das pontuações obtidas para cada afirmação é dada pela pontuação total da atitude de cada respondente.

Chisnall (1973, p. 174 a 176) coloca que as escalas de Likert são mais populares que as escalas de Thurstone, porque, além de serem confiáveis, são mais simples de construir e permitem obter informação sobre o nível dos sentimentos dos respondentes, o que dá mais liberdade a eles, que não precisam se restringir ao simples concordo/ discordo, usado pela escala de Thurstone.

O procedimento geral da escala de Likert usado é o seguinte: são coletadas várias informações sobre determinado item. Estes itens são apresentados a juízes que indicam se aprovam muito, aprovam, estão indecisos, desaprovam, desaprovam muito. Para cada juiz é feito um score final computando suas respostas numa escala de 5 a 1, respectivamente. A avaliação das frases também pode ser feita segundo as seguintes divisoes: concordo totalmente, concordo parcialmente, incerto, discordo parcialmente e concordo totalmente.

> *"Aos vários graus de concordância/discordância são atribuídos números para indicar a direção da atitude do respondente. Geralmente, os números utilizados variam de 1 a 5, ou −2, -1, 0, +1, +2. O conjunto de números utilizados não faz diferença em função das conclusões a que se quer chegar, o importante é que se atribua corretamente os números às respostas de afirmações positivas e negativas."*
>
> *(MATTAR, 1996, p. 97).*

A maior pontuação possível será a multiplicação do maior número utilizado (por exemplo, 5) pelo número de assertivas favoráveis, e a menor pontuação será a multiplicação do menor número utilizado (por exemplo, 1) pelo número de assertivas desfavoráveis. A pontuação individual pode ser comparada com a pontuação máxima, indicando a atitude em relação ao problema apresentado.

Para Chisnall (1973, p. 174 a 176), "a escala de Likert não produz uma escala de intervalos, ela não é adequada para concluir sobre o significado das distâncias entre posição das escalas".

Uma vantagem da escala de Likert é que ela fornece direções sobre a atitude do respondente em relação a cada afirmação, sendo ela positiva ou negativa. Uma desvantagem associada a essa escala ocorre quando há um problema de interpretação que não existe na escala de Thurstone.

Segundo Churchill (1998, p. 258), uma pontuação de 9.2 na escala de Thurstone representa uma atitude favorável, já na escala de Likert poderia haver confusão para determinar o que uma pontuação de 78 pontos significa dentro de uma escala de 20 afirmações, por exemplo. Não é possível afirmar que essa pontuação represente uma atitude favorável, tendo como base a pontuação máxima de 100 (20 x 5).

As Figuras 17 e 18 apresentam, respectivamente, um exemplo da Escala de Likert e um esquema para atribuições de valores nessa escala:

Em relação à marca de café A, assinale o seu grau de concordância ou discordância para cada uma das afirmações a seguir:					
Legenda: CT–concordo totalmente C–concordo I–indiferente D–discordo DT–discordo totalmente					
1. É um café puro	CT	C	I	D	DT
2. É um café muito forte	CT	C	I	D	DT
3. É muito saboroso	CT	C	I	D	DT
4. Seu sabor é diferente e marcante	CT	C	I	D	DT
5. Seu aroma é delicioso	CT	C	I	D	DT
6. É feito com grãos de qualidade	CT	C	I	D	DT
7. É um café caro	CT	C	I	D	DT
8. É torrado no ponto certo	CT	C	I	D	DT
9. Sua embalagem protege o sabor	CT	C	I	D	DT
10. Sua embalagem é moderna	CT	C	I	D	DT

Figura 17 - Exemplo de escala de Likert (MATTAR, 2012).

TIPO DE AFIRMAÇÃO	GRAU DE CONCORDÂNCIA/ DISCORDÂNCIA	VALOR DA PONTUAÇÃO	
		(-2 A + 2)	(1 A 5)
Afirmação favorável (ou positiva)	Concorda totalmente	+2	5
	Concorda	+1	4
	Indeciso	0	3
	Discorda	-1	2
	Discorda totalmente	-2	1
Afirmação desfavorável (ou negativa)	Concorda totalmente	+2	5
	Concorda	+1	4
	Indeciso	0	3
	Discorda	-1	2
	Discorda totalmente	-2	1

Figura 18 - Esquema para atribuir números numa escala Likert.

Escalas cumulativas (escalas de Guttman): esse tipo de escala foi desenvolvido na década de 1950 e é pouco conhecida e utilizada. As afirmativas na escala de Guttman são ordenadas em uma hierarquia, de forma que a concordância com uma afirmativa implica que o respondente também concorda com as afirmativas que estão em um nível inferior da hierarquia. Isso, por sua vez, implica que, na construção dos itens, se procurem temáticas extremamente restritas, e o seu conteúdo acabe por ser muito repetitivo, de forma a garantir a unidimensionalidade da escala. Os itens são relacionados entre si, de sorte que o indivíduo que responde favoravelmente a um item necessariamente deve ter resposta no mesmo sentido a itens anteriores. Sua vantagem é que o resultado final pode permitir inferir as respostas parciais.

Exemplo: A pesquisa do Datafolha "300 Anos de Zumbi", um levantamento por amostragem realizado entre os dias 1 e 6 de abril de 1995[2]:

Pergunta 13 – Se no seu trabalho você tivesse um chefe negro, você (LEIA ATÉ A INTERROGAÇÃO):

1. ( ) Não se importava

2. ( ) Ficava contrariado(a), mas procuraria aceitar, ou

3. ( ) Não aceitaria e mudaria de trabalho?

---

[2] Acessar: http://www.fflch.usp.br/sociologia/nadya/desenhos_amostrais.pdf.

Pergunta 14 – Se várias famílias negras fossem morar na sua vizinhança, você (LEIA ATÉ A INTERROGAÇÃO):

1. ( ) Não se importaria

2. ( ) Ficaria contrariado(a), mas procuraria aceitar, ou

3. ( ) Não aceitaria e mudaria de casa?

Pergunta 15 – E se um filho ou uma filha sua casasse com uma pessoa negra, você (LEIA ATÉ A INTERROGAÇÃO):

1. ( ) Não se importaria;

2. ( ) Ficaria contrariado(a), mas procuraria aceitar, ou

3. ( ) Não aceitaria o casamento?

Construção de instrumentos de coleta de dados: o questionário

Segundo Malhotra (2011, p. 240), o questionário

> é um conjunto de questões formalizadas para a obtenção de informação dos entrevistados. Possui três objetivos específicos, dos quais o objetivo principal é traduzir as necessidades de informação do pesquisador em um conjunto específico de questões que os entrevistados estejam dispostos e capazes de responder.

O questionário é um instrumento importante para a padronização e a comparação de dados obtidos durante entrevistas. Além de aumentar a velocidade e a exatidão dos registros, ele facilita o processamento da informação. Por isso, deve encorajar o entrevistado a participar, minimizando as exigências impostas, o tédio e a fadiga, bem como minimizar os erros que surgem quando os entrevistados dão respostas imprecisas, ou quando os entrevistadores registram erroneamente as respostas. Ademais, Shiraishi (2012, p. 64) indica outro aspecto de suma importância na elaboração do questionário: "A linguagem e o contexto das questões devem ser adequados para cada público. As perguntas feitas para alguém que já concluiu o nível superior devem ser diferentes daquelas realizadas para alunos do ensino médio".

A elaboração de um questionário obedece ao fluxo mostrado na Figura 19:

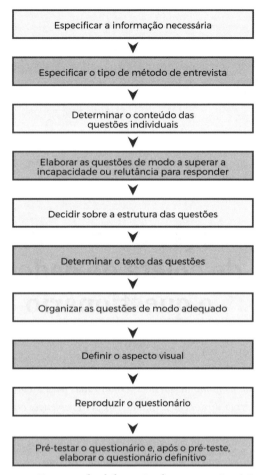

Figura 19 - Processo de elaboração de um questionário.

Esse processo deve envolver mais de uma pessoa, como foi recomendado anteriormente, pois o risco de surgirem problemas em sua elaboração pode ser minimizado. Afinal, como diz o ditado, várias cabeças pensam mais do que apenas uma. Há que se ter o cuidado, porém, de não envolver uma quantidade muito grande de pessoas, uma vez que a dispersão de pensamentos tende a ser maior. Um número adequado seria em torno de cinco.

Ainda que não haja uma sequência correta e definitiva das perguntas que compõem os questionários, grande parte deles obedece a seguinte ordem:

- Dados de identificação.
- Solicitação para cooperação.
- Instruções para sua utilização.
- Perguntas, questões e formas de registrar as respostas.
- Dados para classificar os elementos pesquisados.

A informação inicial, definida pelos dados de identificação e pela solicitação para cooperação, compõe o que se chama de **capa do questionário** e constitui uma parte de grande importância para o controle da pesquisa. Por meio dela, pode-se saber os principais detalhes sobre a aplicação do questionário, com vistas a facilitar eventuais supervisões de campo. Ela deve conter:

- Número do questionário.
- Data de aplicação.
- Local de aplicação.
- Hora em que deve ser aplicado.
- Dados de identificação, compostos pelo cumprimento, o nome da pessoa que o aplica, a entidade que está aplicando a pesquisa e o motivo da pesquisa.
- Solicitação para cooperação da pessoa escolhida para responder a pesquisa e informação sobre o tempo aproximado de aplicação.
- Agradecimento.

O exemplo da Figura 20 ilustra:

QUESTIONÁRIO Nº	DATA (DD/MM/AA)	LOCAL	HORA
	__ / __ / __		
DADOS DE APRESENTAÇÃO			
Bom dia (**boa tarde, boa noite**), meu nome é (**diga o seu nome**). Sou da empresa (**diga o nome da empresa**). Estamos realizando uma pesquisa para (diga o principal motivo da pesquisa).			
SOLICITAÇÃO PARA COOPERAÇÃO			
O(a) Sr.(a) poderia colaborar, respondendo a pesquisa? Este questionário foi pré-testado e sua aplicação deve durar, no máximo ___ minutos. 1. Sim ( ) (**a pessoa pode colaborar – agradeça e aplique a pesquisa**). 2. Não ( ) (**a pessoa não quer colaborar – agradeça e reponha**).			

Figura 20 - Modelo de capa de questionário.
Fonte: Elaborado pelos Autores.

Observação: Alguns questionários podem exigir, logo depois da solicitação para cooperação, o uso das chamadas **questões de filtro**. É o caso, por exemplo, quando certas pesquisas são aplicadas na rua e se precisa saber qual a faixa etária do potencial entrevistado para se aplicar o questionário. Uma pergunta de filtro, nesse caso, poderia ser, então: "Qual a sua faixa etária, por favor?", e, em seguida, a pessoa que está aplicando o questionário apresenta uma relação de faixas etárias para que o potencial entrevistado possa encontrar a sua. Assim, se o potencial entrevistado não se enquadrar na faixa etária do público alvo, a pesquisa não é aplicada a ele.

Questões, capacidade dos entrevistados e efeito do método de aplicação na elaboração do questionário

Apesar de parecer algo bem direto, as questões podem resultar em respostas bem diferentes e imprevistas, o que requer muito cuidado na elaboração dos questionários. Tem que se levar em conta, ainda, que nem sempre os entrevistados são capazes de responder a determinadas perguntas, razão pela qual muitas vezes o pesquisador deve ajudá-los a superar essas limitações. Quando o assunto da pesquisa exige experiência ou conhecimento especializado, as questões de filtro para medir familiaridade, uso do produto e experiência devem ser feitas antes da realização da pesquisa. Se houver suspeita de que os entrevistados não têm a informação sobre o assunto, pode-se recorrer à opção "não sei". De qualquer modo, o pesquisador deve ficar atento ao esforço exigido do entrevistado.

Os questionários podem ser enviados por correio, *e-mail* ou Internet. São os chamados **questionários autopreenchíveis**. Como principais vantagens desse tipo de aplicação, pode-se citar a conveniência de preenchimento, a economia, o anonimato relativo do pesquisado e a pouca influência do entrevistador. Como principais desvantagens, apontam-se: eventuais erros de cobertura, autosseleção, controle sobre o questionário, dificuldade no seguimento dos não devolvidos e o difícil uso de questões abertas (já que as pessoas preferem responder a questões fechadas). O exemplo a seguir, da Figura 21, mostra um modelo desses questionários:

Classifique os carros de luxo a seguir segundo a ordem de sua preferência. Inicie escolhendo uma marca de carro de que mais gosta e atribua a ela o número 1. Em seguida, forneça sua segunda marca de carro e atribua a número 2. Continue esse procedimento até ter classificado todos os carros em ordem de preferência. À última marca de carro de sua preferência deve ser atribuído o número 7. Duas marcas não devem receber o mesmo número de classificação. O critério de preferência depende totalmente de você. Não existe resposta certa ou errada. Tente ser consistente.	
MARCA DO CARRO	**ORDEM DE CLASSIFICAÇÃO, SEGUNDO SUA PREFERÊNCIA (1 A 7)**
Acura	
Cadillac	
Lexus	
Lincoln	
Infiniti	
Mercedes	
BMW	

Figura 21 - Modelo de questionário autopreenchível.
Fonte: Adaptado a partir de Mattar (2012).

É comum também aplicar **questionários por telefone**, ainda que essa forma de aplicação tenha sido altamente prejudicada no Brasil por causa das empresas que trabalham com *telemarketing*, pelo seu mau uso.

Apesar desse problema, entretanto, a pesquisa por telefone é interessante, pelos seguintes motivos: rapidez nos resultados, menor custo do que o face a face, maior controle que o questionário por correio, alta resposta , cobertura de grandes áreas e acesso a números não listados.

Mas a aplicação de entrevistas por telefone também tem suas desvantagens. Entre elas, destacam-se: menor controle da situação do que no método face a face, a impossibilidade de uso de material visual, a limitação do público, o custo relativamente das ligações (especialmente o das ligações DDD), a dificuldade com questões abertas e a duração limitada da entrevista (segundo especialistas, o brasileiro médio suporta responder a pesquisas por telefone com duração máxima de dois minutos).

A Figura 22 apresenta um exemplo de questionário aplicado por entrevista telefônica:

Você ouvirá os nomes de alguns carros de luxo. Classifique-os de acordo com sua preferência. Utilize uma escala de seis pontos, na qual 1 representa não tão preferida e 6 representa extremamente preferida. Os números entre 1 e 6 refletem graus intermediários de preferência. Lembre-se de que quanto maior o número, maior o grau de preferência. Agora apresente sua preferência por: (LEIA UMA MARCA DE CARRO POR VEZ)

MARCA DO CARRO	SUA PREFERÊNCIA					
Acura	1	2	3	4	5	6
Cadillac	1	2	3	4	5	6
Lexus	1	2	3	4	5	6
Lincoln	1	2	3	4	5	6
Infiniti	1	2	3	4	5	6
Mercedes	1	2	3	4	5	6
BMW	1	2	3	4	5	6

Figura 22 - Modelo de questionário aplicado por entrevista telefônica.
Fonte: Adaptado a partir de Mattar (2012).

Outra forma de aplicar questionários é por meio de **entrevista pessoal**. Os questionários pessoais têm a vantagem poderem ser mais complexos, flexíveis e possibilitar altas taxas de respostas, além do fato de que com eles pode-se lidar com população pouco letrada. Como desvantagens, apontam-se: alto custo (treinamento, locomoção, alimentação supervisão dos entrevistadores etc.), viés por parte do pesquisador e menor anonimato.

A Figura 23 mostra um modelo de questionário pessoal:

(ENTREGUE OS CARTÕES COM AS MARCAS DE CARRO AO ENTREVISTADO.) Eis, a seguir, um conjunto de nomes de carros de luxo, cada um escrito em um cartão separado. Analise-os cuidadosamente. (DÊ UM TEMPINHO AO ENTREVISTADO, PARA QUE ELE LEIA E ANALISE OS NOMES CONTIDOS EM TODOS OS CARTÕES.) Agora, analise os cartões novamente e retire o cartão que possui o nome da marca do carro de que mais gosta, ou seja, seu carro preferido. (REGISTRE O NOME DO CARRO E GUARDE ESSE CARTÃO.) Agora, analise os seis cartões restantes. Desses seis nomes que restam, qual é a sua marca de carro preferida? (REPITA ESSE PROCEDIMENTO EM SEQUÊNCIA ATÉ QUE O ENTREVISTADO TENHA SOMENTE UM CARTÃO EM MÃO.)

CLASSIFICAÇÃO DO CARRO	NOME DO CARRO
1	
2	
3	
4	
5	
6	
7	

Figura 23 - Modelo de questionário pessoal
Fonte: Adaptado de Mattar (2012).

Propósito, estrutura e redação das questões

Os entrevistados às vezes se opõem às questões que não apresentam um propósito legítimo (idade, renda, profissão, por exemplo). Isso faz com que o entrevistador tenha, muitas vezes, que justificar as questões para o entrevistado, que deverá argumentar que elas realmente são necessárias para tornar a pesquisa mais legítima. Informação de ordem pessoal ou delicada pode constranger ou intimidar os entrevistados. Nesse caso, pode ser mais adequado colocá-las no fim do questionário, pois, assim, os entrevistados já criaram afinidade ao longo da entrevista, bem como a legitimidade do projeto tende a já ter sido estabelecida.

Tipos de questões

Os questionários podem trazer os seguintes tipos de questões:

- **Abertas**: são as questões que permitem ao informante responder livremente, usando linguagem própria e emitir opiniões. Apesar de serem mais interessantes para uma maior qualidade de informação, essas questões apresentam alguns inconvenientes, tais como: o fato de dificultar a resposta ao próprio informante, que deverá redigi-la; o processo de tabulação, o tratamento estatístico e a interpretação e a análise, que tendem a ser mais difíceis, complexos, cansativos e demorados.

- **Fechadas**: são aquelas em que o informante escolhe sua resposta entre duas ou mais opções. Esse tipo de pergunta, embora restrinja a liberdade das respostas, facilita o trabalho do pesquisador e também a tabulação, pois as respostas são mais objetivas. As perguntas fechadas com apenas duas opções são chamadas dicotômicas.

- **Semiestruturadas**: são perguntas fechadas, mas que apresentam uma série de possíveis respostas, abrangendo várias facetas do mesmo assunto. A técnica da escolha múltipla é facilmente tabulável e proporciona uma exploração em profundidade quase tão boa quanto a de perguntas abertas. A combinação de respostas múltiplas com as respostas abertas possibilita mais informação sobre o assunto, sem prejudicar a tabulação.

Estrutura das questões

Quanto à estrutura, as questões podem ser estruturadas e não estruturadas, sendo que as primeiras podem ser de múltipla escolha, dicotômicas e escalares.

Vejamos cada uma:

- **Questões estruturadas de múltipla escolha**: o pesquisador fornece várias alternativas de resposta e os entrevistados selecionam uma ou mais, de acordo com o enunciado. São mais fáceis de responder, analisar e tabular. Exigem que se pense no número de alternativas a serem incluídas e na ordem ou posição em que serão apresentadas. Há uma tendência de os entrevistados marcarem uma alternativa específica, porque esta ocupa determinada posição na lista (geralmente as que aparecem no início). Quando envolvem valores numéricos (preços ou quantidades), há a tendência de selecionarem o valor central da lista. A solução, nesse caso, é preparar diversos questionários com mudanças na ordem das alternativas, de formulário para formulário.

Construção de instrumentos de coleta de dados: o questionário

- **Questões não estruturadas:** nesse tipo de questões são propostas perguntas abertas, para que os entrevistados respondam com suas próprias palavras. Começam com "o que", "como", "qual", "por que". São úteis para introduzir um assunto, pois permitem que os entrevistados expressem atitudes e opiniões gerais, sem a influência de respostas limitadas. Apresentam as desvantagens de erro de registro, codificação de dados e maior complexidade de análise.

- **Questões estruturadas dicotômicas:** oferecem somente duas alternativas de resposta e devem ser utilizadas quando o pesquisador tiver motivos para acreditar que o entrevistado pensa de modo simples a respeito do tópico pesquisado. Embora fácil de codificar e analisar, pode apresentar falhas, principalmente com relação ao texto da pergunta, que poderá influenciar as respostas fornecidas.

- **Questões estruturadas escalares:** são as questões que usam escalas de diversos tipos, para simplificar a resposta dos pesquisados.

O Quadro 11, a seguir, apresenta as vantagens e as desvantagens das questões, segundo sua estrutura.

Quadro 11 - Vantagens e desvantagens das questões não estruturadas e estruturadas.

TIPO DE QUESTÃO	VANTAGENS	DESVANTAGENS	COMENTÁRIOS
Não estruturada	· Útil como primeira questão · As respostas tendem a ser menos enviesadas · Pode fornecer interpretações valiosas	· Possibilidade de viés do entrevistador · A codificação é cara e demorada · Maior peso para entrevistados articulados · Inapropriada para questionários autoaplicáveis	· Útil para a pesquisa exploratória
Estruturada de múltipla escolha	· O viés do entrevistador é menor · Fácil de codificar e analisar · Cooperação aprimorada do entrevistado	· Viés de ordem ou de posição · Difícil de elaborar as opções de respostas	· As respostas devem ser mutuamente exclusivas e coletivamente exaustivas · Útil em grandes levantamentos
Estruturada dicotômica	· As mesmas que a da questão de múltipla escolha	· O texto pode enviesar as respostas	· Utiliza a técnica da votação dividida
Estruturada escalar	· As mesmas que a da questão de múltipla escolha	· Difícil de elaborar as escalas de itens múltiplos	· As escalas devem ser avaliadas por confiabilidade, validade e generalização

Fonte: Elaborado pelos autores.

Determinação do instrumento de coleta segundo o método de administração e forma de aplicação

A determinação do instrumento de coleta depende do tipo de pesquisa, do tipo de pessoa que será abrangida pela pesquisa, do assunto da pesquisa, da disponibilidade de meios para administrar a pesquisa e do tipo de análise e interpretação que se pretenda realizar com os dados.

Pesquisas mais complexas tendem a exigir questionários mais complexos, além de cuidados redobrados para sua administração. Públicos mais formais exigem abordagens formais no que tange especificamente à forma de tratamento, assim como uma formulação mais cuidadosa das questões. Do mesmo modo, é preciso definir os critérios para análise e interpretação dos dados, que podem exigir envolvimento aprofundado em técnicas estatísticas, algumas vezes de grande complexidade. O que se recomenda, nesse caso, é que se busque sempre a ajuda de um estatístico, quanto mais complexa for a pesquisa e as análises dela decorrentes.

A escolha do aspecto visual – que contempla o formato, o espaçamento entre linhas e o posicionamento das questões na página – também devem ser considerados, bem como a divisão do questionário em seções, com áreas separadas. As questões devem ser numeradas, para facilitar a codificação das respostas, e o papel deve ser de boa qualidade, assim como a impressão de tipos de letras, como veremos a seguir.

Redação do instrumento de coleta

No que diz respeito à redação do instrumento de coleta, algumas decisões são exigidas:

a) Quanto ao conteúdo das perguntas:

>> A pergunta é necessária? Qual a sua utilidade para os objetivos da pesquisa?

>> Há necessidade de várias perguntas sobre o assunto?

>> As pessoas têm a informação necessária para responder à pergunta?

>> A pergunta deve ser mais direta, objetiva e ligada à experiência da pessoa, ou indireta, ampla e mais geral?

>> O conteúdo da pergunta não estará enviesado ou carregado em certa direção, de modo a causar vieses na obtenção das respostas?

» O conteúdo da pergunta tende a captar dados sobre situações momentâneas e específicas, em vez de captar o que é típico no respondente?

» As pessoas estão predispostas a fornecer o dado solicitado?

b) Quanto à redação das questões:

» A pergunta pode ser mal compreendida?

» A pergunta exprime, e de forma balanceada, todas as alternativas?

» A pergunta, ou o seu preâmbulo, deixa claro e uniforme o quadro de referência em que a resposta deve ser dada?

» A redação da pergunta está emocionalmente carregada ou deformada para dirigir as respostas em determinado sentido?

» A redação da pergunta tende a despertar objeções, de qualquer tipo, do respondente?

» Uma redação mais pessoal ou menos pessoal apresentaria melhores resultados?

» Uma redação mais direta ou menos direta apresentaria melhores resultados?

c) Quanto à forma de resposta à pergunta:

» Serão usadas perguntas abertas?

» Serão usadas perguntas fechadas?

» As perguntas fechadas serão do tipo dicotômicas?

» As perguntas fechadas serão de escolha única ou de escolha múltipla?

» As perguntas fechadas serão de escolha mista (haverá alternativas abertas do tipo "outros: especificar")?

» Serão usadas escalas? Em caso positivo, de que tipo?

d) Quanto à sequência das perguntas no instrumento de coleta:

» O questionário começa com uma pergunta simples e interessante, de forma a atrair a atenção dos respondentes?

» As perguntas estão colocadas de forma a atender à seguinte sequência: mais fáceis, mais difíceis e de caráter mais específico?

» As perguntas anteriores tendem a influenciar, pelo conteúdo, as respostas às perguntas posteriores?

» A colocação das perguntas segue uma ordem lógica e racional?

» A colocação das perguntas nessa sequência pode causar alguma confusão, hesitação, frustração ou indecisão dos respondentes?

» As instruções são suficientes para explicar as questões?

» A pergunta é apresentada de maneira natural?

» Está em ordem psicologicamente correta?

Especificações do uso

A Figura 24 resume os cuidados que se deve ter com relação às especificações de uso do instrumento de coleta:

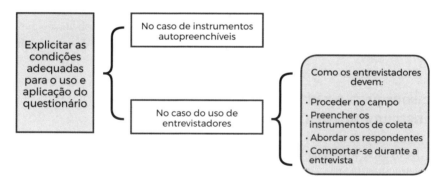

Figura 24 - Síntese das especificações de uso do instrumento de coleta.

Cabe esclarecer que tanto no caso de instrumentos autopreenchíveis quanto no caso de uso de entrevistadores, as condições adequadas para o uso de aplicação do questionário devem ser explicitadas da maneira mais clara possível. Quando for necessário o uso de entrevistadores, há que se ter o cuidado de orientá-los, no sentido de como proceder durante a aplicação das entrevistas, como preencher os instrumentos de coleta, como abordar os respondentes e como comportar-se durante a entrevista. Em suma, recomenda-se que os entrevistadores sejam devidamente treinados para que a entrevista flua conforme o esperado.

Pré-testes

Os pré-testes do instrumento de coleta são de extrema importância para o sucesso da pesquisa. Em média são realizados de cinco a 15 pré-testes, embora as grandes empresas e as corporações realizem até mais do que 15 pré-testes para validar o questionário inicial. A quantidade de pré-testes, portanto, varia conforme a complexidade da pesquisa.

Os pré-testes são importantes para verificar:

- Se os termos utilizados nas perguntas são de compreensão dos respondentes.

- Se as perguntas estão sendo entendidas como deveriam ser.

- Se as opções de respostas nas perguntas fechadas estão completas.

- Se a sequência das perguntas está correta.

- Se não há objeções na obtenção das respostas.

- Se a forma de apresentar a pergunta não está causando viés.

- Se, eventualmente, há alguma questão importante que não foi contemplada no instrumento.

Além disso, os pré-testes devem ser cronometrados, para se ter uma ideia aproximada do tempo de aplicação da pesquisa, que será informado logo na solicitação para cooperação ao potencial entrevistados (ver Figura 20 – Modelo de capa do questionário).

Decisões para a redação da versão final do instrumento de coleta

Alguns aspectos aparentemente simples devem ser considerados quanto à redação do instrumento de coleta. Muitos desses aspectos, por sua simplicidade, tendem a ser negligenciados até por institutos de pesquisas mais renomados. Ei-los:

Tipo de letra: recomenda-se que os tipos de letra utilizados nos instrumentos de coleta de dados sejam não serifados[1], pois facilitam a leitura. O tipo de letra mais utilizado em questionários é o Arial, considerado um dos tipos de mais fácil leitura.

---

[1] Serifas são os pequenos traços e prolongamentos que ocorrem no fim das hastes das letras. As famílias tipográficas sem serifas são conhecidas como *sans-serif* (do francês "sem serifa"), também chamadas grotescas (do francês *grotesque* ou do alemão *grotesk*). A classificação dos tipos em serifados e não serifados é considerado o principal sistema de diferenciação de letras.

- **Tamanho da letra**: é recomendável letras corpo 12.

- **Qualidade do papel**: deve-se optar por papéis não porosos, de cor branca (os tipos mais conhecidos no Brasil são os da marca Chamex e Report), de 75 gramas.

- **Cor da tinta**: a cor da tinta deve ser preta.

- **Qualidade da impressão**: a impressão deve ser a mais nítida possível. As impressoras a *laser* ou as boas impressoras a jato de tinta dão ótimas resoluções sobre papel branco. O que se recomenda é que se faça uma boa matriz nessas impressoras e que, depois, ela seja reproduzida em cópias xerox ou equivalentes, de boa qualidade (manchas, borrões ou outro tipo de defeito devem ser evitados).

- **Espaço entre perguntas**: as perguntas devem ser espaçadas, para que a organização do questionário não seja prejudicada.

- **Espaço entre as opções de respostas**: devem-se deixar espaços entre as opções de respostas. Respostas "amontoadas" podem prejudicar o questionário.

Planejamento das operações de coleta de dados

O planejamento das operações de coleta de dados deve prever o cronograma das atividades, o orçamento de despesas e saídas de caixa, os recursos humanos e os aspectos relacionados ao controle.

O Quadro 12 mostra um exemplo de **cronograma**:

Quadro 12 - Cronograma das operações de coleta de dados.

ATIVIDADE	INÍCIO	TÉRMINO	NÚMERO DE DIAS DISPONÍVEIS
Elaboração do instrumento e material para pré-teste			
Definição da amostra para pré-teste e impressão do instrumento de coleta			
Realização do pré-teste			
Avaliação dos resultados do pré-teste			
Reformulação do instrumento de coleta			

Continua na página seguinte

ATIVIDADE	INÍCIO	TÉRMINO	NÚMERO DE DIAS DISPONÍVEIS
Impressão do instrumento de coleta definitivo			
Recrutamento, seleção e contratação de entrevistadores			
Elaboração do material para treinamento			
Treinamento dos entrevistadores			
Aplicação da pesquisa			
Verificação da aplicação da pesquisa			
Verificação do trabalho dos entrevistadores			
Tabulação e análise dos instrumentos preenchidos			
Elaboração do relatório final de coleta dos dados			

Fonte: Mattar, 2012.

O **orçamento de caixa** compreende a elaboração da previsão de todos os custos envolvidos e do momento de seu desembolso para a coleta de dados. Para pesquisas que utilizem entrevistas pessoais, o **orçamento de despesas** compreende a previsão de despesas com:

- Salários de supervisores e de pessoal administrativo.
- Materiais e suprimentos.
- Diárias e ajudas de custo.
- Transporte, hospedagem e alimentação.
- Pagamento de entrevistas.
- Telefone e outras comunicações.
- Reprodução de instrumentos de coletas de dados.

O **orçamento de saídas de caixa** compreende a previsão do pagamento de todas essas despesas no momento correto e de acordo com o orçamento das entradas de caixa da pesquisa.

No que diz respeito aos recursos humanos necessários à aplicação da pesquisa, há que levar em consideração as qualidades que caracterizam um bom pesquisador. Segundo Mattar (2012), é importante que o pesquisador:

- Seja interessado, esforçado, curioso.
- Seja racional e objetivo.

- Seja crítico, persistente, dinâmico e questionador.

- Seja atento e criterioso.

- Esteja apto para a aplicação da pesquisa.

- Tenha atitude científica e imaginação criativa.

- Tenha honestidade intelectual.

- Goste do tema.

- Tenha muita paciência.

- Tenha imaginação criativa e disciplinada.

- Tenha honestidade intelectual , pois os fatos devem ser expostos sem distorção.

Há que ter em mente que o sucesso da coleta de dados está diretamente relacionado à qualidade do pessoal contratado para sua realização. A coleta, portanto, exige pessoal altamente especializado e treinado em relação aos objetivos da pesquisa: os dados precisam ser corretamente obtidos e dentro dos prazos e custos preestabelecidos.

O perfil de qualificações do pessoal varia conforme o tipo de método de coleta utilizado. As entrevistas pessoais são as que exigem maiores cuidados em relação aos recursos humanos, já que apresentam problemas específicos relacionados ao recrutamento, à seleção, ao treinamento e à supervisão dos entrevistadores. A escolha de entrevistadores inadequados pode introduzir fontes de vieses que podem comprometer os resultados da pesquisa. Como o processo de entrevista pessoal se fundamenta na inter-relação pessoal, é preciso que fatores relacionados às características demográficas, psicológicas e comportamentais de entrevistadores e entrevistados sejam semelhantes, no sentido de gerar empatia. Ao se conhecer o perfil dos pesquisados, deve-se recrutar e selecionar entrevistadores com o máximo de aproximação possível desse perfil, além de se observar outras qualificações relacionadas ao perfil comportamental do entrevistador.

As características a serem procuradas nos entrevistadores são:

- **Demográficas**: idade, sexo, estado civil, raça, religião, nível educacional, formação profissional, estrato socioeconômico, estilo de vida etc.

- **Psicológicas**: motivação, atitudes, percepções, expectativas, valores etc.

- **Comportamentais**: disciplina, honestidade, capacidade de comunicação, apresentação pessoal, precisão etc.

Evitando vieses nas entrevistas

Algumas entrevistas são enviesadas por uma série de problemas. Viés é um termo usado em estatística para expressar o erro sistemático ou a tendenciosidade. Designa qualquer comentário ou análise que seja tendenciosa, isto é, que não respeite os princípios da imparcialidade. Em resumo, o viés estatístico é um erro que é detectado nos resultados de um estudo e que é devido a fatores tais como a coleta, a análise, a interpretação ou a de dados.

Como os vieses podem invalidar pesquisas, devem ser evitados. Eis por que antes de se aplicar um questionário, sua primeira versão deve ser submetida a pré-testes. Somente após a realização dos pré-testes é que se deve elaborar o questionário definitivo.

Mattar (2012) relata uma série de pesquisas realizadas por diversos autores para avaliar possibilidades de ocorrência de algum tipo de viés. Nessas pesquisas, foi observado que:

- Respostas obtidas quando entrevistadores e respondentes são do mesmo sexo diferem daquelas obtidas quando ambos são de sexos opostos (HYMAN et al., 1976, p. 79-81).

- Entrevistadores jovens tendem a obter respostas orientadas para seu grupo de idade (EHRLICH & RIEMAN, 1961, p. 41).

- Entrevistadores de classe média encontraram atitudes mais conservadoras entre grupos de baixa renda do que entrevistadores de baixa renda (LENSKE & LEGGETT, 1960, p. 467).

- Entrevistadores de baixa renda tendem, tipicamente, a obter respostas mais radicais sobre opiniões políticas e sociais do que entrevistadores de classe média (KATZ, 1942, p. 248-268).

- A quantidade de vieses cresce à medida que aumenta a distância social entre entrevistadores e entrevistados (WILLIAMS, Jr., 1964, p. 338-352).

- Entrevistadores negros obtêm, significativamente, mais informação sobre ressentimentos a respeito de discriminação racial do que entrevistadores brancos (HYMAN et al., 1954, p. 159; ATHEY et al., 1960, p. 244);

- Em estudos sobre atitudes políticas, diferenças significativas foram observadas nas respostas em direção às próprias atitudes políticas dos entrevistadores (BLANKENSHIP, 1940, p. 134-136; TAMULONIS & VERNER, 1947, p. 63-77).

- Entrevistadores que já tinham uma atitude favorável a casas pré-fabricadas obtiveram respostas mais favoráveis a casas pré-fabricadas do que aqueles cuja atitude era, inicialmente, desfavorável (FERBER & WALES, 1952, p. 107-127).

Pesquisa de mercado

Tais pesquisas evidenciam a importância e o cuidado que se deve ter não apenas na elaboração e pré-teste dos questionários, mas também em sua aplicação.

Contratação e capacitação de entrevistadores

A contratação de entrevistadores qualificados para a aplicação de pesquisas também é um aspecto que não pode ser descuidado. Ao recrutar, selecionar e contratar esses profissionais, além de uma detalhada especificação das qualificações necessárias para a função, deve-se levar em consideração:

- A redução de custos com diárias, transportes e alimentação.
- A viabilidade ou não de contratação de empresas especializadas.
- A formação de equipes permanentes de entrevistadores treinados.
- Possíveis arquivos existentes de pessoas interessadas em se tornarem entrevistadores e suas qualificações.

Quanto ao treinamento dos entrevistadores, deve contemplar:

- A familiaridade dos contratados com os instrumentos de coleta e respectivo uso.
- Os objetivos da pesquisa.
- O plano amostral.
- A abordagem aos respondentes.
- A empatia (se o treinando fosse o entrevistado, como gostaria de ser tratado?).
- A correta apresentação pessoal.
- O modo de fazer perguntas.
- O registro das respostas.
- O tipo de público com o qual farão contato.
- Manual de instruções (se for o caso).

A condução do treinamento deve ser feita pelos supervisores da pesquisa. As sessões de treinamento só ocorrerão quando todo o material para coleta de dados estiver pronto e a equipe de entrevistadores definida. Durante o treinamento, deve ser dada ênfase específica a todos os erros que os entrevistadores podem cometer durante as entrevistas, os quais podem ser sintetizados principalmente na:

- **Ausência de empatia entre entrevistador e entrevistado**: Como vimos, a empatia é a capacidade de compreender o sentimento ou reação da outra pessoa imaginando-se nas mesmas circunstâncias. A ausência de empatia entre entrevistador e entrevistado pode ser decorrente de um processo de seleção inadequado, que não levou em conta aspectos aparentemente simples, como a apresentação pessoal do entrevistador ou entrevistadora (corte de cabelo, presença ou ausência de barba, forma de maquiagem, maneira de se vestir). Um modo de se corrigir o problema é a ministração de um treinamento ao entrevistador, para que se apresente e tenha uma conduta que seja, no mínimo, prazerosa para o entrevistado. Nesse mesmo treinamento, deve ser verificada a capacidade de adaptação rápida do entrevistador a diferentes entrevistados.

- **Forma de perguntar**: O entrevistador deve sempre apresentar os objetivos da pesquisa e prometer sigilo ao entrevistado. Do mesmo modo, deve familiarizar-se profundamente com o instrumento de coleta de dados, efetuar as perguntas exatamente na sequência em que aparecem no instrumento de coleta e como elas estão escritas nele. Além disso, deve efetuar **todas** as perguntas constantes do instrumento de coleta e saber usar técnicas para obter respostas: repetir a pergunta, aguardar silenciosamente a resposta, repetir a resposta do respondente, tranquilizar o respondente e estimulá-lo por meio de perguntas neutras, como: "Algo mais?", "Alguma outra razão?". Por fim, o entrevistador deve anotar qualquer mudança que tenha ocorrido, no caso de ter tido que alterar a forma de aplicar o questionário.

- **Forma de registrar a resposta**: Durante a entrevista, os entrevistadores devem ser estimulados a realizá-la em lugar que facilite o registro das respostas, utilizar apenas lápis para anotar as respostas, escrever do modo mais legível possível, anotar as respostas durante a entrevista (nunca deixar para depois), utilizar, de preferência, as próprias palavras dos respondentes, não resumir nem parafrasear as respostas, e aprender a tomar notas. Com relação a tomar notas, o entrevistador deve atentar para registrar apenas as palavras mais importantes (palavras com conteúdo), sem registrar artigos, preposições e outras semelhantes (palavras estruturais); não deve anotar dados e informação repetidos, comuns na linguagem falada; deve utilizar abreviações, desde que não gerem confusões; saber utilizar símbolos: $=, \neq, >, <, \geq, \leq$ etc. e desenvolver simbologia própria (desde que registrada). Se a explanação do respondente for muito rápida, o entrevistador deve solicitar sua cooperação, no sentido de os ritmos ficarem ajustados. As opiniões e observações que o entrevistador porventura tenha que registrar durante a aplicação da entrevista devem ser indicadas entre parênteses.

- **Desonestidade dos entrevistadores**: Os entrevistadores devem ser alertados com relação ao preenchimento, total ou parcial, dos instrumentos, com dados falseados ou com a realização de entrevistas de pessoas não indicadas na amostra. Eles devem ser cientificados de que, ainda que eventuais fraudes não sejam fáceis de serem detectadas apenas pela verificação dos instrumentos de coleta, existe um sistema de verificação por amostragem, que será usado aleatoriamente durante toda a aplicação de pesquisa, que permitirá identificar essas fraudes, e que haverá consequências para os que forem flagrados em prática desonesta.

Quando pagar salário fixo aos entrevistadores

Uma decisão que os institutos de pesquisa são algumas vezes levados a tomar é se devem ou não pagar salário fixo aos entrevistadores. Na maioria dos casos, as pesquisas não exigem que se pague salário fixo. São pesquisas mais simples, rápidas, em geral *ad hoc* e com um grau de complexidade menor.

O pagamento de salário fixo aos entrevistadores é recomendado quando:

- o seu nível for acima da média;
- o nível dos entrevistados for acima da média;
- o tema da pesquisa for complexo;
- o tempo de duração da entrevista for longo;
- a supervisão exercida no campo não for intensa;
- os prazos para término do campo não forem rígidos;
- o orçamento para pagamento das entrevistas não for rígido;
- o tempo de locomoção entre uma entrevista e outra for longo;
- a prospecção de entrevistados for difícil;
- a empresa apresentar volume de trabalho por longo período de tempo que justifique a contratação de entrevistadores permanentes.

Controle

O controle de pesquisas, como o de qualquer atividade, é um item de grande importância. A pesquisa, sendo uma atividade relativamente cara e que exige cuidados acima da média, requer um controle cuidadoso e metodológico, afinal, a qualidade da informação coletada no campo constitui a peça mais importante de todo o processo que envolve sua realização.

Certos procedimentos de controle costumam ser realizados pelos institutos de pesquisa, a fim de garantir uma conduta ética e de acordo com o planejamento amostral e critérios metodológicos definidos para cada projeto.

Podemos dividir o processo de controle em várias etapas, conforme mostrado na Figura 25:

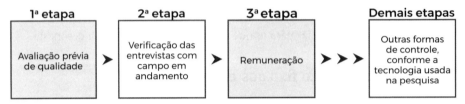

Figura 25 - Processo de controle de pesquisas.

A **avaliação prévia da qualidade**, na verdade, começa com o pré-teste, em que uma equipe de entrevistadores realiza uma amostra teste para avaliar a adequabilidade do questionário, as opções de respostas, o entendimento das questões e a semântica. Essa etapa é de vital importância para garantir a correta compreensão de todas as questões do questionário. Além disso, constitui ferramenta útil para a obtenção de sugestões e conselhos aos demais membros da equipe antes que o trabalho efetivamente tenha início, e serve também para cronometrar o tempo de aplicação.

A **verificação das entrevistas com campo em andamento** é realizada por amostragem, por meio de visitas incertas dos organizadores da pesquisa aos locais de aplicação, ou, no caso do recebimento eletrônico de entrevistas coletadas via *tablet* ou outro *gadget*, por meio telefônico, com base em amostra de ao menos 15% das entrevistas realizadas por entrevistador, com checagem estimada em 10% das respostas dadas.

Outra etapa do controle de pesquisas realizado por algumas empresas é a **remuneração**. Nesse caso, adota-se como premissa de atuação a correta remuneração para o pesquisador, entendendo o seu papel dentro de todo o processo de realização da pesquisa, promovendo uma seleção profissional da equipe com base na meritocracia e premiando os melhores desempenhos de campo. Geralmente, as boas empresas de pesquisa dispõem de um banco de dados que permite a realização de recrutamentos, formação de equipes, localização de público-alvo, entre outros atributos para condução de projetos e pesquisas em todo o país.

Há ainda outras formas de exercer o controle sobre as pesquisas, ligadas à tecnologia empregada para sua aplicação. Há empresas, por exemplo, que já fazem a aplicação de questionários por meio de *tablets* e outros *gadgets*. Nesse caso, há o **registro das coordenadas geográficas** do local de realização das entrevistas, o que permite visualizar o fluxo e dispersão das entrevistas realizadas, comprovando a ida do entrevistador ao local indicado. Esse tipo de aplicação de pesquisa permite a **monitoração *on-line* da atividade do entrevistador** durante a realização do trabalho de campo, com informação atualizada a cada sincronização: número de entrevistas realizadas por entrevistador e por localidade; número médio de entrevistas realizadas por dia; tempo médio de duração de cada entrevista; previsão de término do trabalho de campo.

A coleta de dados digitais realizada por alguns institutos de pesquisa permite a **gravação de trechos da entrevista** sem que o entrevistador saiba, tendo como objetivo avaliar a correta aplicação de certas perguntas, sendo as gravações de uso exclusivo desses institutos, para utilização restrita ao processo de verificação, não podendo ser repassada para o contratante. Quando a coleta de dados é realizada de forma digital e a checagem das entrevistas é realizada em tempo real, ajustes de conduta e reposição de entrevistas poderão ser realizados de forma mais ágil e assertiva.

Alguns institutos de pesquisa fornecem ainda *feedback* sobre a atuação de cada pesquisador para todos os projetos em que ele realiza, sendo indicadas suas forças e fraquezas.

Mas há formas simples de se controlar os resultados esperados da coleta de dados, de modo que satisfaçam as condições necessárias para atender a pesquisa. Mesmo que essas formas não possam ser consideradas necessariamente as melhores, elas são práticas e geram índices que podem dar um bom "espelho" da maneira como a pesquisa foi aplicada.

O Quadro 13 apresenta uma planilha de controle de uma pesquisa. Obviamente, outras planilhas de controle semelhantes poderão ser construídas pelo pesquisador para outros itens que julgar importantes controlar:

Quadro 13 - Planilha de controle dos resultados da pesquisa.

CONTROLE DOS RESULTADOS ESPERADOS DE COLETA DE DADOS QUE REÚNEM AS CONDIÇÕES NECESSÁRIAS PARA ATENDER A PESQUISA		
5. **Total dos respondentes elegíveis**		
1.1. Entrevistados		
1.2. Recusas		
1.3. Não contatos (assumidos como elegíveis)		
1.4. Outros (especificar):		
2. Total dos respondentes não elegíveis		
2.1 Mudanças		
2.2. Outros		

Continua na página seguinte

CONTROLE DOS RESULTADOS ESPERADOS DE COLETA DE DADOS QUE REÚNEM AS CONDIÇÕES NECESSÁRIAS PARA ATENDER A PESQUISA		
3. Total da amostra		
3.1. Porcentagem (item 1.1/item 1) x 100	%	
3.2. Porcentagem de recusas [item 1.2/(item 1.1 + item 1.2)] x 100	%	
3.3. Porcentagem de contatos [(item 1 – item 1.3)/item 1] x 100	%	
3.4. Porcentagem de entrevistas elegíveis (item 1/item 3) x 100	%	

Fonte: Adaptado de Mattar (2012).

O relatório de pesquisa

Seguramente, todo profissional de comunicação que atue na profissão um dia terá que contratar os serviços de um instituto de pesquisa ou analisar os resultados de alguma pesquisa. O que acontece na prática é que nem sempre os relatórios de pesquisa vêm escritos de forma que qualquer humilde mortal os entenda. Se são pesquisas com abordagem quantitativa, eles tendem a vir escritos em "estatistiquês"; se são pesquisas com abordagem qualitativa, tendem a vir escritos em "psicologuês" ou "sociologuês", ou, ainda, em "antropologuês", sem qualquer preocupação se as pessoas entendem ou não. Cumpre esclarecer que não há um modelo padrão para relatórios de pesquisa, mas os bons relatórios, além de serem escritos numa linguagem digerível por todos, devem ter, pelo menos, o seguinte formato:

- Apresentação: é um texto rápido em que são expostos os principais aspectos considerados na pesquisa. Pelo menos três perguntas, se respondidas, podem nortear o texto de apresentação: (1) Qual foi a principal motivação para se realizar a pesquisa? (2) O que se esperava da pesquisa? (3) A que resultados principais a pesquisa levou?

- Problema, objetivo geral e objetivos específicos de pesquisa.

- Desenho amostral: (1) Tamanho da amostra (com a especificação do grau de confiança e da margem de erro considerados no cálculo); (2) Método de amostragem utilizado.

- Tipo de questionário.

- Pré-testes (quantidade realizada e ajustes).

- Período de aplicação da pesquisa.

- Local(is) de aplicação.

- Estatísticas descritivas (gráficos e tabelas).

- Análise e discussão dos resultados.

- Considerações finais.

A pesquisa

Este capítulo trata da pesquisa em si. Entretanto, julgamos oportuno tecer algumas considerações iniciais importantes para a pesquisa direcionada para os cursos de comunicação em geral e, em especial, os cursos de publicidade e propaganda, e comunicação organizacional. Essas considerações dizem respeito principalmente ao fato de que alguns cursos de comunicação não possuem em sua grade a disciplina de introdução à Estatística, ou mesmo Estatística Básica, ou Estatística Aplicada.

Não é raro encontrar alunos de Comunicação que procuram o curso como uma espécie de "fuga" da Estatística ou da Matemática, por não terem muita afinidade com cálculos. A Estatística, entretanto, é uma disciplina de grande utilidade também para a Comunicação, embora a maioria dos alunos desse curso receba mais informação qualitativa do que quantitativa, geralmente ligada à análise do discurso e à análise de conteúdo. Fica difícil, assim, passar a essas pessoas informação sobre a abordagem quantitativa de pesquisa sem que elas, de algum modo, sofram. Nas disciplinas de Pesquisa Publicitária e Pesquisa em Opinião e Mercado, que lecionamos na Universidade de Brasília, quando vamos repassar conceitos relacionados à pesquisa com abordagem quantitativa, por absoluta escassez de tempo para detalhar certos aspectos estatísticos (pois, além de a disciplina Pesquisa Publicitária ser oferecida em apenas duas horas semanais, no currículo do curso não consta nenhuma disciplina ligada a Estatística), tomamos emprestado dos professores de cursinho os velhos jargões tão utilizados por eles: "acreditem em mim!" ou ainda "por definição".

Obviamente, ao adotar essa estratégia, podemos ser criticados. Lembramos, porém, que nossa disciplina é direcionada a alunos de Comunicação Social, das habilitações em Publicidade e Propaganda e Comunicação Organizacional, que, muito provavelmente, em toda a sua carreira profissional, jamais terão que aplicar pesquisas. Com certeza, entretanto, essas pessoas terão, em algum momento de sua carreira, que lidar com institutos de pesquisa, quer para o desenvolvimento de pesquisas com abordagem qualitativa, quer para o desenvolvimento de pesquisas com abordagem quantitativa. Ou seja, serão gestoras de processos de pesquisas demandados por seus clientes e/ou organizações. Ao lidar com esses institutos, terão, além de conhecer os métodos e técnicas utilizados, que saber o que pedir, como pedir e por que pedir, além de participar, juntamente com os especialistas de tais empresas, das análises dos resultados das pesquisas. Nosso objetivo, então, levando-se em conta essa realidade, é ensinar a eles o que e como pedir ao encomendarem uma pesquisa, o porquê pedir, os cuidados que devem tomar ao contratarem um instituto e ao participarem da análise dos resultados dessa pesquisa.

Trata-se, portanto, de um desafio interessante, em especial para um professor oriundo da área de tecnologia e amplamente familiarizado com números. Podemos afiançar, entretanto, que desde o ano 2000, quando ministramos a disciplina de Pesquisa Publicitária (só a partir do segundo semestre de 2011 foi oferecida Pesquisa em Opinião e Mercado aos estudantes de Comunicação Organizacional), temos tido bastante sucesso com essa nossa ousadia. Temos a segurança de que nenhum dos nossos alunos se formou sem ter o conhecimento mínimo, mas suficiente, para saber lidar com institutos de pesquisa. E isso, a nosso ver, basta para um publicitário, desde que não siga a carreira acadêmica (na academia, às vezes, profissionais de diversas áreas têm que se aprofundar em assuntos variados, para realizar suas pesquisas).

O problema de pesquisa

O problema de pesquisa é, sem dúvida, o item mais importante em qualquer projeto de pesquisa: portanto, devemos nos empenhar em defini-lo bem. Utilizamos a palavra "problema" para denominá-lo, mas ele não reflete, necessariamente, uma situação problemática, ou negativa. Na acepção científica, problema é qualquer situação não resolvida e que seja objeto de discussão, em qualquer domínio do conhecimento, ou, trocando em miúdos, é o principal motivador para a realização de uma pesquisa. O problema de pesquisa deve ser definido dentro de um contexto e culmina com uma questão que o sintetiza.

Na acepção de Barquette e Chaoubah,

> *Essa etapa do processo de pesquisa de marketing é uma das mais cruciais para o sucesso de todo o projeto. Um problema – ou propósito – de pesquisa mal definido torna os resultados inúteis, inaplicáveis à situação que motivou a pesquisa. Isso significa desperdício de tempo, dinheiro e esforço. A literatura aponta a má definição do problema como a causa mais frequente de fracasso em projetos de pesquisa de marketing (BARQUETTE e CHAOUBAH, 2007, p. 36-37).*

Os autores alertam ainda que os problemas raramente se apresentam de forma linear, clara e ordenada. "Em muitos casos, vêm embrulhados em confusões conceituais, visões pessoais ou interesses políticos" (BARQUETTE e CHAOUBAH, 2007, p. 37).

Barquette e Chaoubah (2007, p. 38) propõem, por fim, um questionamento geral prévio, na etapa de definição do problema de pesquisa, a saber:

1. Qual é o problema de pesquisa? É assim mesmo como se apresenta?
2. Da forma como está colocado o problema, que tipo de resposta provavelmente se obterá?
3. Esta resposta restringe ou amplia a compreensão do problema?
4. Qual a dimensão do problema (de conhecimento ou prático)?
5. Quem são os interessados nos resultados da pesquisa? São os tomadores de decisão?
6. Os interesses da organização estão explícitos ou há objetivos ocultos?
7. Ao se estudar o problema, oportunidades podem ser vislumbradas?

Ao se conceituar o que é um problema de pesquisa, é preciso levar em conta, de antemão, que nem todo problema é passível de tratamento científico, o que equivale a dizer que, para realizar uma pesquisa, é necessário, em primeiro lugar, verificar se o problema cogitado se enquadra na categoria de científico.

Um problema é de natureza científica quando envolve variáveis que possam ser testadas, observadas, manipuladas e pode ser determinado por razões de ordem prática ou intelectual. No caso específico da pesquisa publicitária, as razões são essencialmente práticas, pois:

- São direcionadas para respostas que ajudem a subsidiar ações.
- São direcionadas para a avaliação de certas ações ou programas.
- São direcionadas a verificar as consequências de várias alternativas possíveis.
- São direcionadas à predição de acontecimentos, com vistas a planejar uma ação adequada.

Na Publicidade poderíamos definir, por exemplo, o seguinte problema de pesquisa: **"Por que a campanha publicitária para o Produto X não gerou as vendas esperadas?"**. Note-se que ele reflete um motivo bastante plausível para justificar uma pesquisa. Afinal, quando realizamos uma campanha publicitária, entre outras preocupações, nossa expectativa é que o produto ou serviço que estamos divulgando gere um impacto positivo sobre as vendas. Se isso não acontece, precisamos saber o porquê.

A pesquisa | **105**

Do ponto de vista prático, tendo como referência as sugestões de Barquette e Chaoubah (2007) e Braga (2005), podemos trabalhar com o seguinte roteiro de como elaborar um problema de pesquisa, passo a passo:

1. **Síntese inicial**: escreva tudo o que você já sabe sobre o tema.

2. **Brainstorming**: comece a escrever perguntas (quantidade); mobilize suas dúvidas e curiosidade.

3. **Crítica às perguntas**: é hora de separar perguntas binárias, retóricas, sem noção, esotéricas...

4. **Sistematização**: classifique as perguntas como "Relevantes" e "Secundárias".

5. **Síntese número dois**: escreva um texto explicando as perguntas que restarem.

6. **Definição do problema**: sobre a mesa restarão algumas alternativas; faça sua escolha final.

Lembre-se de que pesquisa é sinônimo de conhecimento. Na etapa de elaboração do problema de pesquisa é essencial que o pesquisador conheça o mais profundamente possível a organização e seu(s) público(s) e o mercado (ou setor da sociedade) no qual está inserida.

O objetivo geral

Para solucionar o problema de pesquisa, definimos um objetivo geral. O objetivo geral é um só e constitui-se o principal objetivo que se pretende atingir para que o problema de pesquisa seja solucionado. Nesse sentido, é necessário total sintonia entre ambos, uma relação do tipo dialética, posto que são polos distintos de um determinado projeto de pesquisa.

Tomando como base o problema de pesquisa exemplificado anteriormente, podemos, então, definir, por exemplo, o seguinte objetivo geral: "**Verificar os motivos pelos quais a campanha publicitária para o Produto X não gerou as vendas esperadas**".

Para que o objetivo geral seja atingido e o problema solucionado, nós o dividimos em objetivos específicos.

106 | *Pesquisa de mercado*

Os objetivos específicos

Os objetivos específicos são detalhamentos do objetivo geral e podem ser vários. Eles servem de base para a elaboração do questionário da pesquisa. Cada objetivo específico pode gerar uma ou mais perguntas que comporão o questionário. Se as questões do questionário não considerarem os objetivos específicos, é impossível solucionar o problema de pesquisa.

Ainda tomando por base o problema de pesquisa que exemplificamos e o objetivo geral que o soluciona, podemos gerar diversos objetivos específicos, como, por exemplo:

a) Investigar se a linguagem da campanha para o Produto X estava adequada ao público alvo.

b) Investigar a percepção do público-alvo quanto aos níveis de preços praticados para o Produto X.

c) Analisar os apelos de venda utilizados na campanha do Produto X.

d) Pesquisar a percepção do público-alvo a respeito da qualidade do Produto X.

E podem existir mais objetivos específicos que ajudem a compor o objetivo geral e, portanto, solucionar o problema de pesquisa.

Uma estratégia para saber se os objetivos específicos compõem o objetivo geral e solucionam o problema de pesquisa, é a que chamamos de "**engenharia reversa**", mostrada na Figura 26:

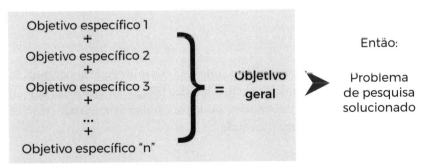

Figura 26 - "Engenharia reversa" para verificar a consistência dos objetivos específicos e do objetivo geral em relação ao problema de pesquisa.

Tanto o objetivo geral como os objetivos específicos iniciam-se por verbos que facilitam sua compreensão. O professor Fernando Bueno[1], da UNESP, apresenta o quadro do Anexo 2 , com alguns desses verbos.

Formulação de hipóteses

Hipóteses são conjecturas, respostas provisórias, que, de acordo com certos critérios, serão rejeitadas ou não rejeitadas, a partir da realização da pesquisa. Elas são pertinentes à maioria das investigações, uma vez que a natureza não é determinística, o que equivale a dizer que as mesmas causas nem sempre produzem os mesmos efeitos.

Ainda tomando como base o exemplo de problema de pesquisa que utilizamos aqui, podemos extrair dele várias hipóteses. Apresentamos dois exemplos de hipóteses retiradas do problema utilizado:

1ª hipótese (H1): **a linguagem utilizada na campanha foi inadequada ao público-alvo.**

2ª hipótese (H2): **a linguagem utilizada na campanha foi adequada ao público-alvo.**

Note-se que a hipótese é uma **afirmativa** que fazemos, também decorrente do problema de pesquisa e que carece de ser testada.

Para cada hipótese negativa, é gerada uma hipótese positiva.

Só tem sentido testar hipóteses em pesquisas com abordagem quantitativa. Em pesquisas qualitativas, não tem sentido testar hipóteses, em função de algumas limitações que serão apresentadas mais adiante.

Testes de hipóteses

Um teste de hipótese é um método de inferência estatística que se vale de dados de um estudo científico. É um procedimento estatístico baseado na análise de uma amostra, por meio da teoria de probabilidades, usado para avaliar determinados parâmetros que são desconhecidos em uma população.

---

[1] Disponível em: http://ad.rosana.unesp.br/docview/directories/Arquivos/Cursos/Apoio%20 Did%C3%A1tico/Fernando%20Protti%20Bueno/TG%20I/Lista%20de%20verbos%20para%20objetivos. pdf. Acesso em 10/05/2016, às 17h23.

108 | *Pesquisa de mercado*

Os testes de hipótese constituem-se de alternativas que são testadas. Uma população tem uma amostra retirada, sendo então possível, com a aplicação da teoria de probabilidades, tirar conclusões em relação a essa amostra, como determinar sua veracidade em relação à composição da população, distinguir entre diferentes populações das quais a amostra pode ser oriunda, auxiliar na comprovação de uma teoria ou no remodelamento dos métodos de testes aplicados para a sua comprovação, determinar limites estatísticos para uma população (doenças, intenções de voto, salário, por exemplo), checar a confiabilidade de um estudo e no auxílio de qualquer tomada de decisão simples em que seja necessário um rigor estatístico para comprovação da escolha.

Para um teste de hipótese, são fundamentais os seguintes conceitos:

- Hipótese nula (H0): é a hipótese que assumimos como verdade para a construção do teste. É o efeito, a teoria, a alternativa que estamos interessados em testar.

- Hipótese alternativa (H1): é a que consideramos caso a hipótese nula não tenha evidência estatística que a defenda.

- Erro do tipo I: a probabilidade de rejeitarmos a hipótese nula quando ela é efetivamente verdadeira.

- Erro do tipo II: a probabilidade de rejeitarmos a hipótese alternativa quando ela é efetivamente verdadeira.

É de suma importância também entender que o estudo da teoria das probabilidades e a eficiência em determinar a estatística de teste correta são componentes cruciais para um resultado coerente da aplicação. Caso as hipóteses não sejam assumidas de forma correta, ou sejam cometidos erros em relação a suas atribuições ou estatísticas relacionadas, também será incorreto o resultado do teste, e sua informação será incoerente com o problema estudado.

Testar hipóteses, por sua complexidade, não costuma ser tarefa fácil, principalmente para pessoas que não têm um bom conhecimento de Estatística, condição primordial para esse empreendimento. Afinal, os testes de hipóteses são importantíssimos para a análise dos dados e da informação e podem requerer a utilização de vários métodos distintos, que não são comuns à maioria dos mortais.

Sabedores de que grande parte dos profissionais de comunicação possui essa limitação, recomenda-se que, ao necessitarem de testes de hipóteses nas pesquisas que realizarem, recorram ao auxílio de profissionais de estatística para realizá-los (ao contratar a pesquisa, os testes de hipóteses devem estar previstos em contrato).

Métodos de abordagem de pesquisas

De acordo com a natureza de pesquisa, podemos identificar dois tipos de abordagem: a qualitativa e a quantitativa, que veremos detalhadamente a seguir.

Abordagem qualitativa

A abordagem qualitativa é usada em pesquisas com enfoque qualitativo.

O termo "pesquisa qualitativa" é bastante genérico, e é utilizado para denominar as pesquisas que não visam a um resultado numérico, estatístico ou à quantificação de determinado fenômeno, mas a uma compreensão mais próxima da realidade pelo pesquisador. Seu propósito é descobrir o que o consumidor tem em mente.

A pesquisa qualitativa é realizada para que se possa ter uma ideia de suas perspectivas e auxilia o pesquisador na compreensão do escopo e da complexidade das atividades e das preocupações dos consumidores. Os dados qualitativos são coletados para se conhecer melhor aspectos que não podem ser observados e mensurados diretamente, como sentimentos, pensamentos, intenções e comportamentos, exemplos de coisas que só podem ser conhecidas por meio dos dados qualitativos (AAKER; KUMAR; DAY, 2009, p. 206). De acordo com essa abordagem de pesquisa, busca-se maior envolvimento e empatia com os fatos.

A pesquisa qualitativa demorou para ser aceita como método eficiente de pesquisa e tem lugar privilegiado nas ciências sociais. No campo do *marketing*, por exemplo, ela ganhou popularidade e é cada vez mais usada. Os principais motivos para essa popularização é que, em geral, as pesquisas qualitativas são mais baratas que as quantitativas e permitem compreender melhor as motivações e os sentimentos dos consumidores.

A pesquisa qualitativa proporciona melhor compreensão do problema, pois o explora com poucas ideias preconcebidas sobre o resultado dessa investigação. Além de definir o problema e desenvolver uma abordagem, a pesquisa qualitativa também é apropriada ao enfrentarmos uma situação de incerteza, como quando os resultados conclusivos diferem das expectativas (MALHOTRA et al., 2005, p. 113). É adequada quando se deseja gerar hipóteses para futuras pesquisas quantitativas.

Limitações da abordagem qualitativa

A pesquisa qualitativa não permite a generalização de resultados, ou seja, não é possível dizer que toda uma população ou a maioria de seus indivíduos pensa de determinada maneira, com base nas respostas oferecidas por um ou dois ou alguns indivíduos em um procedimento qualitativo.

110 | *Pesquisa de mercado*

Imagine-se, por exemplo, que alguém tenha selecionado três pessoas envolvidas com determinado tema para fazer entrevistas qualitativas. Nas entrevistas, descobre que duas das pesquisadas são a favor de certo ponto de vista e uma delas é contra. Com base nessas respostas, mesmo que pareça uma dedução bastante lógica, não se pode dizer que dois terços, ou mesmo que a maioria das pessoas, são a favor, pois os entrevistados apresentam apenas opiniões e motivações individuais, que não servem para quantificar o todo. Daí dizer-se que a pesquisa qualitativa "**... não permite testar hipóteses, dar tratamento estatístico às informações, definir a amplitude ou a quantidade de um fenômeno**" (DUARTE, 2010, p. 63). As pesquisas qualitativas, portanto, não formulam hipóteses, e desenvolvem conceitos e compreensões a partir da análise dos dados.

Embora amplamente utilizada e capaz de fornecer resultados coerentes e profundos, a pesquisa qualitativa, portanto, tem certas limitações que devem ser respeitadas pelo pesquisador. Uma dessas limitações é que, pelo fato de muitas vezes os sucessos e os fracassos do *marketing* serem baseados em pequenas diferenças, no *mix* de *marketing* "a pesquisa qualitativa não distingue tão bem essas pequenas diferenças quanto a pesquisa quantitativa de larga escala" (McDANIEL; GATES, 2006, p. 123).

Há também, nas pesquisas qualitativas, um risco maior de distorção dos resultados com base em fatores sociais, como a liderança, principalmente nos procedimentos realizados em grupo. Como afirmam McDaniel e Gates (2006, p. 123), os líderes não representam necessariamente a população que interessa ao pesquisador. "Uma pessoa que acaba exercendo o papel de líder em um grupo, de discussão pode levá-lo a áreas de interesse apenas periférico ao estudo (sic)".

Abordagem quantitativa

As pesquisas quantitativas trabalham, como o próprio nome diz, com variáveis quantitativas, ou seja, usam técnicas estatísticas para cálculo e definição da amostra, permitem a generalização de resultados (a amostra representa o universo, sob determinadas condições) e são adequadas quando se quer levantar perfis, verificar a relação entre fenômenos e/ou quantificar tipos característicos de comportamentos. Além disso, as pesquisas quantitativas são apropriadas para apurar opiniões e atitudes explícitas e conscientes dos entrevistados, pois se valem de instrumentos padronizados (questionários), utilizados quando se sabe exatamente o que deve ser perguntado para atingir os objetivos da pesquisa (garantem a uniformidade de entendimento dos entrevistados). Elas permitem ainda que se realizem projeções para a população representada, testam, de forma precisa, as hipóteses levantadas para a pesquisa e fornecem índices que podem ser comparados com outros.

A abordagem quantitativa exige um número maior de entrevistados para garantir maior precisão nos resultados, que serão projetados para a população representada.

O entrevistador identifica as pessoas a serem entrevistadas por meio de critérios previamente definidos: por sexo, por idade, por ramo de atividade, por localização geográfica etc. As entrevistas não exigem um local previamente ou em pontos de fluxo de pessoas , sendo importante apenas que sejam aplicadas individualmente e sigam as regras de seleção da amostra. O relatório da pesquisa quantitativa, além das interpretações e conclusões, costuma trazer tabelas de percentuais e gráficos, denominados de estatísticas descritivas.

Limitações da abordagem quantitativa

Embora os métodos de pesquisa quantitativa coletem dados dentro de um determinado conjunto de parâmetros e produzam resultados numéricos exatos, os dados não revelam a causa. Muitas vezes há o reflexo do que está acontecendo, mas não se explica o porquê de algo estar acontecendo. Em alguns tipos de estudo, isso pode produzir buracos significativos que só poderiam ser preenchidos por métodos qualitativos. Por exemplo, um estudo que mostra que o autismo está aumentando em crianças jovens reflete o aumento percentual e a quantidade de novos casos, mas deixa em aberto o motivo disso estar ocorrendo.

Uma das desvantagens da pesquisa quantitativa é que ela exige que o pesquisador forme uma hipótese prévia para a realização de testes. Os resultados reais dos testes podem trazer novos problemas ou resultados descartáveis, pois não se encaixaram nos parâmetros da hipótese. Além disso, os problemas que eram desconhecidos antes do teste podem ser negligenciados. Os pesquisadores fazem a hipótese baseados em suposições sobre as condições que eles testarão, o que pode levar a interpretações incorretas dos resultados.

Interfaces entre pesquisas com abordagem quantitativa e qualitativa

Cabe esclarecer que algumas vezes temos que usar as conjunções das duas abordagens de pesquisa para obter as respostas sobre um assunto. Nesse caso, diz-se que a pesquisa usa uma abordagem quali-quantitativa, ou quanti-qualitativa.

As pesquisas com abordagem qualitativa permitem que sejam descritas as qualidades dos fenômenos ou objetos do estudo, envolvem compreensão, descoberta e, geralmente, adotam o método indutivo. As pesquisas com abordagem quantitativa, por sua vez, permitem a descrição detalhada pelo uso de números estatísticos a respeito do objeto de estudo. Trabalha com relações de causa e efeito e adotam o método dedutivo.

Nas pesquisas com abordagem qualitativa, o problema é revisto durante o estudo e não há hipóteses *a priori*, enquanto que na pesquisa quantitativa o problema e as hipóteses são definidos *a priori* e as hipóteses são testadas.

Nas pesquisas com abordagem qualitativa, os dados constituem fenômenos não-quantificáveis. Nas pesquisas quantitativas, os dados constituem variáveis quantificáveis e passíveis de mensuração.

No que diz respeito aos instrumentos de coleta de dados, enquanto que na pesquisa qualitativa trabalha-se em geral com observação participante, entrevista não diretiva, história de vida e análise de conteúdo, na quantitativa usam-se testes, observação simples e questionário.

Na abordagem qualitativa a análise dos dados busca a essência dos fenômenos e a interpretação se dá de acordo com o contexto, ao passo que na abordagem quantitativa utilizam-se métodos estatísticos e comparação com outros estudos.

O Quadro 14 sintetiza as diferenças entre as duas abordagens:

Quadro 14 - Diferenças entre as abordagens quantitativa e qualitativa.

CARACTERÍSTICAS	ABORDAGEM QUANTITATIVA	ABORDAGEM QUALITATIVA
Quanto ao tipo de descrição que possibilitam	Descrição detalhada dos fenômenos, com uso de estatísticas a respeito do objeto de estudo; trabalha com relações de causa e efeito.	Descrição da qualidade dos fenômenos, envolve compreensão e descoberta.
Quanto ao método utilizado	Método indutivo.	Método dedutivo.
Quanto ao problema e às hipóteses	O problema e as hipóteses são definidos *a priori* e as hipóteses são testadas.	O problema é revisto durante o estudo e não há hipóteses *a priori*.
Quanto à constituição dos dados	Os dados constituem variáveis quantificáveis e que podem ser mensuradas.	Os dados constituem fenômenos não quantificáveis.
Quanto aos instrumentos de coleta	Usam-se testes, observação simples e questionário.	Trabalha-se, em geral, com observação participante, entrevista não diretiva, história de vida e análise de conteúdo.
Quanto à análise	Utilizam-se métodos estatísticos e comparação com outros estudos.	Busca a essência dos fenômenos e a interpretação se dá de acordo com o contexto.

Fonte: Elaborado pelos autores.

A pesquisa com abordagem qualitativa

Historicamente, os estudos que valorizam o emprego de métodos quantitativos para descrever e explicar fenômenos têm caracterizado fortemente a pesquisa social. Com o tempo, porém, a pesquisa qualitativa, outra forma de abordagem, tem se firmado como uma promissora possibilidade de investigação. Surgida inicialmente no âmbito da Antropologia e da Sociologia, desde meados dos anos 1960 essa abordagem de pesquisa ganhou espaço em áreas como a Psicologia, a Educação, a Administração de Empresas e a Comunicação.

Enquanto os estudos quantitativos se baseiam em hipóteses claramente indicadas e em variáveis que são objeto de definição operacional, o que equivale a dizer que seguem um plano previamente estabelecido, a pesquisa qualitativa tende a ser direcionada, à medida que se desenvolve, ao mesmo tempo em que não se preocupa em enumerar ou medir eventos e tampouco analisar dados. O foco de interesse dessa abordagem de pesquisa é mais amplo e parte de uma perspectiva diferenciada da adotada pelos métodos quantitativos. Faz parte dela a obtenção de dados descritivos mediante contato direto e interativo do pesquisador com o objeto de estudo. Lembra Neves (1996) que nela o pesquisador procura frequentemente entender os fenômenos, conforme a perspectiva dos participantes da situação estudada e, a partir daí, situa sua interpretação dos fenômenos estudados.

A pesquisadora Cláudia Dias (2000)[1] acrescenta que, "de forma geral, os métodos qualitativos são menos estruturados, proporcionam um relacionamento mais longo e flexível entre o pesquisador e os entrevistados, e lidam com informações mais subjetivas, amplas e com maior riqueza de detalhes do que os métodos quantitativos".

---

[1] Disponível em: http://migre.me/vPJiR. Acesso em 06/01/2017, às 15h.

Características da pesquisa qualitativa

As pesquisas qualitativas tendem a ser mais exploratórias, porquanto estimulam os entrevistados a pensarem livremente sobre algum tema, objeto ou conceito. Elas fazem emergir aspectos subjetivos e atingem motivações não explícitas, ou mesmo conscientes, de maneira espontânea. São usadas quando se buscam percepções e entendimento sobre a natureza geral de uma questão, abrindo espaço para a interpretação. Parte de questionamentos como, por exemplo: "Que novo conceito de produto deveria ser criado em uma determinada categoria?" e "Qual é o melhor posicionamento de comunicação para esse produto?".

Diferentemente da abordagem quantitativa, que lida essencialmente com números, fórmulas matemáticas e estatísticas, a abordagem qualitativa lida, basicamente, com conceitos tipicamente psicológicos, como as atitudes, a personalidade, os valores e as opiniões.

Ensina-nos a Psicologia que a atitude é a predisposição, positiva ou negativa, das pessoas para alguma coisa, ou seja, a predisposição para uma reação comportamental em relação a um produto, organização, pessoa, fato ou situação. As atitudes são persistentes no tempo e tendem a produzir comportamentos consistentes. Elas possuem três componentes, que são o cognitivo (crenças), o afetivo (sentimentos) e o comportamental (predisposições). Portanto, a atitude é resultante de crenças, reflexos condicionados, fixações, julgamentos, estereótipos, experiências, exposições a comunicações persuasivas, trocas de informação e experiências com outros indivíduos etc. A personalidade é a maneira sistemática de reagir ao ambiente (ex.: tímidos, calmos). Os valores definem os objetivos de vida e os meios aprovados de obtê-los. As opiniões, por sua vez, são conhecimentos particularizados sobre aspectos de pessoas, objetos etc., que são facilmente modificados sem que isso venha a alterar suas atitudes e seus valores. Esses conceitos observam uma espécie de hierarquia, conforme mostrado na Figura 27:

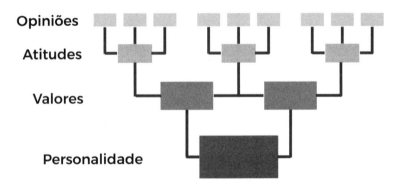

*Figura 27 - Hierarquia dos conceitos usados em pesquisa qualitativa.
Fonte: Telebrás (1997).*

A Figura 27 mostra que um grupo de opiniões forma atitudes, que, agrupadas, integram os valores (ou crenças), que, reunidos, se incorporam à personalidade das pessoas.

Esses conceitos são a base da abordagem qualitativa das pesquisas. Entre as técnicas de coleta de dados mais comuns das pesquisas de abordagem qualitativa para realização de estudos de usuários, podemos citar a discussão em grupo (*focus group* ou grupo focal), as entrevistas em profundidade e as entrevistas intensivas, a observação participante (etnografia) e a análise do discurso, cujos detalhes serão abordados mais à frente.

O Quadro 15 apresenta uma comparação entre as três mais conhecidas técnicas de coleta de dados em estudos de usuários realizados por pesquisa de abordagem qualitativa.

Quadro 15 - Comparação entre grupos focais, entrevistas em profundidade e técnicas projetivas.

CRITÉRIOS	GRUPOS FOCAIS	ENTREVISTAS EM PROFUNDIDADE	TÉCNICAS PROJETIVAS
Grau de estruturação	Relativamente alto	Relativamente médio	Relativamente baixo
Sondagem de respondentes individuais	Baixa	Alta	Média
Viés do Moderador	Relativamente médio	Relativamente alto	Baixo para alto
Viés de interpretação	Relativamente baixo	Relativamente médio	Relativamente alto
Descoberta de informação do subconsciente	Baixa	Média para alta	Alto
Descoberta de informação inovadora	Alta	Média	Baixa
Obtenção de informação sensível	Baixa	Média	Alta
Envolve questionamento ou comportamento não usual	Não	Até certo ponto	Sim
Uso geral	Altamente útil	Útil	Relativamente útil

Fonte: Telebrás (1997).

A discussão em grupo (grupo focal)

A discussão em grupo, também conhecida como grupo focal ou grupo de foco, em inglês *focus group*, foi criado, segundo Kauffman (2003), por Robert K. Merton. É uma técnica de coleta de dados de pesquisa qualitativa de uso apropriado quando os fenômenos em estudo são complexos, de natureza social e não conduzem por si sós à quantificação. É tipicamente utilizada quando é necessária a compreensão de um contexto social do qual derivam significados atribuídos pelas pessoas e que representam elementos importantes para a pesquisa e o pesquisador não dispõe de dados que permitam levantar hipóteses sobre atitudes, motivações, entre outras variáveis referentes aos indivíduos como usuários de informação.

Para Kaplan (1990), citado por Dias (2000)[2], os grupos focais são "pequenos grupos de pessoas reunidos para avaliar conceitos ou identificar problemas, constituindo-se em uma ferramenta comum usada em pesquisas de *marketing* para determinar as reações dos consumidores a novos produtos, serviços ou mensagens promocionais".

O principal objetivo do grupo focal é obter uma visão aprofundada, ouvindo um grupo de usuários que emitem sua opinião sobre o problema de interesse do pesquisador. Pode ser utilizado para:

- lançar novos produtos;
- investigar a imagem de uma marca, produto ou serviço;
- avaliar a satisfação de uma determinada clientela em relação a marcas, produtos e serviços;
- avaliar peças publicitárias;
- identificar atributos associados à marca ou aos produtos;
- identificar os decisores, os influenciadores e os usuários, para que se possa entender o ciclo de decisões nas unidades prestadoras de serviços de informação;
- apontar tendências de novas tecnologias, aplicações etc.;
- simular novas ideias e conceitos para testar a reação do mercado;
- gerar hipóteses de trabalho para serem testadas em outras pesquisas.

Malhotra (2001, p. 161) aponta pelo menos sete variações de grupos focais:

---

[2] Disponível em: http://migre.me/vPJiR. Acesso em 06/01/2017, às 15h.

1. **Grupo focal de duas vias**: permite que um grupo-alvo ouça e aprenda a partir de outro grupo relacionado. Por exemplo: um grupo de bibliotecários observa um grupo de usuários de uma unidade prestadora de serviços de informação, discutindo sobre o tipo de atendimento que a unidade deve oferecer.

2. **Grupo moderador dual**: a discussão é conduzida por dois moderadores, sendo um deles responsável pela tranquilidade na condução da sessão, enquanto o outro assegura que os problemas específicos sejam discutidos.

3. **Grupo duelador-moderador**: os dois moderadores, deliberadamente, tomam posições opostas a respeito dos problemas discutidos, de forma a provocar os participantes a se posicionarem em relação a ambos os lados dos aspectos controvertidos do problema em estudo.

4. **Grupo respondente-moderador**: o moderador pede aos participantes selecionados que atuem temporariamente como moderadores, para melhorar a dinâmica do grupo.

5. **Grupos cliente-participante**: clientes (usuários) são identificados e passam a integrar o grupo, podendo oferecer esclarecimentos aos demais integrantes do grupo de foco, para tornar o processo mais eficiente e estimular a discussão entre eles.

6. **Minigrupos**: consistem de um moderador e apenas quatro ou cinco respondentes. São realizados quando o problema em estudo exige investigação mais extensa do que a possível com os grupos de oito a 12 integrantes. A desvantagem desse tipo de grupo de foco é que exige um número relativamente grande de grupos.

7. **Grupos de telessessão**: as sessões do grupo focal ocorrem por telefone ou computador, utilizando-se a teleconferência

A técnica dos grupos focais consiste na apresentação de um produto, imagem, serviço etc. a um grupo homogêneo, composto de sete, oito ou até 12 pessoas, que se reúnem na presença de um mediador, que permanece neutro, mas mantém o debate em torno do assunto, durante um máximo de duas horas. A finalidade principal do debate é obter o maior número de opiniões possíveis sobre o objeto em estudo, que pode variar desde um simples protótipo de produto ou serviço até conceitos e ideias sobre o assunto em discussão. Por exemplo, se o assunto abordado é a prestação de um serviço, na condução dos debates, o moderador deve buscar saber a opinião dos participantes sobre como o serviço é percebido por eles, se eles percebem se suas necessidades, suas demandas e seus interesses são atendidos na prestação do serviço e como o serviço deveria ser, conforme a opinião de cada participante do grupo focal.

A pesquisa com abordagem qualitativa

Para atingir esse objetivo, a princípio , são apresentadas duas questões: qual a opinião que os participantes têm sobre o assunto proposto na forma em que ocorre e como deveria ser conforme a opinião dos integrantes do grupo. Dessa maneira, permitem obter muito mais informação do que se imaginava ao começar o estudo.

Os debates são registrados na íntegra e podem ser filmados ou gravados em áudio e vídeo, com ou sem imagem, mediante o prévio consentimento dos participantes. Em função do número de usuários a serem investigados, que deverão formar os grupos homogêneos de acordo com a sua tipologia, poderão ser organizados mais de um grupo focal, uma vez que, como já foi dito, o número de participantes de cada grupo é limitado entre sete e 12 pessoas. Devem ser realizados tantos grupos focais quantos forem julgados necessários, para que se possa ter a ideia mais clara possível sobre o problema em estudo e as hipóteses dele decorrentes.

Durante a aplicação da técnica, um mediador lidera o grupo de participantes que relatam experiências, ideias e sentimentos acerca do objeto em estudo e deve estimular a participação de todos no debate entre eles. Dias (2000) defende que o grupo focal pode ser utilizado em qualquer fase de desenvolvimento de um sistema de informação, mas lembra que os grupos são mais apropriados para identificar como um usuário utiliza um produto.

O moderador das discussões em grupo deve ser uma pessoa preparada para essa tarefa. Deve entender o problema de pesquisa, ter informação sobre o grupo-alvo e o objeto de pesquisa, para visualizar possíveis dificuldades que poderá enfrentar durante as sessões. Deve criar um clima de espontaneidade e apresentar o tema de modo que os participantes façam comentários sem receio de colaborar, estimulando a participação de todos os envolvidos. Não pode bloquear a espontaneidade dos pesquisados e deve saber separar o individual do grupal. Deve saber levantar hipóteses e avaliá-las conforme os dados que surgirem. Afinal, o importante em um grupo focal são as informações geradas pelos seus componentes.

Essa técnica de pesquisa qualitativa exige infraestrutura adequada. A sala onde acontece o grupo focal geralmente é preparada como se fosse um lugar de confraternização, onde as pessoas se sentam para conversar. Café, leite, sucos, pães, salgados e frutas são colocados à disposição dos participantes, que, enquanto debatem o assunto proposto, consomem esses produtos espontaneamente. Enfim, é criado na sala um ambiente de descontração, o que, certamente, facilita o diálogo entre os participantes.

Caso possível, a sala das sessões poderá dispor de parede espelhada, de dupla face, atrás da qual se posiciona um grupo de observadores treinados para analisar o comportamento dos participantes durante a discussão. As observações desses profissionais, aliadas às gravações em áudio e vídeo, são confrontadas posteriormente e podem enriquecer as análises dos grupos pesquisados, em relação ao objeto de pesquisa.

A seleção dos participantes da pesquisa exige cuidado especial, tendo em vista que os grupos de discussão devem ser homogêneos. Não devemos reunir pessoas conhecidas ou que já tenham participado de outras discussões em grupo. Inicialmente, definimos o perfil desejado das pessoas que queremos pesquisar e avaliamos a viabilidade de contatá-las. Precisamos obter a relação das pessoas com esse perfil e utilizar argumentos convincentes para participarem da pesquisa. Em seguida, devemos contatar e informar sobre os principais objetivos da pesquisa, o tempo estimado de duração e indagar se já participaram desse tipo de pesquisa, se satisfazem os requisitos iniciais, e se concordarem em participar, acertamos os detalhes da participação: onde a pesquisa será realizada, a data e o horário em que será realizada.

A seguir, combinamos com os candidatos a participantes sobre onde devemos apanhá-los para serem levados ao local da pesquisa. Na data e horário combinados, enviamos um veículo para apanhar essas pessoas, com o compromisso de transportá-las de volta até suas residências, após concluída a pesquisa. Como os grupos focais tendem a durar entre uma hora e meia a duas horas, os participantes devem ser devidamente informados a esse respeito. Para cada grupo focal organizado, é recomendável que seja convidado o dobro de pessoas, porque cada uma delas não deve conhecer os demais participantes. Se isso acontecer, a pessoa é convidada a não participar da pesquisa. Devemos agradecer a disponibilidade dos que participarem, ou até mesmo oferecer brindes, como agendas, chaveiros, canetas etc., ou presentes de maior valor, conforme o tipo de pesquisa. Há casos em que os participantes recebem incentivos em dinheiro.

Existe um conjunto de passos que devem ser observados na realização de um grupo focal. Entretanto, é importante observar algumas regras: (a) não devemos passar para a fase seguinte sem a certeza de que a pesquisa qualitativa atende às expectativas do requerente; (b) devemos deixar claro que o resultado final desse tipo de grupo não é uma estimativa numérica, já que na maioria das vezes, quando a pesquisa é realizada, normalmente, esperamos obter indicadores numéricos sobre o problema objeto de pesquisa.

Quanto aos passos a serem seguidos, os principais são:

- Discussão do problema com o requerente da pesquisa: tipo de informação desejada ou debate em relação a como determinada informação minimizaria o risco de uma decisão errada a respeito do objetivo da pesquisa.

A pesquisa com abordagem qualitativa | **121**

- Identificação das características em comum entre todos os integrantes do grupo, para que haja nivelamento do conhecimento sobre o tema que será discutido.

- Levantamento de um banco de dados dos consumidores que possuam as características requeridas.

- Identificação de uma sala de espelho, caso seja indispensável, com todas as condições físicas e equipamentos necessários à realização do evento.

- Seleção e recrutamento dos participantes.

- Contratação de um moderador, que deverá apresentar o relatório final sobre toda atividade desenvolvida.

- Construção, análise e interpretação dos dados e informação obtidos que constam do relatório final.

- Apresentação dos resultados analisados.

- Se a reunião tiver sido gravada, um analista ou o próprio moderador assiste à fita de vídeo da sessão e elabora o relatório com os pontos de maior destaque na reunião.

- Trechos relatados pelos participantes são apresentados, literalmente, no relatório final, para exemplificar os acontecimentos ocorridos no grupo.

- A técnica dos debates em grupos focais consiste na apresentação de um produto, uma imagem, um serviço etc. a um grupo homogêneo, composto de seis a 12 pessoas, que se reúnem na presença de um mediador, que permanece neutro, mas mantém o debate em torno do assunto, durante um máximo de duas horas.

- A princípio são apresentadas duas questões: qual opinião que se tem sobre o assunto proposto; como esse produto, serviço, deveria ser.

A utilização do grupo focal apresenta diversas vantagens:

- A sinergia acontece com o esforço coordenado de vários participantes da pesquisa na realização de uma tarefa ou função relativamente complexa, porque temos a associação concomitante de vários dispositivos executores de determinadas funções, que contribuem para essa ação coordenada. O somatório de esforços em prol do mesmo fim contribui com o sinergismo que torna o grupo focal corretamente coordenado.

- O efeito da sinergia resultante da ação de vários agentes coordenada para um objetivo comum pode ter um valor superior ao valor do conjunto desses agentes, se atuassem individualmente, sem esse objetivo comum previamente estabelecido. Seria o mesmo que dizer que "o todo supera a soma das partes".

- Permite ao moderador explorar o efeito denominado "bola de neve" (*snow ball*, em inglês), quando alguém que participa da discussão manifesta uma opinião que pode dar margem a outras discussões e enriquecer a pesquisa. Por exemplo: imaginemos que, durante um grupo focal que esteja pesquisando os serviços de uma loja de varejo, um participante afirme que "a qualidade do atendimento não é boa". O moderador atencioso pode explorar essa afirmativa, solicitando uma explicação do participante: "O que é boa qualidade de atendimento para você?". Após o esclarecimento do participante, o moderador coloca a mesma pergunta para os demais integrantes do grupo: "E para vocês, o que significa boa qualidade de atendimento?".

- Todos são estimulados a se posicionar a respeito do objeto pesquisado, mesmo os mais tímidos. A segurança de que tudo o que foi relatado, comentado, gravado e observado durante as sessões deve ser utilizado com fins absolutamente éticos, para facilitar a espontaneidade e descontrair o grupo.

- A participação de especialistas nas discussões em grupo focal permite debates extremamente ricos voltados ao tema em discussão, que conferem um *status* de escrutínio científico e possibilitam o estudo aprofundado a respeito do objeto pesquisado.

- A estrutura facilita a descontração e a espontaneidade, para obter informação com relativa velocidade.

- Contribui para a identificação de um problema específico que pode estar dificultando o atendimento das necessidades de informação dos usuários.

Entretanto, a técnica demanda ampla capacidade de interpretação do pesquisador para perceber e estabelecer relações entre as respostas obtidas. O mau uso das informações coletadas por parte dos pesquisadores, julgamentos incorretos por parte do moderador e dos observadores, possibilidades de distorções na representatividade dos sujeitos pesquisados, seja pelo reduzido tamanho da amostra, ou pela seleção equivocada, podem impedir as generalizações dos resultados para toda a população da pesquisa. Essas são as principais desvantagens do grupo focal.

Grupo focal *on-line*

Os grupos focais *on-line* são realizados a partir das novas formas de comunicação com o uso dos recursos da Internet. Embora seja cada vez mais diversificado o uso desses novos recursos, ainda são escassas as pesquisas que coletam dados por meio do grupo focal *on-line*. Provavelmente, à medida que forem se expandindo as facilidades dessas novas formas de comunicação, a técnica poderá também ser mais utilizada.

A pesquisa com abordagem qualitativa

Murray (1997) denomina os grupos focais eletrônicos e classifica-os como conduzidos de modo síncrono ou assíncrono. As sessões síncronas são realizadas em tempo real, com todos os integrantes do grupo participando simultaneamente, o que pode ser feito por meio de uma sala de bate-papo (*chat*) ou de qualquer outra forma de conferência *on-line*. Já as sessões assíncronas normalmente usam listas ou grupos de discussão ou da troca de *e-mails*, de forma que os participantes possam ler os comentários postados por outros e contribuir com suas próprias observações a qualquer momento, não necessariamente quando algum outro integrante do grupo esteja participando.

Bordini e Sperb (2011) comentam o uso dos grupos focais *on-line* síncronos em pesquisa qualitativa em Psicologia. Ensinam que, nesses grupos, os participantes, reunidos em salas de bate-papo (*chats*), ou por meio de programas de computador que possibilitam conferências *on-line*, como o MSN Messenger da Microsoft ou o Skype, interagem em tempo real, ou seja, simultaneamente.

Ao utilizar o grupo focal em pesquisa entre escoteiros da Região Metropolitana de Belo Horizonte para analisar suas práticas informacionais, em particular as que utilizavam como canal de comunicação a Internet, Duarte (2007) apresentou essa técnica de coleta, discutindo o seu uso, considerando as vantagens e desvantagens dessa abordagem metodológica, principalmente no que tange à implementação desses grupos.

Duarte (2007) explica que o MSN Messenger é um *software* de distribuição gratuita, por meio do qual podemos nos comunicar instantaneamente, *on-line*, com uma pessoa ou um grupo de pessoas conectadas à Internet. Permite, em tempo real, a troca de mensagens digitadas, faladas e até mesmo com a possibilidade de que os interlocutores se vejam mutuamente. Para ativar o recurso de voz, é necessário que as pessoas possuam microfone e caixas de som. Para fazer uso de suas próprias imagens, "ao vivo", devem acoplar a seus computadores uma *webcam*, isto é, uma câmera que permita gravação de imagens e seu envio via Internet. Entre os diversos recursos do MSN, é possível que conversas entre dois ou mais usuários, utilizando apenas o recurso da digitação, fiquem automaticamente gravadas em arquivo. Assim surgiu a ideia de implementar um grupo focal virtual síncrono.

Estando todos *on-line*, Duarte (2007) relata que o moderador inicia a discussão, apresentando-se aos participantes. Ato contínuo, assegura a confidencialidade dos dados que serão gerados e faz uma introdução sobre o que será realizado. Em seguida, o moderador envia a questão de abertura da pesquisa. Os comentários e a identificação do participante que os fez vão aparecendo na tela de cada membro, de acordo com a ordem em que foram postados. Na parte de baixo da tela há uma caixa de texto, para que o usuário escreva o seu comentário. Os resultados obtidos levaram a concluir que a Internet influenciava as relações sociais entre militantes escoteiros, quer seja se apresentando como mais um canal de comunicação, quer seja se constituindo em novo ambiente para estabelecimento de relações sociais – um ambiente no qual não existem distâncias nem limites geográficos. Nesse sentido, o conceito de comunidade deixa de ser aquele de um grupo de pessoas em torno de uma vizinhança.

Alvarez e suas colegas (2005) utilizaram o grupo focal realizado via Internet, por meio de salas de bate-papo ou *chats*, para avaliar as bibliotecas digitais sob a visão dos seus usuários. As autoras selecionaram 14 pesquisadores brasileiros na área de Saúde Reprodutiva, usuários da Biblioteca Virtual de Saúde Reprodutiva (BVSR), que foram distribuídos em grupos de sete, quatro e três em cada uma das reuniões. Embora o número de participantes estivesse abaixo do ideal, sugerido entre sete e 10 participantes, um dos participantes revelou que, se o número deles fosse maior, "teria sido ainda mais complicado ler tudo e palpitar sobre tudo!".

A pesquisa de Alvarez e suas colegas (2005) também mostrou, entre as dificuldades enfrentadas, que havia poucas salas de bate-papo disponíveis de acesso gratuito e restrito a pequenos grupos. Outro aspecto que dificultava a adesão do participante foi o excesso de informações solicitadas para o cadastro de uso das salas. Além disso, os recursos utilizados eram desconhecidos por muitos sujeitos. Apesar dos contratempos relativos aos problemas operacionais, concluíram que a comunicação do tipo "todos para todos" deve ser promovida, pois por esse meio as ideias florescem para capacitar os usuários e divulgar os recursos disponíveis nas bibliotecas virtuais.

Apesar de algumas semelhanças com os grupos focais presenciais, os grupos focais *on-line* contam com algumas particularidades, uma vez que não se trata apenas de mera transposição do ambiente tradicional para o virtual, mas de todas as influências e ocorrências de mudanças nesse cenário.

As principais vantagens dos grupos focais *on-line* são: a remoção dos limites geográficos, ao permitirem a participação de respondentes espalhados geograficamente, bem como daqueles difíceis de recrutar *off-line*; as viagens tornam-se desnecessárias, com redução substancial dos custos da pesquisa e do tempo necessário para a coleta de dados; proporcionam a participação dos respondentes de forma conveniente e confortável; o ambiente virtual permite o anonimato na participação da pesquisa; permitem o uso de anúncios animados, demonstrações de *software* ou outros estímulos multimídias para animar o debate *on-line*. Além disso, aumentam as possibilidades de recrutamento de profissionais como médicos, advogados, entre outros, que, por diversos motivos e principalmente por falta de tempo, talvez não estivessem disponíveis para participar de grupos focais realizados tradicionalmente, que exigem a presença do participante no local de realização.

Como desvantagens, lembramos:

- Exclusão digital, pois somente as pessoas que têm acesso à Internet podem participar.

- Dificuldade para verificar se o participante é, de fato, membro do grupo-alvo a ser pesquisado, além da total falta de controle sobre o ambiente em que o indivíduo se encontra; somente estímulos audiovisuais podem ser testados, uma vez que produtos, como por exemplo, as roupas, não podem ser tocadas e perfumes não podem ser cheirados.

- Participação limitada entre quatro e oito pessoas.

- A qualidade e a velocidade da transmissão da imagem pelas minicâmeras usadas pelos participantes para verem uns aos outros ainda são precárias.

- Expressões faciais e gestos dos participantes não são captados, embora possam ser extremamente úteis para o moderador direcionar a natureza da discussão, ou para interpretar respostas não-verbais de um participante na inferência de sentimentos (aborrecimento, entusiasmo, confusão, aprovação, rejeição etc.) em relação ao tópico em discussão.

O moderador das discussões em grupo

O moderador das discussões em grupo é considerado peça-chave do sucesso de uma pesquisa baseada em grupos focais.

Para ele, é um desafio administrar a situação de tal forma que certas pessoas não monopolizem a discussão, não se sintam intimidadas pela extroversão de outrem nem se mantenham em condição defensiva, conduzindo a reunião para que esta ultrapasse o nível superficial. Ele deve ter consciência de suas habilidades em dinâmica de grupo e de sua neutralidade em relação aos pontos de vista apresentados, possibilitando, assim, uma discussão não tendenciosa.

O moderador das discussões em grupo deve:

- Entender claramente o problema de pesquisa.

- Ter informação sobre o grupo-alvo e o produto, o serviço ou a ideia a ser pesquisado(a).

- Saber visualizar a maior parte das, ou todas as, possíveis dificuldades que enfrentará.

- Criar um clima de espontaneidade.

- Colocar o tema de modo que os entrevistados o comentem sem receio.

- Saber levantar hipóteses em conformidade com dados que surgirem.

- Saber formular colocações para avaliar as hipóteses levantadas.

- Moderar, avaliar os dados e dar margem para todos participarem.

- Incentivar a espontaneidade e saber separar o individual do grupal.

Entrevistas em profundidade

As entrevistas em profundidade se constituem em uma técnica qualitativa que permite explorar um ou mais temas, com maior profundidade do que as entrevistas *face-to-face* comuns, de cunho quantitativo, dado que o objetivo dessas últimas passa essencialmente, como o próprio nome diz, por quantificar, e as questões colocadas têm de seguir uma linha que permita esse fim, quer com perguntas fechadas, quer com perguntas abertas ou semiabertas, que possibilitem uma codificação posterior. As entrevistas em profundidade permitem a coleta de dados e a informação e consistem em conversas orais, individuais ou em grupos, cujo grau de pertinência, validade e confiabilidade é analisado na perspectiva dos objetivos da realização do estudo de usuários. O seu início é a partir de uma série de perguntas cuja finalidade é guiar o andamento da entrevista.

As entrevistas em profundidade são, portanto, outra técnica de coleta de dados em pesquisas qualitativas. Analogamente à técnica de discussão de grupo, elas são usadas quando o pesquisador não dispõe de dados que permitam levantar hipóteses sobre atitudes, motivações e significados do consumidor.

Com essa técnica qualitativa, apesar de existir um roteiro de entrevista, este não é fechado, podendo o entrevistador, de acordo com a sua experiência e o desenrolar da conversa com o entrevistado, adaptar o roteiro em decorrência da sua interpretação, de acordo com um diálogo estabelecido e crítico com a realidade. Sendo uma técnica qualitativa, a tentativa de "compreender" e/ou "explicar" determinado fenômeno ou realidade são as grandes razões da sua utilização.

O caráter exploratório desse tipo de entrevistas torna-as aptas em qualquer tipo de investigação, mas são especialmente úteis na investigação de temas sensíveis e de temas dos quais se tem pouco conhecimento. É muito difícil e arriscado criar um inquérito sobre um tema do qual pouco se conhece.

As entrevistas em profundidade, tal como em todas as técnicas qualitativas, além de requererem uma grande experiência dos entrevistadores, dado que estes possuem apenas um fio condutor, que é o roteiro da entrevista, requerem também uma grande experiência dos analistas no sentido de tornar os dados recolhidos em informação estruturada, já que estão sujeitas à subjetividade da análise. Nesse tipo de metodologia, o entrevistador e o analista, quando não são a mesma pessoa, trabalham em estreita colaboração.

A pesquisa com abordagem qualitativa

Como principais características das entrevistas em profundidade, destacam-se:

- Entrevistado e entrevistador.
- Cerca de 20 entrevistas, em média, com duas a três horas de duração (o que exige que o entrevistado seja previamente informado a respeito).
- O roteiro não prevê hipóteses levantadas a partir de dados já conhecidos.

Como principais vantagens dessas entrevistas, podem-se citar:

- Exploração a fundo de temas mais sensíveis e complexos.
- Muito úteis no estudo de temas sobre os quais não existe conhecimento prévio.
- Aprofundamento do conhecimento em um determinado assunto específico.
- Utilização complementar pré e pós-estudos quantitativos.
- Permitem a coleta de informação rica com bom grau de profundidade.
- Permitem coletar os testemunhos e as interpretações dos entrevistados, respeitando os seus quadros de referência, a linguagem e as categorias mentais (forma de classificação).
- Permitem ao investigador conhecer os conceitos e a linguagem do entrevistado.
- Permite definir dimensões relevantes de atitude e avaliá-las melhor.
- Permitem que se leve em consideração as motivações que determinam diversos comportamentos.
- Permitem explorar muita informação.
- Permitem interpretar as expressões emitidas.
- São flexíveis, pois permitem verificar se os entrevistados não entendem as questões, possibilitando ao entrevistador explicá-las melhor.

Como principais desvantagens, destacam-se:

- A falta de motivação ou motivação excessiva por parte do entrevistado.
- A possibilidade de respostas falsas, quer conscientes, quer inconscientes.
- Dependem sempre da capacidade ou da incapacidade que as pessoas têm para verbalizar as suas próprias ideias.
- Podem ser influenciadas pelas opiniões do investigador.
- Dificuldades de comunicação.

- Retenção de dados com medo de violação do anonimato.

- Consomem muito tempo e são um método com o qual é relativamente difícil de trabalhar.

- Têm sempre uma potencialidade ao nível da indução.

- A análise de conteúdo é complicada e difícil.

- Interinfluência entre entrevistador e entrevistado – o que pode levar à subjetividade.

- Noções preconcebidas podem influenciar o resultado das entrevistas.

- Envolvem um elevado custo e exigência pessoal.

Entrevista intensiva

A entrevista intensiva é apresentada por Dantas (2005, p. 207) como outro tipo de entrevista, usado como técnica de pesquisa com abordagem qualitativa. As entrevistas intensivas têm características semelhantes às das entrevistas em profundidade, porém com certas particularidades. Uma delas é que são indicadas quando o objetivo é explicar e/ou entender o comportamento, mas o pesquisador já dispõe de hipóteses sobre dados conhecidos. Outra particularidade é a complexidade de sua aplicação e sua análise. Devem ser conduzidas por psicólogo ou outro profissional especializado. É necessário que os entrevistadores sejam bem treinados. Além disso, a análise dos dados requer habilidade na interpretação exigida na análise das respostas, para evitar ocorrência de viés. Como consequência, o uso da técnica pode se tornar dispendioso.

As vantagens da entrevista intensiva concentram-se na sua utilidade quando a temática pesquisada envolve aspectos pessoais sensíveis relacionados a normas sociais, uma vez que as motivações, as crenças e as atitudes dos sujeitos pesquisados estão implícitas em nível do subconsciente.

Como desvantagem, se for necessária a contratação de um psicólogo para a realização da entrevista, o consequente aumento dos custos pode inviabilizar a aplicação da técnica.

As entrevistas intensivas fazem uso de técnicas de pesquisa muito utilizadas na Psicologia: as técnicas projetivas. As técnicas projetivas são uma forma indireta, não estruturada, de questionar o que leva os entrevistados a projetarem suas motivações implícitas, suas crenças, suas atitudes ou seus sentimentos, com vistas a obter a informação desejada. Os entrevistados são estimulados a interpretar o comportamento de outros e, ao fazê-lo, indiretamente projetam as próprias motivações, crenças, atitudes ou os próprios sentimentos no contexto de determinada situação. Um exemplo de pergunta para uma entrevista intensiva, utilizando a técnica projetiva, poderia ser: "O que o senhor acha que as pessoas apontariam como pontos negativos desta biblioteca?".

Entre as principais técnicas projetivas apontadas por Malhotra (2001, p. 165-171) destacamos a associação de palavras; o completamento de sentenças, parágrafos e estórias; as técnicas de construção; os testes de *cartoon;* as técnicas expressivas; o desempenho de papéis e a técnica da terceira pessoa.

a) **Associação de palavras**: apresentamos ao entrevistado uma lista de palavras, uma de cada vez, e pedimos que responda a cada uma com a primeira palavra que lhe venha à cabeça. As palavras de interesse, chamadas de palavras-teste, estão espalhadas ao longo da lista, que também contém algumas palavras neutras ou não relacionadas ao objeto de estudo, para disfarçar o propósito da pesquisa.

b) **Completamento ou complementação de sentenças**: entregamos sentenças incompletas ao entrevistado e solicitamos que ele as complete. Geralmente, pedimos ao entrevistado que complete a sentença com a primeira palavra ou sentença que lhe venha à mente.

c) **Completamento ou complementação de parágrafos**: o entrevistado completa um parágrafo que começa com uma frase de estímulo.

d) **Completamento ou complementação de estórias**: relatamos ao entrevistado partes de uma estória, que sejam suficientes para direcionar sua atenção para um tópico em particular, mas não para induzi-lo a um final específico. Solicitamos que faça a conclusão da estória com as suas próprias palavras.

e) **Técnicas de construção**: a partir de um quadro-resposta, solicitamos ao entrevistado que descreva uma série de desenhos, fotografias ou pinturas, tanto de eventos comuns quanto de eventos não usuais. A interpretação do entrevistado dá indicações de sua personalidade.

f) **Testes de *cartoon***: o *cartoon* é um desenho, geralmente humorístico e de caráter crítico, acompanhado ou não de legenda, que retrata de forma sintetizada algo que envolve o dia a dia de uma sociedade. São mostrados *cartoons* relacionados a situações específicas ligadas ao problema que queremos pesquisar. Solicitamos ao entrevistado que indique o que pode dizer determinado personagem do *cartoon* em resposta aos comentários de outro. Os testes de *cartoon* são mais simples de aplicar e analisar do que as técnicas de quadro-resposta.

g) **Técnicas expressivas**: apresentamos ao entrevistado uma situação verbal ou visual e solicitamos que relate os sentimentos e as atitudes de outras pessoas em relação a tal situação.

130 | *Pesquisa de mercado*

h) **Desempenho de papéis**: conclamamos o entrevistado a desempenhar o papel ou assumir o comportamento de outra pessoa.

i) **Técnica da terceira pessoa**: apresentamos ao entrevistado uma situação verbal ou visual e solicitamos que relate as crenças e as atitudes de uma terceira pessoa em relação a tal situação, em lugar de suas próprias crenças e atitudes. A terceira pessoa pode ser um amigo, um vizinho, um colega ou qualquer outra pessoa.

Na técnica de associação de palavras, as respostas são analisadas pelo cálculo da frequência com que cada palavra é dada como resposta, do tempo que leva para que a reposta seja dada e do número de entrevistados que não responderam totalmente a uma palavra-teste em um período razoável de tempo. O Quadro 16 mostra um exemplo de associação de palavras.

Quadro 16 - Exemplo de associação de palavras

ESTÍMULO	RESPONDENTE A	RESPONDENTE B
Biblioteca	Organização	Acervo
Livro	Romance	Técnico
Pesquisa	Facilidade de encontrar	Estudo
Escola	Importantíssima	Professor
Internet	Fundamental	Modernidade
Limpeza	Conforto	Conforto
Atendimento	Excelência	Qualidade
Ambiente	Agradável	Limpo

Fonte: Elaborado por Dantas, 2014.

Eis alguns exemplos da técnica de complementação de sentenças:

1. Uma pessoa que frequenta a biblioteca pública é ...

2. Um bibliotecário formado na Universidade de Brasília é ...

3. As pessoas preferem os serviços desta biblioteca porque ...

4. Esta biblioteca é mais conhecida porque ...

5. Quando eu penso em fazer pesquisas em livros, eu penso em ...

Os testes de *cartoon* são mais simples de aplicar e analisar do que as técnicas de construção a partir de um quadro-resposta. A Figura 28 ilustra essa técnica.

Figura 28 - Exemplo de teste de cartoon.
Fonte : Elaborada por Dantas (2014).

O uso de técnicas projetivas é indicado quando a informação desejada não pode ser obtida de forma acurada pelos métodos diretos na pesquisa exploratória, quando se deseja buscar *insights* e conhecimentos iniciais a respeito de comportamentos relacionados a determinado objeto de pesquisa. Devido à sua complexidade, não devem ser usadas indiscriminadamente.

A pesquisa etnográfica

A Etnografia (do grego *ethnos*, que significa nação e/ou povo e *graphein*, que significa escrita) é uma metodologia das ciências sociais, muito usada principalmente na Antropologia, em que o principal foco é o estudo da cultura e o comportamento de determinados grupos sociais.

Essa metodologia tem ganhado espaço no universo corporativo, principalmente em agências e empresas que trabalham com mídias sociais. Antes apenas conhecida no universo universitário das ciências humanas, hoje ela ganha destaque como diferencial em muitas análises e relatórios.

Na realidade, as análises qualitativas como um todo têm ganhado muito destaque nos últimos tempos. A pesquisa qualitativa, como afirmamos anteriormente, deixou de ser vista e descrita apenas como "aquilo que não é quantitativo", para caracterizar um campo a ser explorado e estudado, pois, da mesma forma que a pesquisa quantitativa, vários enfoques e técnicas diferentes podem ser aplicados, dependendo do interesse e objeto do pesquisador.

Sabemos que, de modo geral, as pesquisas qualitativas têm como ponto principal entender, descrever e, algumas vezes, explicar, os fenômenos sociais e culturais de grupos sociais e/ ou indivíduos. Uma das principais pesquisas qualitativas, como comentamos, é a pesquisa etnográfica, que tem na etnografia seu papel fundamental. Como afirmam Angrosino e Flick (2009, p. 25), "(...) muito do que se sabe sobre relações de campo, sobre abertura e direcionamento rumo a um campo e seus membros, sabe-se através da pesquisa etnográfica. " (ANGROSINO, 2009).

Segundo Zanini (2015), a pesquisa etnográfica surgiu no final do século XIX e início do século XX, a partir da necessidade de pesquisadores entenderem, de forma mais adequada e aprofundada, comunidades e grupos sociais, já que, até então, todo conhecimento provinha de especulação da filosofia social, sem contato nenhum com a sociedade. Os pesquisadores dessa época chegaram à conclusão de que apenas o contato real em campo poderia descrever melhor a cultura de um povo. Essa pesquisa tem como foco entender a cultura de comunidades e grupos sociais. Reforça Zanini (2015) que estudar a cultura envolve um exame aprofundado dos comportamentos, costumes, crenças, entre outras coisas compartilhadas dentro daquela comunidade.

O método etnográfico é diferente de outros modos de fazer pesquisa qualitativa. Ele segue alguns princípios, quais sejam:

- Pesquisa de campo (conduzido no local em que as pessoas convivem e socializam);
- Multifatorial (conduzido pelo uso de duas ou mais técnicas de coleta de dados);
- Indutivo (acumulo descritivo de detalhe)
- Holístico (retrato mais completo possível do grupo em estudo).

Moreira e Caleffe (2006) concebem, conforme citados por Silva et al, que a pesquisa etnográfica, a exemplo das demais metodologias de pesquisa, segue algumas etapas ou procedimentos que facilitam o andamento da investigação como: formular uma questão relevante a ser pesquisada, saber identificar um grupo para estudar a questão, introduzir a proposta de pesquisa ao grupo para a obtenção do consentimento e do envolvimento. A coleta de dados ocorre a partir da observação participante e contextualizada e de anotações feitas em campo, realizando, posteriormente, uma descrição densa, detalhada, o que favorece a compreensão do problema de pesquisa, comportando, também, outras técnicas complementares (entrevistas, narrativas, história de vida etc.).

Trata-se de um formato investigativo que envolve um longo período de observação para ver, ouvir e registrar os eventos, visando entender e validar os significados das ações, a partir da descrição, análise e interpretação dos dados. Os dados, a propósito, devem ser organizados partindo do contexto mais amplo para o particular, favorecendo a microanálise, bem como, a interpretação e explicação dos resultados.

Análise do discurso

A análise do discurso, que surgiu em 1966, quando Michel Pêcheux, usando o pseudônimo Thomas Herbert, publicou *Réflexions sur la situation théorique des sciences sociales, spécialement de la psychologie sociale,* é uma técnica de pesquisa com abordagem qualitativa, que se constitui em uma prática e um campo da linguística e da comunicação especializados em analisar construções ideológicas presentes em um texto. É bastante utilizada nas ciências sociais, como prática do campo da Linguística e da Comunicação, empregada na análise das construções ideológicas presentes no texto. Trabalha não somente o explícito, mas também os processos e as condições de linguagem, que interagem no objeto pesquisado. Todo enunciado e toda sequência de enunciados são linguisticamente descritíveis como uma série léxico-sintaticamente determinada de pontos de deriva possíveis, oferecendo lugar à interpretação.

O discurso é a prática social de produção de textos. Isso significa que o discurso reflete uma visão de mundo determinada, necessariamente vinculada à dos seus autores e à sociedade em que vivem. Por sua vez, o texto é o produto da atividade discursiva, o objeto empírico de análise do discurso e a construção sobre a qual se debruça o analista para buscar, em sua superfície, as marcas que guiam a investigação científica. Em síntese, o objeto da análise do discurso é o próprio discurso.

Segundo Vergara (2005, p. 25), "a análise do discurso é um método cujo objetivo é não somente compreender uma mensagem, mas reconhecer qual é o seu sentido, ou seja, o seu valor e sua dependência com um determinado contexto".

Putnam e Fairhust (2001) definem a análise do discurso como o estudo de palavras e expressões, tanto a forma quanto o uso no contexto, além dos significados ou interpretações de práticas discursivas.

Há, de acordo com Vergara (2005), duas diferentes abordagens de análise do discurso: a anglo-saxônica e a francesa. A perspectiva da primeira é pragmática, e a da segunda, ideológica. Maingueneau (1998) observa que nos Estados Unidos a análise do discurso é marcada pela Antropologia, e na França, pela Linguística e pela Psicanálise.

Ballalai (1989), por sua vez, apresenta quatro enfoques da análise do discurso: o pragmático, o da teoria da argumentação, o da teoria da interrogação e o do questionamento. Sentido ou uso em determinado contexto, a ação sobre o outro, a questão que origina o sentido são as buscas feitas por cada enfoque, respectivamente, em uma mensagem.

Gil (2002) fala das tradições teóricas ligadas à análise do discurso. Em primeiro lugar, trata as tradições representadas pela linguística crítica, a semiótica social ou crítica e os estudos de linguagem; em segundo lugar, as representadas pela teoria do ato da fala, a etnometodologia e a análise da conversação; em terceiro lugar, as representadas pelo pós-estruturalismo ou pela análise pós-moderna da linguagem, centrados no discurso, na sociedade e em temas como poder e resistência.

A análise do discurso se preocupa em mostrar além do conteúdo, como este está sendo usado e quais as consequências desse uso. É recomendada quando se quer mostrar a forma como dizemos alguma coisa. Quando se quer apenas mostrar o que se fala, a análise do conteúdo é a técnica de coleta de dados recomendada. A análise do discurso envolve algo mais do que saber o que se fala; envolve saber quem fala, para quem fala, como fala e para que fala, pois o discurso pode ter inúmeras funções e significados. Permite perceber como se dá a interação entre emissor e receptor de uma mensagem, identifica o receptor, interpreta o discurso produzido pelos outros sem desconsiderar a subjetividade do pesquisador.

Três grandes categorias de métodos, por sua vez, incidem principalmente sobre certos elementos do discurso, sobre a sua forma ou sobre as relações entre os seus elementos constitutivos. São elas:

- **Análises temáticas,** que revelam as representações sociais a partir de um exame de certos elementos constitutivos. Exemplo: alguém expõe o conteúdo de determinado tema de forma irônica: discurso cínico.

- **Análises formais**, que incidem principalmente sobre as formas e o encadeamento de discurso. Exemplo: alguém expõe um conteúdo de forma direta, segundo o discurso formal: discurso de advogado.

- **Análises estruturais**, que põem a tônica sobre a forma como elementos de mensagem estão dispostos e tentam revelar aspectos subjacentes e implícitos da mensagem. Exemplo: um bom profissional ou um profissional bom.

Tais categorias permitem o estudo do não dito ou dito nas entrelinhas, o que é uma das vantagens da técnica. Quanto às desvantagens, estas não podem ser generalizadas, devido às diferentes categorias em que se dividem os métodos. Podemos dizer que alguns métodos se baseiam em pressupostos simplistas, como é o caso da análise categorial, que considera a totalidade do texto na análise, passando-o por um crivo de classificação e de quantificação, segundo a frequência de presença ou ausência de itens de sentido e que permite a classificação dos elementos de significação constitutivos da mensagem; enquanto outros são muito pesados e trabalhosos, como, por exemplo, a análise avaliativa.

A pesquisa com abordagem qualitativa | **135**

Para usar a técnica da análise do discurso, é preciso seguir alguns passos: definir o tema e o problema da pesquisa; realizar uma revisão de literatura que trata do problema; selecionar as fontes que serão pesquisadas; verificar a possibilidade de acesso às fontes; fazer a leitura das fontes; identificar as ideias principais do texto; identificar pontos-chave do texto, isto é, como o emissor se projeta, que referências usa, como se dirige ao receptor, que linguagem é empregada, que dimensões ressalta e que argumentos usa; identificar, nos dados, padrões entre os pontos-chave e as diferenças em relação ao tipo de receptor; descrever minuciosamente os elementos identificados; voltar ao problema de investigação; verificar se os resultados obtidos confirmam ou não as teorias revisadas e que deram suporte à investigação; elaborar a conclusão e dar redação final para apresentar a pesquisa que foi realizada.

Em comunicação é muito utilizada, por exemplo, para analisar textos da mídia e as ideologias que trazem em si. A análise do discurso é proposta a partir da filosofia materialista, que põe em questão a prática das ciências humanas e a divisão do trabalho intelectual, de forma reflexiva.

A pesquisa com abordagem quantitativa

Quando desejamos mensurar segmentos do mercado e informações qualitativas pré-existentes ou levantadas por pesquisas qualitativas, valemo-nos da pesquisa com abordagem quantitativa.

Essa abordagem de pesquisa vale-se de questionários pré-elaborados que admitem respostas alternativas e cujos resultados são apresentados de modo numérico, permitindo uma avaliação quantitativa dos dados.

Ela trabalha com o censo ou com amostras.

Censo

Censo é o conjunto de dados estatísticos que informa diferentes características dos habitantes de um logradouro, uma localidade, uma cidade, um estado ou uma nação. A palavra tem origem no latim *censos*, que significa "estimativa". Na Roma Antiga, o censo era realizado para identificar os proprietários de terras e determinar o pagamento de impostos.

Na Idade Média, censo era também um tipo de pensão anual que os servos pagavam ao senhor pela posse de uma terra ou por um contrato.

O censo ou recenseamento demográfico é um "retrato" da população que mostra quem são, onde estão e como vivem os habitantes de determinada nação . Através do censo é possível acompanhar a evolução de uma população ao longo do tempo.

O censo demográfico é a principal fonte de dados sobre a população que habita cada localidade, consistindo no mais importante instrumento de consulta para criação de estratégias e tomada de decisões sobre investimentos em áreas como educação, saúde, cultura e infraestrutura .

A realização do censo em quase todos os países do mundo acontece de dez em dez anos. No Brasil, o primeiro censo demográfico foi realizado em 1872. Em 2010 foi realizado o XII Censo Demográfico pelo IBGE (Instituto Brasileiro de Geografia e Estatística), entidade responsável pela elaboração do censo demográfico brasileiro desde 1940.

Na educação, é feito o censo escolar, que recolhe os dados estatísticos específicos das escolas públicas e privadas em todo o país.

A pesquisa quantitativa é dita "censitária" quando é aplicada a toda a população ou universo, e é recomendada quando:

- a população for pequena;
- os dados a respeito da população forem facilmente obteníveis ou já estiverem semidisponíveis;
- os requisitos do problema em estudo impõem a obtenção de dados específicos de cada elemento da população;
- por imposição legal.

Muitos perguntam por que fazer censo, quando podemos resolver um problema de pesquisa com uma pesquisa por amostragem. Mas o censo se justifica quando a população é pequena ou a amostra em relação à população é muito grande, quando a precisão exigida da pesquisa é mais completa (ou seja, não permite erros), ou ainda quando já se dispõe da informação completa.

Amostra e amostragem

Amostra é qualquer parte de uma população ou universo. Uma pesquisa quantitativa é dita amostral quando se pesquisa apenas uma parte da população para inferir conhecimento para o todo, em vez de pesquisá-la toda (como no censo).

Algumas vezes, na mídia, vemos certos jornalistas muito pomposos, verdadeiros donos de si, afirmarem que, para se ter uma ideia melhor sobre determinado assunto, seria necessário "calcular uma amostragem". Esse erro, como outros, é muito comum na imprensa, que, curiosamente, nem sempre parece consultar especialistas para fazer suas afirmativas, que, aliás, deveriam ser muito bem fundamentadas, já que podem influenciar a opinião das pessoas. Afinal, todos os que tiveram uma boa formação em estatística ou em matemática devem saber que **amostragem não se calcula**. Amostragem é o processo de escolher os componentes das amostras de uma população, além de denominar a ação de se trabalhar com amostras de uma população ou universo. Então, **o que se calcula, de fato, é a amostra**, que é um número obtido a partir de fórmulas, e que garante, sob determinadas condições, que é uma representação confiável da população ou universo.

A ideia básica do uso da amostragem, portanto, respaldada no cálculo correto de uma amostra, é que a coleta de dados relativos a alguns elementos da população e sua análise podem proporcionar informação relevante sobre toda a população.

A principal vantagem de utilizar amostragem é que ela possibilita a economia de mão de obra, tempo e dinheiro. Afinal, é mais barato contratar um número menor de entrevistadores e podem-se obter os resultados da pesquisa com mais rapidez. Some-se a isso o fato de se poder colher dados mais precisos e de ser a amostragem a única opção, quando o estudo exigir certa urgência na obtenção de dados para embasar tomadas de decisões.

Costuma-se trabalhar com amostragem quando uma população finita é muito grande ou quando ela é considerada infinita ou desconhecida. Uma população é finita quando é definida a partir de pesquisas quantitativas do tipo censitário e estas passam a gerar um número oficial. Por exemplo: o censo demográfico define a população de um país e essa população designa o número oficial de habitantes desse país. Uma população é considerada infinita ou desconhecida quando é impossível de ser medida com precisão. Se formos aplicar uma pesquisa quantitativa em um local de grande rotatividade de pessoas, como em um *shopping* ou em um aeroporto, por exemplo, como poderíamos estimar, com segurança, a população que lá está? É impossível estimar essa população, pois pessoas entram e saem a todo o momento de locais como esses. Dizemos, então, que a população, no caso, é infinita ou desconhecida. É importante destacar que é possível calcular amostras tanto a partir de populações finitas quanto de infinitas.

Outro motivo para se trabalhar com amostragem é quando precisamos ter uma informação segura sobre determinado objeto de pesquisa, mas não podemos arcar com um custo muito alto. A pesquisa por amostragem permite que os custos sejam diminuídos, sem, entretanto, prejudicar a qualidade da informação obtida.

A pesquisa com abordagem quantitativa | **139**

Atributos de qualidade de uma boa amostra

Segundo Mattar (2012), pelo menos três atributos definem a qualidade de uma boa amostra:

- **Precisão**: refere-se à exatidão dos resultados de medições obtidos na amostra (estatísticas) correspondentes aos resultados que seriam obtidos se fosse medida toda a população (parâmetros) utilizando-se os mesmos métodos, instrumentos, procedimentos etc. utilizados na amostra. A precisão é a medida do erro amostral, ou seja, quanto menor o erro amostral, mais precisa será a amostra.

- **Eficiência**: diz respeito à medida de comparação entre diversos projetos amostrais. Um projeto é mais eficiente do que outro se, sob certas condições, trouxer resultados mais confiáveis do que o outro; se para determinado custo produzir resultados e maior precisão, ou se resultados com a mesma precisão forem obtidos a um custo menor.

- **Correção**: concerne ao grau de ausência de vieses não amostrais na amostra. Diz-se que uma amostra é correta (ou não viesada) quando as medidas superestimadas e as subestimadas forem compensadas entre os componentes da amostra. Não há erros sistemáticos (ou não amostrais) em uma amostra correta, ou seja, variações nas medidas resultantes de influências conhecidas ou não, que fazem com que os resultados pendam mais para uma direção do que para outra.

No processo para a seleção de amostras, devem ser percorridas as seguintes etapas:

- Definição da população de pesquisa.
- Elaboração ou disposição de uma lista de todas as unidades amostrais da população.
- Cálculo do tamanho da amostra.
- Definição do processo de amostragem, ou seja, seleção de um procedimento específico por meio do qual a amostra será determinada ou escolhida.
- Seleção física da amostra, com base nos procedimentos anteriores.

A Figura 29 apresenta cada uma dessas etapas:

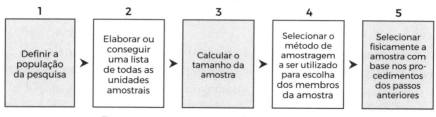

Figura 29 - Passos para a seleção de amostras.

Pode-se notar, pelo fluxo mostrado na Figura 29, que a primeira etapa para a seleção de uma amostra é a definição da população, de extrema importância para que se possa dar andamento à pesquisa. A segunda etapa, elaborar ou dispor de lista de todas as unidades amostrais da população, é desejável, mas nem sempre possível. Isso porque, principalmente no Brasil, não é comum encontrar listas confiáveis, a não ser em alguns órgãos públicos, como a Receita Federal, por exemplo, e, nesse caso, somente esse órgão pode utilizá-la. Em cidades é difícil encontrar listas confiáveis. Elaborar uma lista, por outro lado, demanda trabalho, muita dedicação, tempo e dinheiro. Quando não conseguimos elaborar uma lista ou não dispomos de uma para trabalhar com população finita, consideramos a população infinita ou desconhecida. A terceira etapa é decidir o tamanho da amostra. Essa decisão será explicada mais à frente, quando abordaremos as fórmulas para se calcular o tamanho de amostras. Decidido esse tamanho, passamos para a quarta etapa, que consiste em selecionar procedimento específico por meio do qual a amostra será determinada ou selecionada, ou seja, definir o método de amostragem mais adequado para selecionar os componentes da amostra. Por fim, a quinta etapa consiste em selecionar fisicamente a amostra, tomando-se como base os procedimentos considerados nas etapas anteriores.

Alguns conceitos importantes para se trabalhar com amostragem

Para se trabalhar com amostragem, é fundamental conhecer os conceitos com os quais se tem que lidar para entendê-la. Tais conceitos são:

- **População ou universo de pesquisa**: é o agregado de todos os casos que se enquadram num conjunto de especificações previamente estabelecidas. Em 19/5/2016, às 14h50, por exemplo, a população estimada do Brasil pelo Instituto Brasileiro de Geografia e Estatística (IBGE) era de 205.912.615 habitantes. Se fôssemos aplicar uma pesquisa censitária no Brasil, então, diríamos que nosso universo é esse.

- **Elemento de pesquisa**: é a unidade sobre a qual se procura obter os dados. Por exemplo: a população brasileira pode ser dividida em homens e mulheres. Dizemos, então, que os elementos que constituem a população brasileira são homens e mulheres.

- **Unidade amostral**: é o elemento ou são os elementos disponíveis para seleção em algum estágio do processo de amostragem. Constituem as qualificações que agregamos à população ou universo e aos elementos de pesquisa, para torná-los mais claros.

A pesquisa com abordagem quantitativa

Imaginemos, por exemplo, que necessitamos designar apropriadamente a população da Cidade Alfa, onde iremos aplicar uma pesquisa para verificar a viabilidade de instalar ali uma academia de dança de salão. Inicialmente, buscamos um número oficial que designe essa população. Digamos que esse número seja 100 mil pessoas. Poderíamos simplesmente calcular uma amostra para a população finita de 100 mil pessoas. Todavia, nem todos os habitantes da Cidade Alfa fariam parte de nosso público-alvo: afinal, pode haver pessoas que não gostem de dançar. Portanto, esse número pode não caracterizar bem essa população. Sabemos, contudo, que uma população é composta por homens e mulheres. Sabemos também que somente aplicar a pesquisa a homens e mulheres pode não ser suficiente para solucionar nosso problema de pesquisa. Se pudéssemos qualificar mais essa população, teríamos uma melhor definição dela. Por exemplo, se conseguíssemos identificar entre os homens e mulheres aqueles que gostam de dançar, nossa população ficaria mais bem caracterizada. Se quiséssemos qualificar ainda mais nossa população-alvo , poderíamos, por exemplo, buscar informação entre os homens e mulheres dessa cidade sobre aqueles que gostam de dança de salão. Como podemos ver, nossa informação inicial a respeito da população-alvo fica, aos poucos, cada vez mais nítida. Mas podemos melhorá-la ainda mais se delimitarmos bem a região da cidade onde queremos instalar a academia de dança (vamos imaginar que se chame Região Y) e o período em que aplicaremos a pesquisa para verificar essa possibilidade. Nossa população, assim, ficou muito bem definida. Vejamos:

- **Universo**: os 100 mil habitantes da Cidade Alfa.

- **Elementos de pesquisa**: homens e mulheres.

- **Unidade amostral**: homens e mulheres que gostam de dançar e que tenham preferência por dança de salão.

- **Abrangência geográfica da pesquisa**: Região Y da Cidade Alfa.

- **Período de tempo**: junho de 2016.

Assim, poderíamos definir nossa população ou universo de pesquisa como sendo: **homens e mulheres que habitavam a Região Y da Cidade Alfa, que gostavam de dançar dança de salão em junho de 2016.** Resta-nos, agora, obter estimativas para quantificar a população. Se não obtivermos números confiáveis, como citamos anteriormente, consideramos a população infinita ou desconhecida.

A Figura 30 ilustra:

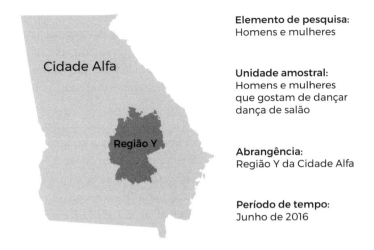

Figura 30 - Definição da população ou universo de pesquisa.

Tipos de amostragem

Existem dois tipos de amostragem, ou seja, de maneiras de selecionar as pessoas que irão compor uma amostra: a amostragem probabilística, também chamada de randômica ou aleatória, e a amostragem não probabilística.

As técnicas de amostragem probabilísticas, ou aleatórias, ou ao acaso, desenvolveram-se, sob o aspecto teórico, principalmente a partir da década de 1930. Na **amostragem probabilística**, "cada elemento da população tem uma chance conhecida e diferente de zero de ser selecionado para compor a amostra" (MATTAR, 2012, p. 131).

Sua característica primordial é poderem ser submetidas a tratamento estatístico, que permite compensar erros amostrais e outros aspectos relevantes para a representatividade e significância da amostra (MARCONI e LAKATOS, 2002).

A **amostragem não probabilística**, por sua vez, é

> (...) aquela em que a seleção dos elementos da população para compor a amostra depende ao menos em parte do julgamento do pesquisador ou do entrevistador no campo. Não há nenhuma chance conhecida de que um elemento qualquer da população venha a fazer parte da amostra (MATTAR, 2012, p. 125).

A característica principal das técnicas de amostragem não probabilística é que, não fazendo uso de formas aleatórias e seleção, torna-se impossível a aplicação de fórmulas estatísticas para o cálculo, por exemplo, entre outros, de erros de amostra. Dito de outro modo, não podem ser objetos de certos tipos de tratamentos estatísticos (MARCONI e LAKATOS, 2002).

Se você, leitor, teve dificuldade para entender o significado de cada tipo de amostragem e não sabe, por isso, quando utilizar um tipo ou outro, podemos exemplificar de modo mais simples, baseados nos velhos "macetinhos" de que os professores de cursinho costumam lançar mão quando querem ajudar a fixar certos conceitos nas cabeças de seus alunos. **As amostragens não probabilísticas são utilizadas quando não se tem uma lista dos membros da população ou universo. As amostragens probabilísticas são usadas quando se tem boas listas (listas oficiais e confiáveis) contendo os membros da população ou universo.** Simples assim.

As amostragens probabilísticas e não probabilísticas, segundo Mattar (2012, p. 126), podem ser divididas conforme mostrado na Figura 31:

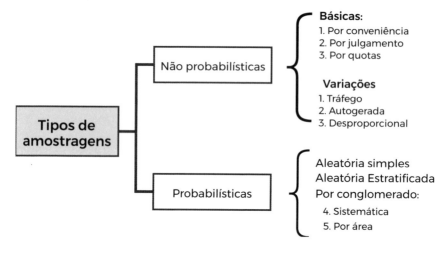

Figura 31 - Tipos de amostragem, segundo Mattar (2012).

Amostragens não probabilísticas

As amostragens não probabilísticas constituem o método de seleção de amostras mais utilizado em pesquisas quantitativas e se dividem em básicas e variações das básicas (ver Figura 31).

As básicas podem ser:

Seleção de amostras por conveniência ou acidental

A amostra é selecionada conforme a conveniência do pesquisador. Exemplo: durante um programa de televisão ao vivo, a emissora coloca à disposição das pessoas linhas telefônicas acopladas a computadores para registrar opiniões sobre alguma colocação formulada. É o método mais utilizado quando se deseja, também, obter informação de pessoas cujo universo seja desconhecido. Nas pesquisas eleitorais, por exemplo, na maioria das vezes, usa-se a amostragem por conveniência.

Seleção de amostras por julgamento ou intencional

São escolhidos casos julgados como típicos da população em que o pesquisador esteja interessado, supondo-se que os erros de julgamento nessa seleção tenderão a contrabalançar-se. Exemplo: a população de certa cidade tem o hábito de consumir determinado tipo de vinho. A pesquisa sobre esse tipo de vinho é aplicada nessa população, pois **julga-se** que ela, por consumi-lo, é bastante adequada para responder a pesquisa.

Seleção de amostras por quotas ou proporcional

Nesse caso, o pesquisador procura obter uma amostra que seja similar, sob alguns aspectos, à população, ou seja, entrevista um número predefinido de pessoas em cada uma das várias categorias. A amostragem por quotas é feita em duas etapas: primeiramente são desenvolvidas categorias de controle, ou quotas (cotas), dos elementos da população, e, em seguida, usa-se o julgamento para identificar categorias relevantes, como idade, sexo e raça, o que permite ao pesquisador estimar a distribuição dessas características na população-alvo. As quotas são usadas para garantir que a composição da amostra seja a mesma da composição da população com respeito às características de interesse. Exemplo: deseja-se estimar o número de homens e de mulheres que consomem determinada marca de um produto em um rápido recorte de tempo.

Entre as variações das amostras básicas, destacam-se:

- **Seleção de amostras por tráfego**: a amostra é entrevistada ou observada em lugares de tráfego mais intenso, como em ruas de comércio, grandes lojas de departamentos, eventos esportivos etc.

- **Seleção de amostras autogeradas ou bola de neve**: um grupo inicial de entrevistados é selecionado, normalmente de forma aleatória. Após serem entrevistados, pede-se que identifiquem outras pessoas pertencentes à população alvo de interesse. Esse processo continua resultando em um efeito autogerado, já que uma referência é obtida de outra. A amostragem autogerada é utilizada quando se estudam características relativamente raras ou difíceis de identificar na população.

- **Seleção de amostras desproporcionais**: podem ser aplicadas a qualquer tipo de amostragem em que as proporções dos estratos na população sejam conhecidas. Na amostragem por quotas, por exemplo, são consideradas apenas amostras que sejam proporcionais a algumas características conhecidas da população. Nem sempre, entretanto, se recomenda, ou é possível, obter-se elementos na amostra com a mesma proporcionalidade. Mattar (2012, p. 130) explica os motivos:

> » Se a amostra de algum estrato, proporcional à população, resultar em um número de elementos tão pequeno que inviabilize qualquer análise estatística por estrato.

> » Quando um estrato da população for mais heterogêneo (ou homogêneo) que outro e for do conhecimento do pesquisador, uma amostra desproporcionalmente maior (ou menos) dessa parte pode levar a resultados mais precisos.

> » Quando o custo de contatar parte da população for muito elevado, uma amostra desproporcionalmente menor desta parte reduzirá o custo total da pesquisa.

Amostragens probabilísticas

A base para a seleção de amostras probabilísticas são os sorteios. Isso equivale a dizer, como foi informado anteriormente, que elas dependem da existência de listas oficiais e atualizadas que contenham todos os elementos que constituem uma população, a fim de que possam ser sorteados. Por exemplo, se desejássemos aplicar uma pesquisa a uma amostra dos alunos de uma universidade em um determinado período de tempo, seria perfeitamente possível utilizarmos um método de amostragem probabilística para selecionarmos os componentes da amostra, uma vez que todos os alunos fazem parte de uma lista oficial da universidade e cada aluno possui um número de matrícula próprio.

As amostragens probabilísticas podem ser:

Aleatória Simples

Constitui o sorteio tradicional, propriamente dito. Cada elemento da população tem uma probabilidade conhecida, diferente de zero e idêntica à dos outros elementos, de ser selecionado para fazer parte da amostra.

A Figura 32 ilustra:

Figura 32 - Sorteio (amostragem aleatória simples).

Estratificada

Esse tipo de amostragem pode ser proporcional ou não proporcional. A população é subdividida em subpopulações ou estratos, mutuamente excludentes e coletivamente exaustivos. Em seguida, os elementos dentro dos estratos são selecionados aleatoriamente. Visa aumentar a precisão sem elevar os custos. Os elementos dentro de um estrato devem ser mais homogêneos quanto possível, ao passo em que os elementos de diferentes estratos devem ser heterogêneos.

Esse tipo de amostragem tem como principal vantagem o fato de assegurar a representatividade do universo a ser pesquisado. Se a população pode ser dividida em subgrupos que consistem, todos eles, em indivíduos bastante semelhantes entre si, pode-se obter uma amostra aleatória de pessoas em cada grupo. Esse processo pode gerar amostras bastante precisas, mas só é viável quando a população pode ser dividida em grupos homogêneos.

A amostragem estratificada pode ser proporcional ou desproporcional. Vejamos o exemplo a seguir.

Imaginemos que, em determinada região geográfica, denominada **Região X**, tenhamos três cidades, denominadas **Cidade A**, **Cidade B** e **Cidade C**, sendo que a **primeira possui 5.000 habitantes**, a **segunda 3.000 habitantes** e a **terceira 2.000 habitantes**. Isso equivale a dizer que a **população total da região é de 10.000 habitantes** e que **50% dos habitantes pertencem à Cidade A, 30% à cidade B e 20% à cidade C**, conforme ilustra a Figura 33.

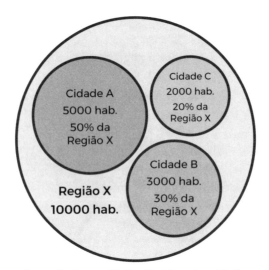

*Figura 33 - População da Região X distribuída pelas cidades que a compõem.
Fonte: Dantas, 2014.*

Imaginemos ainda que desejamos aplicar uma pesquisa na Região X e que **um estatístico tenha calculado uma amostra para a região de 100 pessoas**. Precisamos, então, distribuir essa amostra de forma **estratificada** e **proporcional**, ou seja, distribuí-la proporcionalmente pelas cidades (estratos) da Região X (universo). A regra é simples: para a amostra calculada n = 100, vamos aplicar os mesmos percentuais da distribuição dos habitantes por cidade de Região X, ou seja:

- número de entrevistados da Cidade A: nA = 50 entrevistados (50% de 100);
- número de entrevistados da Cidade B: nB = 30 entrevistados (30% de 100);
- número de entrevistados da Cidade C: nC = 20 entrevistados (20% de 100).

Distribuída a amostra por estrato (cidade), desde que se tenha acesso à relação de todos os moradores de cada cidade, basta aplicar qualquer técnica de sorteio e selecionar os componentes da amostra.

Se quiséssemos utilizar a **amostragem estratificada não proporcional**, bastaria que não levássemos em conta qualquer critério de proporcionalidade para definir a amostra por cidade. Por exemplo: se dividíssemos a amostra por três, lembrando que 100 dividido por três é igual a 33,33. Assim, arbitramos que uma cidade deve ficar com 34 entrevistados e as outras duas com 33. Somando-se tais valores, temos n=100:

- número de entrevistados da Cidade A: nA = 34 entrevistados (34% de 100);
- número de entrevistados da Cidade B: nB = 33 entrevistados (33% de 100);
- número de entrevistados da Cidade C: nC = 33 entrevistados (33% de 100).

A exemplo do critério utilizado na **amostragem estratificada proporcional**, uma vez distribuída a amostra por estrato (cidade), conquanto se tenha acesso à relação de todos os moradores de cada cidade, basta aplicar qualquer técnica de sorteio e selecionar os componentes da amostra.

Por conglomerados

A amostragem por conglomerados é indicada em situações em que seja bastante difícil a identificação de seus elementos.

Tomando como exemplo a mesma **Região X**, com **as cidades que a compõem (A, B e C)** (Figura 33), é possível proceder à seleção da amostra a partir de conglomerados, isto é, considerando cada cidade um conglomerado diferente. A população é dividida em diferentes conglomerados (grupos), extraindo-se uma amostra apenas dos conglomerados selecionados, e não de toda a população da Região X. Calcula-se uma amostra separada para cada cidade, e não em relação à população total da Região X: a amostra da cidade A é calculada com base em NA = 5.000 habitantes; a da cidade B, com base em NB = 3.000 habitantes; e a da cidade C, com base em NC = 2.000 habitantes.

A exemplo do que se recomenda para a amostragem estratificada, desde que se tenha acesso à relação de todos os moradores de cada cidade, basta aplicar qualquer técnica de sorteio e selecionar os componentes da amostra.

O ideal seria que cada conglomerado representasse tanto quanto possível o total da população. Na prática, selecionamos os conglomerados geograficamente. Esse processo possibilita ao pesquisador entrevistar poucas pessoas apenas. A população é dividida em grupos (conglomerados), mutuamente excludentes e coletivamente exaustivos, e em seguida procedemos à seleção aleatória dos grupos que constituirão a amostra. Depois de selecionados os grupos, podemos realizar a coleta de informação com todos os elementos do grupo, ou fazer nova seleção dos elementos dentro do grupo.

Sistemática

A amostragem sistemática é uma variação da amostragem aleatória simples, cuja aplicação requer que a população seja ordenada de modo tal que cada um de seus elementos possa ser identificado pela sua posição. Apresenta condições para satisfação desse requisito uma população identificada a partir de uma listagem de frequentadores de uma unidade de informação, por exemplo. Quando os elementos da população se apresentam ordenados e a retirada dos elementos da amostra é feita periodicamente, temos uma amostragem sistemática. Assim, por exemplo, em uma linha de produção, podemos, a cada dez itens produzidos, retirar um para pertencer a uma amostra da produção diária.

A pesquisa com abordagem quantitativa

Exemplificando, imaginemos que tenhamos a **lista de 1.000 habitantes da Localidade A**, mostrada na Figura 34.

RELAÇÃO DOS CIDADÃOS DA LOCALIDADE A	
Nº	**NOME DO CIDADÃO**
1	Pablo Pereira Dantas
2	Mariana Pereira Dantas
3	Juliana Pereira Sallum Alosta
4	Rafael Salum Alosta
5	Daniel Junqueira Pereira
6	Antônio José Sallum Alosta Filho
7	Gabriela Pereira Correa
8	Natália Pereira Correa
9	João Gabriel Pereira Nogueira
10	Anna Luiza Pereira Nogueira
11	Patrícia Amaral Consenza Dantas
12	Gael Cosenza Dantas
13	Maitê Dantas Marinho
14	Tomás Consenza Dantas
⋮	⋮
999	Maria dos Anzóis
1000	Francisco Mariano

Figura 34 - Lista dos habitantes da Localidade A.
Fonte: Dantas (2014).

Queremos sortear 100 pessoas, entre os 1.000 habitantes, para compor uma amostra previamente calculada. Uma forma de fazer isso é calculando-se um intervalo, denominado intervalo amostral (I), que é dado pela relação entre a população (N) e a amostra (n). Ora, se N = 1.000 e n = 100, o intervalo amostral (I) será dado pela seguinte fórmula:

$$I = \frac{N \text{ (População ou Universo)}}{n \text{ (Amostra calculada)}}$$

Ou seja,

$$I = \frac{1000}{100} = 10$$

Em seguida, com base em uma lista que contém toda a população, arbitramos, aleatoriamente, o primeiro componente da amostra. No exemplo, o primeiro escolhido será o cidadão de **número 1** (Pablo Dantas). O segundo a ser escolhido será o cidadão de **número 11**: 1 (número 1 da lista) + 10 (intervalo amostral) = 11 (Patrícia Amaral Cosenza Dantas); o terceiro será o de **número 21**: 11 + 10 = 21; o quarto será o de **número 31**: 21 + 10 = 31. E assim por diante.

Notação de fórmulas utilizadas na teoria da amostragem, para cálculo do tamanho de amostras

Na teoria da amostragem, é necessário que conheçamos as notações dos termos utilizados nas fórmulas que são utilizadas para se calcular as amostras. O Quadro 17 apresenta essa notação:

Quadro 17 - Notação de termos utilizados nas formas para cálculo do tamanho de amostras.

NOTAÇÕES	
População	N
Amostra	n
Proporção de ocorrência da hipótese	p
Proporção de não ocorrência da hipótese	q
Margem de erro	e
Grau (ou nível) de confiança	G.C. ou N.C.
Variável representativa da curva normal padronizada	z

Fonte: Elaborado pelos autores.

Com essas notações, podemos ir adiante com as fórmulas para o cálculo do tamanho da amostra.

Cálculo do tamanho da amostra

Antes de apresentarmos as fórmulas para o cálculo do tamanho de uma amostra, julgamos oportuno tecer alguns comentários, a fim de tranquilizar os profissionais de comunicação que eventualmente não tenham muita afinidade com a estatística e/ou a matemática.

Primeiramente, não se assustem com as fórmulas. Todos os seus componentes são números fáceis de obter, pois são moldados ao problema de pesquisa e aos objetivos para solucioná-lo.

Quando se aplica uma pesquisa pela primeira vez, fixamos, *a priori*, a margem de erro e o grau de confiança desejados. A margem de erro nos dá a precisão da pesquisa e delimita o tamanho da amostra. Isso equivale a dizer que quanto menor a margem de erro, maior será o tamanho da amostra e, portanto, maior a precisão da pesquisa. Na prática, é normal fixarmos margens de erro com valores até $\leq 5\%$.

Os resultados de uma pesquisa devem ser interpretados dentro de um intervalo de confiança que estabeleça limites em torno da avaliação obtida. Esse intervalo é chamado de grau, ou nível, de confiança. Na realização de pesquisas mais comuns, por exemplo, geralmente se trabalha com graus de confiança iguais ou acima de 90%. Se definirmos, por exemplo, que trabalharemos com um grau de confiança de 90%, é o mesmo que dizer que quando uma pesquisa publicada aponta que o percentual dos entrevistados que possuem intenção de adquirir determinado produto é de 90%, significa que há uma probabilidade de 90% de o percentual de pessoas com intenção de comprar tal produto (90%) o faça, confirmando as pesquisas realizadas, se estas forem corretas. Explicando melhor, esses 90% querem dizer o seguinte: se realizarmos outra pesquisa, com uma amostra do mesmo tamanho, nas mesmas datas e locais e com o mesmo questionário, há uma probabilidade de 90% de que os resultados sejam os mesmos e uma probabilidade de 10% de que tal fato não ocorra. O grau de confiança, portanto, garante que, sob determinadas condições, nossa amostra é representativa do universo.

Nada impede, entretanto, que fixemos, *a priori*, valores diferentes dos mais utilizados na prática: às vezes, por limitações financeiras ou de tempo temos que trabalhar com uma amostra menor.

A única variável que exige um pequeno cálculo é a variável "Z", que na fórmula representa os desvios-padrão que definem o grau de confiança. Na verdade, para entendermos corretamente essa variável, teríamos que remeter ao entendimento de uma importante curva estatística denominada Curva Normal Padronizada, cujo perfil é mostrado na Figura 35:

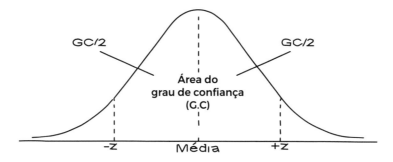

Figura 35 - Curva Normal Padronizada.

A vantagem da Curva Normal Padronizada é que os parâmetros, média e desvio padrão, já estão automaticamente definidos para qualquer escala de medida. Se você tem alguma familiaridade com estatística, provavelmente não tem muita dificuldade em entender essa curva. Como, entretanto, não queremos complicar a vida de ninguém, principalmente dos comunicadores sociais – que, como afirmamos em outras partes deste livro, não têm essa familiaridade –, vamos tentar ser práticos e ensinar, daqui a pouco, como se calcula a variável "z". Mas antes vamos apresentar aos nossos leitores as fórmulas utilizadas para se calcular amostras (Figura 36):

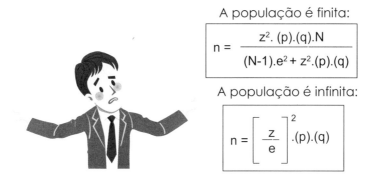

Figura 36 - Fórmulas para cálculo do tamanho de amostras.

Vocês devem ter percebido o pânico do profissional de comunicação que nunca teve qualquer contato com Estatística ou Matemática, ao ser apresentado a essas fórmulas. Se é esse o seu caso, não se aflija. Vamos tentar explicá-la da melhor maneira possível, de modo que você, e qualquer pessoa que esteja na sua condição, também entenda.

A primeira fórmula, a mais longa, diz respeito ao cálculo de amostras **quando a população é finita**. Lembramos que uma população é considerada finita quando há um número oficial e reconhecido que a defina, ou quando ela é realmente fácil de contar. Diz-se, então, que a população é conhecida. Por exemplo, quando o censo afirma que a população do Brasil é de aproximadamente 204 milhões de habitantes, podemos aplicar essa fórmula para calcular uma amostra, usando como população finita 204 milhões. Do mesmo modo, quando desejamos aplicar uma pesquisa em uma universidade, podemos perfeitamente utilizar a fórmula para populações finitas, porque temos claramente um número oficial, contável, dos alunos dessa universidade. Note-se que na fórmula aparece a variável "N", que representa a população ou universo.

Quando estamos aplicando uma pesquisa com abordagem quantitativa, estamos constantemente testando hipóteses. Entretanto, ao aplicarmos a pesquisa pela primeira vez, não sabemos exatamente se essas hipóteses serão ou não rejeitadas. Nesse caso, então, assumimos uma situação de equilíbrio, em que a probabilidade de a hipótese ser rejeitada (representada na fórmula pela variável "q") é a mesma que a de a hipótese não ser rejeitada (ou seja, na fórmula, representada pela variável "p"). Então trabalhamos com o valor de "p" igual ao de "q", de 50%, isto é, p = q = 50% ou, em número decimal, como usamos no cálculo da amostra, 0,5.

A variável "e", como vimos no Quadro 21, representa a margem de erro assumida *a priori*.

Resta-nos somente calcular a variável "z".

Vamos imaginar que desejemos realizar uma pesquisa quantitativa com um grau de confiança de 90% (ou 0,9, em número decimal). Isso significa, como pode ser visto na Figura 37, que a área sob a Curva Normal Padronizada, delimitada pelos intervalos entre –z e +z, equivale à área do Grau de Confiança (GC), e que cada área que divide a curva em dois intervalos (de -z até a média e da média até +z) equivale modularmente à metade do Grau de Confiança, ou seja, 90%/2 = 45% ou 0,9/2 = 0,45. Precisamos calcular a variável "z".

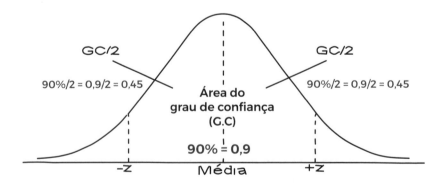

Figura 37 - Curva Normal Padronizada para um Grau de Confiança de 90%.

Para o cálculo de "z", valemo-nos de uma tabela estatística denominada "Tabela G: Áreas na Cauda Direita sob a Distribuição Normal Padronizada" (veja a Figura 38):

Tabela G Áreas na Cauda Direita sob a Distribuição Normal Padronizada

Cada valor da tabela indica a proporção da área total sob a curva normal contida no segmento delimitado por uma perpendicular levantada na média e uma perpendicular levantada à distância de z desvios padrões unitários.

Ilustrando: 43,57% da área sob uma curva normal estão entre a ordenada máxima e um ponto 1,52 desvios padrões adiante.

z	0.00	0.01	0.02	0.03	0.04	0.05	0.06	0.07	0.08	0.09
0.0	0.0000	0.0040	0.0080	0.0120	0.0160	0.0199	0.0239	0.0279	0.0319	0.0359
0.1	0.0398	0.0438	0.0478	0.0517	0.0557	0.0596	0.0636	0.0675	0.0714	0.0753
0.2	0.0793	0.0832	0.0871	0.0910	0.0948	0.0987	0.1026	0.1064	0.1103	0.1141
0.3	0.1179	0.1217	0.1255	0.1293	0.1331	0.1368	0.1406	0.1443	0.1480	0.1517
0.4	0.1554	0.1591	0.1628	0.1664	0.1700	0.1736	0.1772	0.1808	0.1844	0.1879
0.5	0.1915	0.1950	0.1985	0.2019	0.2054	0.2088	0.2123	0.2157	0.2190	0.2224
0.6	0.2257	0.2291	0.2324	0.2357	0.2389	0.2422	0.2454	0.2486	0.2518	0.2549
0.7	0.2580	0.2612	0.2642	0.2673	0.2704	0.2734	0.2764	0.2794	0.2823	0.2852
0.8	0.2881	0.2910	0.2939	0.2967	0.2995	0.3023	0.3051	0.3078	0.3106	0.3133
0.9	0.3159	0.3186	0.3212	0.3238	0.3264	0.3289	0.3315	0.3340	0.3365	0.3389
1.0	0.3413	0.3438	0.3461	0.3485	0.3508	0.3531	0.3554	0.3577	0.3599	0.3621
1.1	0.3643	0.3665	0.3686	0.3708	0.3729	0.3749	0.3770	0.3790	0.3810	0.3830
1.2	0.3849	0.3869	0.3888	0.3907	0.3925	0.3944	0.3962	0.3980	0.3997	0.4015
1.3	0.4032	0.4049	0.4066	0.4082	0.4099	0.4115	0.4131	0.4147	0.4162	0.4177
1.4	0.4192	0.4207	0.4222	0.4236	0.4251	0.4265	0.4279	0.4292	0.4306	0.4319
1.5	0.4332	0.4345	0.4357	0.4370	0.4382	0.4394	0.4406	0.4418	0.4429	0.4441
1.6	0.4452	0.4463	0.4474	0.4484	0.4495	0.4505	0.4515	0.4525	0.4535	0.4545
1.7	0.4554	0.4564	0.4573	0.4582	0.4591	0.4599	0.4608	0.4616	0.4625	0.4633
1.8	0.4641	0.4649	0.4656	0.4664	0.4671	0.4678	0.4686	0.4693	0.4699	0.4706
1.9	0.4713	0.4719	0.4726	0.4732	0.4738	0.4744	0.4750	0.4756	0.4761	0.4767
2.0	0.4772	0.4778	0.4783	0.4788	0.4793	0.4798	0.4803	0.4808	0.4812	0.4817
2.1	0.4821	0.4826	0.4830	0.4834	0.4838	0.4842	0.4846	0.4850	0.4854	0.4857
2.2	0.4861	0.4864	0.4868	0.4871	0.4875	0.4878	0.4881	0.4884	0.4887	0.4890
2.3	0.4893	0.4896	0.4898	0.4901	0.4904	0.4906	0.4909	0.4911	0.4913	0.4916
2.4	0.4918	0.4920	0.4922	0.4925	0.4927	0.4929	0.4931	0.4932	0.4934	0.4936
2.5	0.4938	0.4940	0.4941	0.4943	0.4945	0.4946	0.4948	0.4949	0.4951	0.4952
2.6	0.4953	0.4955	0.4956	0.4957	0.4959	0.4960	0.4961	0.4962	0.4963	0.4964
2.7	0.4965	0.4966	0.4967	0.4968	0.4969	0.4970	0.4971	0.4972	0.4973	0.4974
2.8	0.4974	0.4975	0.4976	0.4977	0.4977	0.4978	0.4979	0.4979	0.4980	0.4981
2.9	0.4981	0.4982	0.4982	0.4983	0.4984	0.4984	0.4985	0.4985	0.4986	0.4986
3.0	0.4986	0.4987	0.4987	0.4988	0.4988	0.4989	0.4989	0.4989	0.4990	0.4990
3.1	0.4990	0.4991	0.4991	0.4991	0.4992	0.4992	0.4992	0.4992	0.4993	0.4993
3.2	0.4993	0.4993	0.4994	0.4994	0.4994	0.4994	0.4994	0.4995	0.4995	0.4995
3.3	0.4995	0.4995	0.4995	0.4996	0.4996	0.4996	0.4996	0.4996	0.4996	0.4997
3.4	0.4997	0.4997	0.4997	0.4997	0.4997	0.4997	0.4997	0.4997	0.4998	0.4998
3.5	0.4998	0.4998	0.4998	0.4998	0.4998	0.4998	0.4998	0.4998	0.4998	0.4998
3.6	0.4998	0.4998	0.4999	0.4999	0.4999	0.4999	0.4999	0.4999	0.4999	0.4999
3.7	0.4999	0.4999	0.4999	0.4999	0.4999	0.4999	0.4999	0.4999	0.4999	0.4999
3.8	0.4999	0.4999	0.4999	0.4999	0.4999	0.4999	0.4999	0.5000	0.5000	0.5000
3.9	0.5000	0.5000	0.5000	0.5000	0.5000	0.5000	0.5000	0.5000	0.5000	0.5000

Figura 38 - Tabela G: Áreas na Cauda Direita sob a Distribuição Normal Padronizada.

Você poderá calcular a variável "z", ao observar os seguintes passos:

- **1º Passo**: defina o Grau de Confiança que deseja para a pesquisa (p. ex.: 90%).

- **2º Passo**: transforme o Grau de Confiança em número decimal (0,90).

- **3º Passo**: divida o Grau de Confiança em decimal por 2 (0,450).

- **4º Passo**: procure no corpo da tabela qual o número que mais se aproxima, para mais ou para menos, do Grau de Confiança dividido por 2: na coluna 0,04, linha 1,6, temos o número 0,4495 e na coluna 0,05, linha 1,6, temos o número 0,405. Podemos usar qualquer um desses números, pois ambos são muito próximos do G.C./2.

- **5º Passo**: para calcular o valor de "z", some os números da linha e da coluna onde estão os números indicados. Assim, se você escolher o número 0,4495, basta somar 0,04 (coluna)+ 1,6 (linha). Nesse caso, z = 1,64. Se escolherem o outro número, z = 0,05 (coluna) + 1,6 (linha) = 1,65. Qualquer um desses números pode ser usado na fórmula.

Se admitíssemos uma margem de erro *a priori* de ± 5%, teríamos, portanto, a amostra calculada de:

$$n = \frac{(1,65)^2 \cdot (0,5) \cdot (0,5) \cdot 204000000}{(204000000-1) \cdot (0,05)^2 + (1,65)^2 \cdot (0,5) \cdot (0,5)} = 272,24638$$

Há que esclarecer, porém, que o cálculo mostrou um resíduo de 0,24638, o que equivale a dizer que teríamos que aplicar nossa pesquisa a 272,24638 pessoas. Ora, mas sabemos que não se pode fracionar pessoas (isto é, não existe 0,24638 pessoa). Nesse caso, seja qual for o resíduo, o número é sempre arredondado para mais, sem se respeitarem as regras tradicionais de arredondamento estatístico. Afinal, se aplicarmos a pesquisa a 272 pessoas, a amostra não será representativa do universo. Logo, teríamos que aplicar nossa pesquisa a 273 pessoas. A leitura que devemos fazer é a seguinte: considerando uma população de 204 milhões, se levarmos em conta uma margem de erro admitida *a priori* de ± 5%, temos 90% de segurança de que essas 273 pessoas poderão representar essa população.

Quando desconhecemos a população ou ela é muito grande a ponto de não podermos precisá-la com segurança, dizemos, como vimos, que a população é infinita ou desconhecida. Nesse caso, usamos a fórmula mais simples para calcular a amostra. Note-se que na fórmula não aparece a variável N (população). As demais variáveis são as mesmas e o cálculo de "z" segue os mesmos passos.

A maior parte das pesquisas quantitativas vale-se dessa fórmula para calcular a amostra. Isso porque os pesquisadores não querem correr o risco de trabalhar com números incertos ou não oficiais.

Se usássemos a fórmula para uma população infinita ou desconhecida, nossa amostra ficaria:

$$n = \left[\frac{z}{e}\right]^2 .(p).(q) = \left[\frac{1,65}{0,05}\right]^2 .(0,5).(0,5) = 272,25$$

Do mesmo modo que fizemos no caso da amostra para população finita, teríamos que arredondar a amostra para mais, ou seja, 273 pessoas a serem entrevistadas. Note-se que tanto no caso da população finita quanto no da população infinita ou desconhecida, o tamanho da amostra não se alterou. A explicação é que, quanto maior o tamanho do universo ou população, mais ele se aproxima do infinito, logo a amostra não se diferencia. Se trabalhássemos com uma população bem menor, haveria alterações no tamanho da amostra se usássemos as duas fórmulas.

A Tabela 1, a seguir, apresenta o cálculo de amostras para diversas populações finitas, considerando uma margem de erro de ± 5% e graus de confiança variados:

Tabela 1 - Amostras calculadas para diversas populações finitas e graus de confiança, com ± 5% de margem de erro.

ITEM	TAMANHO DA AMOSTRA (N)							
POPULAÇÃO (N) \ GRAU DE CONFIANÇA	90%	91%	92%	93%	94%	95%	95,5%	96%
500	176	179	190	194	207	217	222	229
1000	214	218	235	241	261	278	286	296
1500	231	235	254	262	286	306	316	328
2000	240	245	266	274	300	322	333	347
2500	246	251	273	281	310	333	345	360
3000	250	255	278	287	316	341	353	369
3500	253	258	282	291	321	346	359	375
4000	255	261	285	294	325	351	364	380
4500	257	263	287	296	328	354	367	384

Continua na página seguinte

Item	Tamanho da Amostra (n)							
Grau de Confiança / População (N)	90%	91%	92%	93%	94%	95%	95,5%	96%
5000	258	264	289	298	330	357	370	388
6000	260	267	291	301	334	361	375	393
7000	262	268	293	303	336	364	378	397
8000	263	270	295	305	339	367	381	399
9000	264	271	296	306	340	368	383	402
10000	265	271	297	307	341	370	385	403
15000	267	274	300	310	345	375	390	409
20000	269	275	302	312	347	377	392	412
25000	269	276	303	313	349	378	394	413
30000	270	276	303	314	349	379	395	414
40000	270	277	304	314	350	381	396	416
50000	271	277	304	315	351	381	397	417
60000	271	278	305	315	351	382	397	417
70000	271	278	305	315	352	382	398	418
80000	271	278	305	316	352	382	398	418
90000	271	278	305	316	352	383	398	418
100000	272	279	305	316	352	383	398	418
200000	272	279	306	316	353	383	399	419
500000	272	279	306	317	353	384	400	420
1000000	272	279	306	317	353	384	400	420
2000000	272	279	306	317	353	384	400	420
3000000	272	279	306	317	353	384	400	420

Fonte: Elaborada por Dantas (2016).

Importante notar, na Tabela 1, que, à medida que a população aumenta, a amostra tende a se estabilizar, o que equivale a dizer que não vale a pena aplicar uma quantidade maior de pesquisas em populações muito grandes. Se pensássemos em aplicar pesquisas, por exemplo, a uma população maior do que três milhões de pessoas com um grau de confiança de 90% e uma margem de erro de ± 5%, 272 pesquisas seriam suficientes para se ter uma representatividade em relação ao universo, pois acima de 272 amostras as respostas tenderiam a se repetir.

Levando-se em consideração agora pesquisas aplicadas a populações infinitas ou desconhecidas, apresentamos a Tabela 2, em que as amostras são calculadas com diversos graus de confiança e margens de erro:

158 | *Pesquisa de mercado*

Tabela 2 - Amostras calculadas para diversas margens de erro e graus de confiança, quando a população é infinita ou desconhecida.

Item / Margem de erro	\ Grau de Confiança	90%	91%	92%	93%	94%	95%	95,5%	96%
± 7%		139	142	156	162	180	196	204	214
± 6%		189	194	213	220	245	267	278	292
± 5%		272	279	306	317	353	384	400	420
± 4,5%		336	344	378	391	436	474	494	519
± 4%		425	436	479	495	552	600	625	657
± 3,5%		556	569	625	647	721	784	816	858
± 3%		756	775	851	880	982	1067	1111	1167
± 2,5%		1089	1116	1225	1267	1414	1537	1600	1681
± 2%		1702	1743	1914	1980	2209	2401	2500	2627

Fonte: Elaborada por Dantas (2016).

A seguir, você tem um QR Code contendo um aplicativo, desenvolvido em Excel, para calcular o tamanho da amostra.

O aplicativo também pode ser acessado pelo link: **bit.ly/2DH79go.**

Outros fatores determinantes do tamanho da amostra

O tamanho de uma amostra também pode ser determinado por outros fatores, entre os quais se destacam:

- **Fatores psicológicos**: é bastante comum alguns demandantes de pesquisas questionarem o tamanho calculado de uma amostra, com argumentos do tipo "a representatividade é tão pequena" ou "eu não acredito em pesquisas, porque nunca fui entrevistado". Em ambos os casos, deve-se argumentar que o cálculo segue padrões estatísticos que garantem que a amostra é representativa do universo, sob determinadas condições. Mas isso pode não ser suficiente. Recomenda-se então, quando isso acontecer, que recalculemos a amostra assumindo graus de confiança maiores e margens de erro *a priori* menores, o que aumentará significativamente o tamanho da amostra. Um exercício interessante para as pessoas que não acreditam em pesquisa "porque nunca foram entrevistadas", como acontece muitas vezes em pesquisas eleitorais, por exemplo, é pedir a essa pessoa que divida 1 (ou seja, ela) pelo tamanho da população pesquisada e avalie seu grau de importância em relação a essa população. Entendemos que esses questionamentos são bastante comuns, se considerarmos que ninguém é obrigado a entender de estatística.

- **Objetivos da pesquisa**: o uso que se pretende dar à informação a ser obtida numa pesquisa define uma amostra maior ou menor. Se quisermos uma pesquisa com um grau de precisão maior, precisamos trabalhar com margens de erros muito próximas de zero, o que equivale a dizer que as amostras tendem a ser muito grandes. É o caso, por exemplo, das pesquisas realizadas na área da medicina, quando se quer testar novos medicamentos em seres humanos. Não se pode, nesse caso, trabalhar com amostras pequenas, pois não se pode errar muito quando o que está em jogo são as vidas das pessoas.

- **Objetivos múltiplos**: utiliza-se uma mesma pesquisa para diversos fins (cada objetivo gera uma amostra diferente). Esse caso se aplica quando se quer avaliar com mais ou menos precisão certos objetivos. As amostras, então, são calculadas de acordo com cada objetivo. Fizemos parte da equipe que implantou a telefonia celular no Brasil. Para avaliarmos aspectos relacionados à demanda de mercado em nosso país, adaptamos algumas pesquisas que foram aplicadas no Canadá quando da implantação da tecnologia naquele país. Percebemos que os objetivos eram os mesmos, mas, quando analisamos a questão do preço, verificamos que a questão referente a esse aspecto teria que ser aplicada a uma amostra maior.

- **Restrições de custo**: condicionam o tamanho da amostra. Dependendo da quantia de que dispomos para realizar a pesquisa, às vezes temos que trabalhar com uma margem de erro *a priori* maior, o que pode comprometer, de certo modo, a precisão da pesquisa. Mas é melhor termos uma amostra representativa, mesmo com uma margem de erro menor, do que não termos nenhuma representatividade em relação ao universo.

Erros que podem ser cometidos em pesquisas

Errar é humano, como diz o velho ditado. Mas quando realizamos uma pesquisa, estamos executando uma atividade cara, algumas vezes demorada, e, o que é mais importante, cujos resultados serão usados para tomadas de decisões por parte de quem a encomendou. Assim, devemos cuidar, com muito carinho, de evitar que erros possam, eventualmente, acontecer.

Em pesquisa, existem normalmente três tipos de erros: os não amostrais, os amostrais e os erros na amostragem. Vejamos a que se refere cada tipo:

Erros não amostrais

Os erros não amostrais são aqueles cometidos durante o processo de pesquisa que não sejam oriundos do tamanho e do processo de seleção da amostra. Eles decorrem de:

- **Definição errada do problema de pesquisa**: quando não sabemos definir bem o problema de pesquisa, toda a pesquisa poderá ser invalidada.

- **Definição errada da população de pesquisa**: o mesmo acontece quando definimos mal a população de pesquisa ou quando definimos parcialmente essa população. A esse respeito, vejam, neste capítulo, a parte denominada "Alguns conceitos importantes para se trabalhar com amostragem", em que detalhamos a maneira adequada de se definir uma população ou universo.

- **Não-resposta**: os erros de não-resposta constituem um tipo de erro não amostral de grande importância em qualquer pesquisa. Eles merecerão, por isso, um destaque especial mais adiante, pois se trata de um dos tipos de erros mais estudados no âmbito das pesquisas, de modo geral.

- **Instrumentos de coleta de dados mal construídos**: vejam, no capítulo que trata das metodologias de pesquisa, a parte que detalha a construção de instrumentos de coleta.

- **Escalas inadequadas**: é preciso avaliar o tipo de escala mais adequado a ser utilizado nos instrumentos de coleta, a fim de que a pesquisa consiga atingir seus objetivos.

- **Entrevistadores mal selecionados**: esse é um problema que ocorre com alguns institutos de pesquisa que não costumam selecionar bem seus entrevistadores. A seleção de entrevistadores deve levar em conta a extroversão dos candidatos, bem como sua apresentação e sua dicção, os vícios de linguagem, o uso exagerado de gírias, o timbre de voz etc. Além disso, os candidatos, depois de selecionados, devem ser submetidos a um treinamento intenso, no qual possam passar por processos de simulação das entrevistas que contemplem, inclusive, a familiarização com os instrumentos de coleta.

- **Entrevistados que se recusam a responder ou respondem de forma incorreta**: devemos lembrar que ninguém é obrigado a responder uma pesquisa. Se algum entrevistado se recusar a responder alguma pergunta ou se o entrevistador notar que ele está respondendo de forma incorreta, por má-fé, deve agradecer dispensá-lo, e repor a entrevista.

- **Inferências causais impróprias**: esse tipo de erro diz respeito muito mais a interpretações errôneas por parte do entrevistado, que pressupõe, com base em informação superficial do entrevistado, algumas causas gerando aparentemente o mesmo efeito.

- **Processamento**: quando se processa a informação, as ferramentas que permitem esse processamento devem ser claras, gerar gráficos e tabelas fáceis de serem interpretadas e, quando se tratar de respostas abertas ou entrevistas em profundidade ou grupos focais, relatar os achados da pesquisa de forma clara e sem excessos de rebuscamento que prejudiquem a informação obtida.

- **Análises**: as análises devem ser concisas e feitas por quem encomenda a pesquisa, não pelo instituto que a aplicou, a menos que o demandante ache interessante que a empresa de pesquisa participe da análise juntamente com ele. Sobre a análise, falaremos mais adiante.

- **Interpretação**: interpretação errada leva a resultados errados. Portanto, devemos ter o máximo cuidado com nossas interpretações. Quando aparecer alguma dúvida com relação à informação obtida, devemos discuti-la com outros especialistas, a fim de esclarecê-la.

Erros amostrais

Esses erros ocorrem em função do número de elementos da amostra e do processo de seleção desses elementos. Vale lembrar que, se desejarmos uma amostra mais precisa, devemos trabalhar com uma margem de erro admitida *a priori* menor, o que implica que a amostra deverá ser maior. Quanto maior o tamanho da amostra, portanto, menores serão os erros amostrais. Estarão sob o controle do pesquisador, quando a amostragem for probabilística. Como informamos anteriormente, quando estiverem em dúvida quanto a que margem de erro *a priori* estabelecer, trabalhem com ± 5%.

Erros cometidos no processo de amostragem

Os erros na amostragem, como o próprio nome diz, referem-se ao processo de amostragem em si. Eles ocorrem, em geral, por causa da:

- **Utilização do processo de amostragem não probabilístico**: esse processo, embora seja o mais usado, na maioria das vezes, em face da conveniência e do julgamento como base para a escolha da amostra, pode gerar um viés causado pelo entrevistador.

- **Utilização de listagens da população em estudo incorretas ou incompletas**: como em nosso país nem sempre as listas são de boa qualidade ou nem sempre são atualizadas, e quando são, nem sempre são acessíveis, tende a ser mais difícil trabalhar com amostragem probabilística. O rigor estatístico, como afirmam certos estatísticos, pode, então, ficar prejudicado. Na dúvida, partimos para o uso da amostragem não probabilística, com todas as suas possíveis deficiências.

- **Localização errada da unidade a ser pesquisada**: se entrevistamos pessoas em unidades amostrais localizadas fora do âmbito da pesquisa, esta pode ser invalidada, e o dinheiro gasto na atividade, jogado fora.

Os erros de não-resposta

Os erros de não-resposta surgem em função da impossibilidade de se obterem respostas de elementos da amostra. São comuns em pesquisas realizadas pela Internet, por *e-mail*, pelo correio ou por encartes em revistas e jornais.

Constituem-se numa das maiores fontes de erros não amostrais em pesquisas de comunicação e *marketing*, caracterizados por recusas, mudanças de endereço e ausência, ausência momentânea da pessoa com a qual a entrevista deve ser conduzida, esquecimento, falta de interesse ou mesmo preguiça em responder a pesquisa.

Sobre a questão das respostas de questionários enviados por *e-mail* e pelo correio, verificou-se que, em que pese haver muitos estudos a respeito (FRANKEL, 1960; WATSON, 1965; LINSKY, 1965; CHAMPION e SEARS, 1969; LINSKY, 1975; PAOLILLO e LORENZI, 1984; HUBBARD e LITTLE, 1988; MEHTA, 1995; DILLMAN, 2000; KAPLOWITZ, HADLOCK e LEVINE, 2004, entre outros), parece não haver consenso sobre um padrão que possa ser considerado ótimo para as respostas a os questionários autopreenchidos, sejam eles enviados por um meio ou por outro.

Heberlein e Baumgartner (1978) analisaram as taxas de resposta em 98 estudos realizados por via postal e encontraram uma taxa de resposta de 60%, enquanto que a taxa inicial de resposta foi de 48%.

Paolillo e Lorenzi (1984) estudaram a taxa de resposta de questionários autopreenchidos enviados pelo correio a partir do uso de incentivos monetários, e chegaram à conclusão de que tais incentivos contribuem significamente para o aumento das respostas. Sua pesquisa mostrou os resultados da Tabela 3:

Tabela 3 - Índices de resposta por grupo de tratamento.

GRUPO DE TRATAMENTO	NÚMERO DE RESPOSTAS	TAXA DE RESPOSTA
Sem incentivo (controle) (n=100)	36	36%
Com um incentivo de US$ 1.00 (n=100)	65	65%
Com um incentivo de US$ 2.00 (n=100)	41	41%
Com o incentivo de que quem respondesse concorreria a algum sorteio (n=100)	33	33%

Fonte: Paolillo e Lorenzo (1984, p. 47).

Forsgren (1989), em seu estudo para avaliar a taxa de resposta de pesquisas postais empreendidas por pequenas empresas, sugere que as taxas de respostas para tais pesquisas podem ser incrementadas se: o questionário for percebido como atual e importante; incentivos monetários pré-pagos forem oferecidos; apelos (a uma população de negócios) forem altruístas; forem usadas cartas ou postais como preparação de apoio; for incorporado um *design* apropriado ao instrumento de coleta; for garantido anonimato quando questões consideradas sensíveis forem feitas; e forem usados envelopes selados para o retorno.

Ratneshwar e Stewart (1989), ao estudarem a questão da não-resposta em pesquisas pelo correio, perceberam que há diferenças nos níveis de educação e nas capacidades de comunicação entre respondentes e não-respondentes. Ambos eram mais baixos no caso dos não-respondentes. Descobriram ainda, Ratneshwar e Stewart (1989), que havia diferenças significativas no nível de interesse entre respondentes e não-respondentes, quanto aos assuntos objetos do questionário. Lembram ainda, Ratneshwar e Stewart, (1989) os estudos de Mayer e Pratt (1966), que encontraram diferenças nas taxas de recusa entre respondentes potenciais, dependendo do nível e/ou da natureza do envolvimento pessoal no assunto do questionário.

Outro ponto importante do estudo de Ratneshwar e Stewart (1989) é a questão da devolução das correspondências enviadas. Alertam os autores que a percentagem de resposta é calculada, na maioria das pesquisas, com base na correspondência "líquida", ou seja, a correspondência total enviada menos a correspondência devolvida pelo correio. Desse modo, o respondente potencial que não é acessado é, também, provavelmente excluído do que é denominado pelo CASRO Task Force[1] como "número de unidades elegíveis para compor a amostra"[2], que é o denominador na definição da taxa de resposta (CASRO Task Force, 1982). Foi percebido, no estudo de Ratneshwar e Stewart (1989), que um terço das correspondências devolvidas era devido a desatualizações em endereços de listas telefônicas. Outra importante contribuição do estudo de Ratneshwar e Stewart (1989) foi a observação quanto às técnicas que se mostraram mais efetivas para o incremento das taxas de resposta iniciais (primeira onda):

1. Pré-contato de respondente potencial pelo correio, por telefone etc.

2. Tipo de postagem da correspondência, tanto no envio quanto no retorno. As correspondências de maior impacto eram as aéreas e as especiais; envelopes selados são sempre mais efetivos.

3. Incentivos em dinheiro anexados. Essa é a única técnica que se mostrou efetiva em várias situações de pesquisa. Tipicamente, montantes tão pequenos quanto um quarto de dólar mostraram-se efetivos para aumentar as taxas de resposta.

4. A organização que aparece como patrocinadora do estudo e o título da pessoa que assina a carta de apresentação parecem ser importantes, em muitos casos.

O estudo de Ratneshwar e Stewart (1989) apontou ainda a importância do *follow-up* para o aumento da taxa de resposta, seja ele feito por telefone, carta ou telegrama.

Faria e Dickinson (1992) desenvolveram um estudo sobre a resposta das pesquisas pelo correio e perceberam que os questionários enviados justamente com cartas com envelope pago contendo o logotipo da empresa patrocinadora da pesquisa geraram um índice de resposta de 24,4%.

---

[1] CASRO é a sigla para o *Council of American Survey Research Organizations*, **que é a associação comercial das organizações de pesquisa dos Estados Unidos**, representando mais de 300 empresas e operações de pesquisa naquele país.

[2] Tradução livre do autor para "*number of eligible reporting units in sample*".

A pesquisa com abordagem quantitativa

Chebat e Cohen (1993), ao estudar a velocidade de resposta das pesquisas pelo correio, verificaram que os incentivos monetários estimulam muito mais um aumento nas taxas de resposta, bem como em sua velocidade, do que uma carta de pré-notificação ou do que a ausência de incentivos. O efeito dos incentivos sobre os respondentes varia em função da região em que vivem, gerando um viés de amostra. Respondentes de áreas ricas apresentaram índices de resposta mais altos aos dois tipos de incentivos do que os respondentes de áreas mais pobres.

Schuldt e Totten (1994), ao realizar um estudo comparativo entre as pesquisas por *e-mail* e as pesquisas postais, verificaram que o *e-mail* apresenta os seguintes prós e contras, conforme mostrado no Quadro 18:

**Quadro 18 - Prós e contras do uso de *e-mails*
como instrumento de pesquisa.**

PRÓS	CONTRAS
Eliminação de problemas com fuso horário.	Os recebedores de *e-mails* têm que assinar algum sistema de *e-mail*.
Não exige o uso de papel (ambientalmente correto).	A população-alvo deve ser finita.
É rápido e fácil de usar.	Rígidos requisitos-chave exigem endereçamentos claros, simples e corretos.
O envio é certo.	A compatibilidade de sistemas é um problema potencial.
O custo é razoável.	A configuração da forma sobre o sistema pode limitar o tamanho da pesquisa.
Flexibilidade na resposta (*e-mail*, correio ou *fax*).	O fator humano – medo de computadores, inexperiência com *e-mails* – pode constituir um viés de resposta.

Fonte: Schuldt e Totten (1994, p. 6).

Os resultados do estudo de Schuldt e Totten (1994) mostraram que a pesquisa postal (envio de questionários pelo correio) revelou-se mais eficiente em termos de retorno do que os questionários enviados por *e-mail*. Afirmam os autores que ficaram "desapontados, mas não surpresos, com a baixa taxa de resposta do *e-mail*" (SCHULDT e TOTTEN, 1994, p. 5), uma vez que as respostas, em princípio, eram decorrentes de pessoas que tinham um interesse maior em tecnologia do que a média dos respondentes.

Os estudos de Tse (1998) comparando a taxa, a velocidade e a qualidade de resposta de questionários enviados por *e-mail* e pelo correio a pessoas de Hong Kong mostraram que as pesquisas por *e-mail* podem fornecer taxas de reposta mais rápidas, embora mais baixas, e que as qualidades de resposta são as mesmas nos dois grupos pesquisados: o que foi contatado por *e-mail* e o que foi contatado pelo correio. A razão pela qual o índice de resposta das pesquisas por *e-mail* é mais baixo poderia provavelmente ser atribuído ao fato de que o *e-mail* é uma nova tecnologia com a qual o público de Hong Kong em geral ainda tem que se acostumar. De 300 questionários enviados por *e-mail*, foram obtidas apenas 111 respostas, o que dá uma taxa de 37%. A evidência mostrou que as pesquisas pelo correio levavam a um índice de resposta mais alto do que o das pesquisas por *e-mail*, da ordem de 52%.

Kaplowitz, Hadlock e Levine (2004) estudaram a aplicação de pesquisas pela Internet, verificando que estas chegaram a uma taxa de resposta comparável à de questionários enviados pelo correio, quando ambas eram precedidas por uma notificação prévia postal tradicional. Uma notificação postal como lembrete teve um efeito positivo na taxa de resposta à aplicação de pesquisas pela Web, em comparação a um tratamento em que os respondentes recebem apenas um *e-mail* contendo um *link* para as pesquisas. Tais lembretes não produziram taxas de respostas maiores à pesquisa pela *Web* para os respondentes que recebiam uma pré-notificação por *e-mail*.

Yi, Hong, Ohrr e Yi (2004) promoveram um estudo comparativo entre a taxa e o tempo de resposta de diversos métodos de pesquisa utilizados pela Korean Medical Insurance Corporation (KMIC) e por médicos coreanos, e chegaram à conclusão que em seu estudo os índices de resposta foram comparativamente altos. As taxas de resposta entre 16,5 mil beneficiários da KMIC e 21,6 médicos foram de 55,3% e 54,4%, respectivamente.

Processamento dos dados

O processamento de dados é uma série de atividades executadas ordenadamente, que resultará em uma espécie de arranjo da informação obtida, em que inicialmente são coletados dados, que passam por uma organização e que, no final do processo, resultarão no objetivo que o usuário ou sistema pretende utilizar. Os dados, uma vez processados, transformam-se em informação. Na visão de Davenport (1998), a informação são dados dotados de relevância e propósito. Segundo Mattar (1992), o processamento de dados compreende os passos necessários para transformar os dados brutos coletados em informação (dados processados) que permitirá a realização das análises e interpretações.

A obtenção inicial de dados e seu processamento podem ou não ser realizados por meio de métodos computacionais e tecnológicos, assim como qualquer outra forma de escrita e catalogação. Ao colecionarmos figurinhas, por exemplo, obtemos uma série de dados aleatórios. Quando as catalogamos, as organizamos e as colocamos em um álbum de modo ordenado ou agrupado segundo algum critério, passamos a ter informação pertinente ao tema desejado. No contexto do processamento de dados, então, podemos defini-los como a matéria-prima obtida em uma ou mais fontes, e a informação como sendo o resultado do processamento, ou seja, a informação final é o dado processado. Um computador é uma máquina que possui um sistema de coleta de dados, os quais são manipulados (processados) e, em seguida, seus resultados são apresentados como informação.

Mattar (1992) propõe cinco fases do processamento de dados: crítica, checagem, codificação, digitação e tabulação.

A **crítica**, segundo o autor, tem como função básica impor um padrão de qualidade aos dados brutos, de forma que a precisão seja a máxima, e as ambiguidades, mínimas. Ela envolve a inspeção e, se for o caso, a correção de cada instrumento de coleta preenchido, e deve ser efetuada em 100% dos questionários aplicados. Quando necessário, envolve entrar novamente em contato com respondentes, para esclarecer respostas duvidosas e/ou inconsistentes. Ainda segundo Mattar (1992), a crítica pode ser feita no próprio campo ou no escritório. No primeiro caso, ela deve ser realizada logo após a entrega do instrumento pelo entrevistador, de forma a possibilitar a correção de problemas mais evidentes, como erros no preenchimento, omissões e ilegibilidades. No segundo caso, a crítica envolve um trabalho mais detalhista e intenso do que o realizado no campo e exige conhecimentos profundos dos objetivos e procedimentos da pesquisa. A crítica deve analisar e avaliar se cada instrumento preenchido está completo, legível e compreensível, uniforme, consistente e preciso.

A **checagem** tem como principal objetivo avaliar a qualidade e a veracidade do trabalho de campo. Além desse objetivo principal, Mattar (1992) destaca os seguintes objetivos específicos do processo de checagem:

- Confirmar se a entrevista foi efetivamente realizada.
- Verificar se a entrevista foi realizada respeitando-se os filtros estabelecidos.
- Confirmar se a entrevista foi realizada com a pessoa certa.
- Verificar se há consistência nas respostas obtidas no questionário, realizando novamente a entrevista e comparando os resultados.
- Corrigir eventuais erros e dúvidas nas respostas.
- Obter respostas a perguntas que não foram respondidas.

A checagem compreende entrar em contato com uma amostra de entrevistados de cada entrevistador, que pode variar entre 10% e 30% do total da amostra pesquisada. Mattar (1992) divide o processo de checagem em **simples**, quando o objetivo é apenas confirmar os dados obtidos na entrevista, e **técnico**, quando há necessidade de corrigir, completar ou entender alguma resposta.

A **codificação** é o procedimento técnico pelo qual os dados são categorizados. Por meio dela, transformamos os dados brutos em símbolos que possam ser contados e

168 | *Pesquisa de mercado*

tabulados. Os procedimentos para a codificação serão diferentes se as respostas a serem codificadas forem de uma questão fechada ou aberta.

Dois exemplos de questões fechadas pré-codificadas são apresentados por Mattar, conforme o Quadro 19, a seguir:

Quadro 19 - Exemplos de questões fechadas pré-codificadas.

Sexo:	
Masculino	
Feminino	
QUAL SEU ESTADO CIVIL?	
Solteiro	
Casado	
Desquitado/ divorciado/ separado	
Viúvo	

Fonte: Mattar (1992).

A codificação para questões abertas é um pouco mais complexa e consiste em codificar as respostas verbais dadas pelos respondentes durante a entrevista, o que pode ser feito, normalmente, por meio de dois procedimentos: preparar, *a priori*, um esquema de codificação bem desenvolvido; e esperar pelo término do campo e, a partir das verificações das respostas, ir construindo paulatinamente o esquema de codificação.

Mattar (1992, p. 44) apresenta ainda algumas regras e convenções para a codificação de respostas:

- As opções de respostas precisam ser mutuamente exclusivas e coletivamente exaustivas.
- Preferir sempre coletar dados em categorias mais desagregadas do que, a princípio, se prevê necessitar.

- Na definição do corte de variáveis contínuas (se a preferência for trabalhar com intervalos predefinidos), observar os seguintes pontos:
  - » em quantas categorias a variável deve ser subdividida, tendo em vista o plano de análises previamente estabelecido;
  - » o que facilita a análise: estabelecer categorias de intervalos iguais (0-9, 10-19 etc.) ou categorias com igual número de casos (10% 0-2, 10% 3-10 etc.);

A pesquisa com abordagem quantitativa

» os extremos das categorias devem ser abertos (abaixo de 9; 65 e mais) ou devem ser criados intervalos fechados até esgotar todas as possibilidades.

- Obedecer às seguintes convenções para o processamento eletrônico que facilitarão a codificação, a digitação, o processamento e a análise dos dados:

» utilizar somente códigos numéricos, não usar nenhum caractere especial nem deixar nenhuma resposta em branco;

» utilizar uma coluna do *layout* da planilha eletrônica para cada variável;

» utilizar códigos diferentes para não-resposta (*missing*) e para pulo;

» nunca utilizar o zero como opção de resposta, pois isso pode gerar muita confusão no processamento; estabeleça e utilize um código padronizado para diferentes tipos de não-respostas, como, por exemplo (Quadro 20):

Quadro 20 - Exemplo de uso de códigos.

TIPO DE NÃO-RESPOSTA	CÓDIGO		
Não sabe / Não tem opinião	90	ou	-1
Não respondeu / Recusa	91	ou	-2
Não se aplica	92	ou	-3
Dado excluído pela crítica	93	ou	-4

Fonte: Mattar (1992).

Dos dois conjuntos de possibilidades exemplificadas, a utilização de códigos com números negativos é mais segura.

- Todo o conjunto de respostas de um mesmo instrumento precisa estar devidamente identificado na planilha eletrônica de dados.

- Em perguntas fechadas com respostas múltiplas, deve ser utilizada, para codificação, cada opção de resposta como uma pergunta simples, cujas respostas possíveis sejam "sim", código 1, ou "não", código 2, e reservada uma coluna da planilha eletrônica para o registro de cada opção de resposta.

O autor apresenta um exemplo do uso de regras e convenções para a codificação (Quadro 21):

Quadro 21 - Exemplo do uso de regras e convenções de codificação.

Dos itens apresentados a seguir, assinale aqueles que você leva em consideração na escolha do café que consome:					
		10			**14**
Pureza	Sim	1	Textura	Sim	1
	Não	2		Não	2
		11			**15**
Sabor	Sim	1	Torrefação	Sim	1
	Não	2		Não	2
		12			**16**
Aroma	Sim	1	Embalagem	Sim	1
	Não	2		Não	2
		13			**17**
Qualidade	Sim	1	Marca	Sim	1
	Não	2		Não	2

Fonte: Mattar (1992).

Mattar (1992) sugere que, assim que os dados estiverem digitados e armazenados no banco de dados e antes de iniciar a tabulação/processamento, sejam realizadas uma crítica eletrônica e uma depuração dos dados de possíveis erros e inconsistências que não tenham sido percebidos nas críticas no campo e no escritório.

Entre os tipos de crítica eletrônica, o autor destaca:

- **A crítica de valores estranhos**: nessa verificação, devemos fornecer comandos ao computador, de modo que nos aponte valores de cada variável que não tenham sido previamente estabelecidos na codificação e no programa para a entrada e a saída dos dados. Por exemplo: para a variável "estado civil" há somente cinco códigos legítimos, sendo que o quinto corresponde à não-resposta. Um comando deve ser dado ao computador para que ele aponte qualquer outro dígito que seja diferente dos cinco dígitos legítimos que constituem o código.

- **A crítica de consistência, ou seja, à coerência que deve haver entre os dados de um mesmo conjunto**: pode ser efetuada pelo computador a partir do estabelecimento, pelo pesquisador, de um programa de consistência com as variáveis-chave de sua pesquisa.

A pesquisa com abordagem quantitativa

Devem ser identificadas as variáveis em que as ocorrências de uma, necessariamente, implicam as ocorrências de outra, como, por exemplo, alguém que tenha respondido a uma pergunta não apreciar os programas atuais da televisão e em outra afirmar que nunca possuiu um televisor ou outro meio de acesso à televisão.

- **A crítica de valores extremados, ou seja, valores registrados que fogem completamente ao campo de variação tido como normal para uma variável:** por exemplo, em uma pergunta a respeito do número de automóveis que uma família possui, o pesquisador pode estabelecer como padrão máximo o número de cinco automóveis. O computador apontará todos os casos que excederem a esse número para a confirmação ou exclusão mediante consulta ao instrumento e julgamento do pesquisador.

Tabulação de dados

A tabulação consiste em inserir os dados em uma planilha, no formato de banco de dados, conforme mostrado na tabulação por variável da Tabela 4:

Tabela 4 - Tabulação por variável.

#	Departamento	Motivação	Remuneração	Rel. Interpessoal
1	Financeiro	8	3	9
2	Financeiro	7	2	8
3	Financeiro	4	5	7
4	Produção	5	7	9
5	Marketing	7	4	9
6	Produção	8	6	10
7	Produção	6	7	8
8	Produção	4	8	8
9	Recursos Humanos	6	5	7
10	Recursos Humanos	8	3	7

Fonte: Corrêa, 2008.

A tabulação dos dados pode ser feita de forma manual ou informatizada, e serve para calcular diversas variáveis estudadas na pesquisa e organizá-las em tabelas, gráficos ou esquemas.

A tabulação manual de uma pesquisa realizada com um número grande de pessoas é cansativa e trabalhosa. Por esse motivo, é indicado o uso de um sistema de tabulação informatizado. Há diversos aplicativos e *softwares* utilizados para a tabulação de pesquisas. Um dos mais utilizados por estatísticos e pesquisadores é o SPSS, sigla para *Statistical Package for Social Science for Windows* (http://www.spss.com), ou, em português, "Pacote Estatístico para as Ciências Sociais".

O SPSS

O SPSS é um *software* para análise estatística de dados, desenvolvido em um ambiente amigável (Windows), que se utiliza de menus e janelas de diálogo e que permite realizar cálculos complexos e visualizar seus resultados de forma simples e autoexplicativa. É um programa de computador que inclui variadas aplicações, de modo a facilitar a tomada de decisão. Por meio do SPSS, os dados podem ser transformados em informação importantes que proporcionam, entre outras vantagens, a redução de custos e o aumento da lucratividade.

A primeira versão do SPSS data de 1968 e, desde então, vem sendo aprimorada a cada nova edição. Sua utilização exige dos usuários um conhecimento prévio de técnicas estatísticas de exploração de dados. Ainda que esse requisito seja exigido, podemos afirmar que a organização de dados e a análise estatística possibilitadas pelo SPSS são de utilização relativamente simples, **desde que se tenha familiaridade com esses aspectos**. Uma desvantagem do SPSS é que não há versões em português, o que exige do usuário conhecimento de inglês técnico.

Uma tela de uso do SPSS é mostrada na Figura 39:

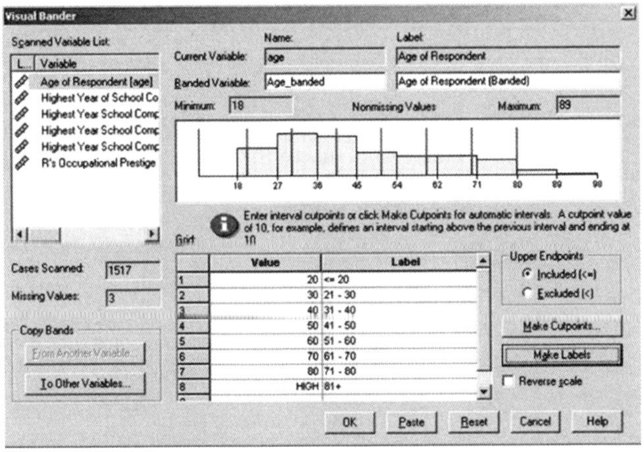

Figura 39 - Tela de uso do SPSS.
Fonte: Cunha, Amaral e Dantas (2015).

O Sphinx

Outro *software* utilizado para a aplicação e tabulação de pesquisas é o Sphinx (http://www.sphinxbrasil.com), considerado o *software* mais simples de se utilizar, tendo em vista sua linguagem bastante direta e objetiva, e a facilidade que oferece de digitação e tabulação dos dados e a análise da informação. O *software* ajuda desde a elaboração do questionário até a elaboração dos relatórios finais da pesquisa, e os gráficos.

A Figura 40 mostra a tela de cadastro de questões no Sphinx:

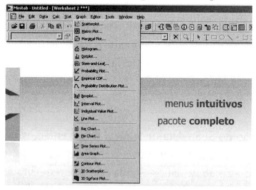

Figura 40 - Tela de cadastro de questões no Sphinx.
Fonte: http://www.sphinxbrasil.com.br.

A última versão do Sphinx conta com uma ferramenta de análise léxica, que ajuda na interpretação e agrupamento das respostas abertas, analisando o texto das respostas quanto à quantidade e densidade de palavras utilizadas.

O Minitab

Outro *software* bastante usado para a tabulação de pesquisas é o Minitab (http://www.minitabbrasil.com.br/), cuja tela de uso é mostrada na Figura 41:

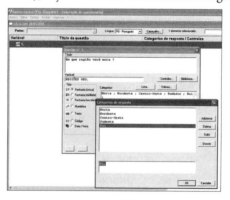

Figura 41 - Tela de uso do Minitab.
Fonte: http://www.minitabbrasil.com.br.

O SPSS e o Minitab são *softwares* de uso mais complexo, e que demandam, como já alertamos, certa familiarização com conceitos estatísticos. São *softwares* mais técnicos, que, por isso, possuem uma série de recursos adicionais, principalmente no que tange aos testes de hipóteses. São *softwares* normalmente utilizados em pesquisas acadêmicas, ou quando o grau de informação necessária é mais complexo. Assim, dificilmente esses *softwares* são usados em pesquisas mais simples.

O Excel

A tabulação de dados quantitativos pode também ser realizada utilizando-se uma planilha eletrônica, como o Microsoft Excel (http://www.microsoft.com), por exemplo. O Excel é um aplicativo de planilha eletrônica desenvolvido e produzido pela Microsoft, tanto para computadores que utilizam o sistema operacional Microsoft Windows, quanto para computadores Macintosh, da Apple Inc. Seus recursos incluem uma interface intuitiva e diversas ferramentas que permitem o cálculo e a construção de gráficos. Pode-se afirmar, sem grandes exageros, que o Excel é um dos aplicativos de computador mais populares até hoje, constituindo-se o aplicativo de planilha eletrônica dominante no mundo organizacional desde sua versão 5, em 1993, e de sua inclusão como parte do pacote Microsoft Office, composto por ele, pelo editor de texto Word, pelo aplicativo gráfico Power Point e pelo banco de dados Access. A tabulação de dados por meio do Excel é bastante simples e, levando-se em conta que o aplicativo não tem muitos recursos estatísticos, não permite a realização de testes mais complexos, ou mesmo de certos cruzamentos de variáveis que às vezes são necessários para se ter uma informação mais precisa.

A Figura 42 mostra um banco de dados estruturado em uma planilha do Excel:

	A	B	C	D	E	F	G	H	I
1	Ref.	Distrito	Setor	Nome Entrevistador	Sexo1	Sexo2	Idade	Escolaridade	B61
2	1	73	137	Dora	F	F	53	2	S
3	2	73	137	Dora	F	M	50	1	N
4	3	73	137	Dora	F	F	41	1	N
5	4	73	137	Dora	F	M	64	1	S
6	5	73	137	Dora	F	F	55	1	S
7	6	73	137	Dora	F	F	53	1	S
8	7	73	137	Dora	F	M	48	1	N
9	8	73	137	Dora	F	F	46	2	S
10	9	73	137	Dora	F	F	44	0	N
11	10	73	137	Dora	F	M	45	1	S
12	11	73	137	Dora	F	F	40	1	S
13	12	73	137	Dora	F	F	49	1	S
14	13	73	137	Dora	F	M	43	1	N
15	14	73	137	Dora	F	F	40	2	S
16	15	73	137	Thereza	M	M	51	1	N
17	16	73	137	Dora	M	M	44	1	S
18	17	73	137	Dora	F	F	40	1	S
19	18	73	137	Bruno	F	M	51	1	S
20	19	73	137	Bruno	M	F	47	2	S

Figura 42 - Banco de dados estruturado no Excel.
Fonte: Cunha, Amaral e Dantas (2015).

A tabulação de dados de pesquisas realizadas pela Internet

Com a popularização da Internet e a facilidade de acesso a essa rede de informação, foram desenvolvidos vários aplicativos para a realização de pesquisas especialmente para ela. A vantagem do uso da Internet é que as pesquisas, além de saírem mais baratas – já que, em essência, é criado um *hotsite*, divulgado nas redes sociais, que gera, portanto, uma grande "viralização", que resulta em um grande número de respostas em um pequeno espaço de tempo –, possibilitam a rápida tabulação dos dados, cuja facilidade já está implícita nesses aplicativos.

Destacamos, a seguir, alguns dos aplicativos mais utilizados para pesquisas via Internet.

O SurveyMonkey

O SurveyMonkey é, talvez, a mais popular ferramenta de questionário *on-line* do mundo. A simplicidade de seu uso facilita o envio gratuito de questionários, enquetes, *feedback* de clientes e pesquisas de mercado via Internet, além de permitir o acesso a exemplos de questões e modelos profissionais de pesquisas.

Trata-se, portanto, de um dos sistemas profissionais mais utilizados para a realização de enquetes e outros tipos de pesquisa *on-line*. A empresa que o desenvolve estima em mais de 20 milhões o seu número de usuários. Embora grande parte de suas funcionalidades mais sofisticadas só esteja disponível em versões pagas, é possível experimentá-lo com um questionário de dez perguntas, aberto a até 100 respostas. Os planos remunerados permitem o acesso ao conjunto de ferramentas oferecidas pelo sistema, que envolvem, entre outras: possibilidade de filtragem e cruzamento de respostas; uso de recursos como aleatoriedade ou lógica de ramificação na concepção do questionário; análise de texto para perguntas com resposta aberta; e identificação de relevância estatística entre as opções de respostas disponíveis.

Não há um *ranking* de popularidade dos sistemas, que são bastante numerosos: uma década atrás, Sue e Ritter (2007, p. 153-166) elencaram mais de 300 opções de *softwares* e *hosts* de pesquisa na Internet. Desde então, surgiram muitas alternativas. O GoogleForms, por exemplo, tornou-se muito utilizado para pesquisa acadêmica ou com fins comerciais, a partir de sua incorporação às ferramentas do Google Drive, em 2012. Gratuito e fácil de usar, mas com poucas funcionalidades destinadas a facilitar a análise dos dados, esse sistema costuma ser explorado por estudantes de graduação antes de migrarem para opções mais complexas, mas pagas.

As funcionalidades para criação de questionários no SurveyMonkey são valiosas. Uma biblioteca oferece modelos de instrumentos para distintas finalidades e permite a "customização" tanto dos temas quanto de cada questão ou suas respectivas opções. Se o usuário deseja criar um questionário novo, e não a partir de um modelo, pode ainda assim recorrer a um banco de perguntas certificadas, cuja consistência foi testada em levantamentos anteriores. Se preferir criar cada questão, o sistema oferece dez possibilidades de desenvolvê-la, com opções como múltipla escolha, lista suspensa, escala de avaliação ou respostas abertas.

Desse modo, é fácil criar questionários *on-line* a partir do zero, usando o SurveyMonkey. O aplicativo oferece a opção de escolha de questões certificadas em seu banco de questões, que é como é chamada sua biblioteca de modelos de questões. Esse banco de questões estava disponível até 2013, apenas em inglês, português e holandês, mas já está sendo traduzido para outros idiomas. Podemos, por meio dele, personalizar a aparência e a sensação de nossos questionários, adicionando logotipos, nome da empresa, cores e imagens. Podemos criar nossa própria URL de questionário e direcionar o público-alvo da pesquisa a uma página de destino promocional, tão logo o questionário seja concluído.

Para a coleta de dados, o sistema permite a distribuição em diferentes estratégias: inclusão em *site* próprio do projeto de pesquisa, distribuição de *link* para possíveis interessados, disseminação do instrumento por *e-mail*, incorporação do questionário a página de *Facebook*, entre outras possibilidades. Isso permite ao pesquisador optar entre diversificar ou não suas estratégias de coleta e, em caso de diversificação, monitorar a eficácia de cada uma delas.

Na pesquisa de perfil dos jornalistas brasileiros, por exemplo, Mick e Lima (2013) combinaram cinco coletores: um na página da pesquisa, liderada pela UFSC; outro na *fanpage* da pesquisa no *Facebook*; um *link* para o questionário incluído nas notícias sobre o levantamento publicadas em vários veículos dirigidos à categoria; um convite enviado por *e-mail*; e um coletor específico para monitorar a evolução de respostas de profissionais de São Paulo.

As funcionalidades para análise de dados foram aprimoradas pela SurveyMonkey nos últimos anos. Passaram, por exemplo, a incluir a possibilidade de acompanhar a tendência dos dados ao longo do tempo, de acordo com o ritmo da coleta de respostas (isso é particularmente útil para a análise de ações de *marketing* destinadas a mudar a percepção do público sobre determinado tema; numa campanha eleitoral, por exemplo, pode-se aferir se dada ação política desencadeada no curso da coleta de dados produziu ou não impacto sobre a rejeição ou a aprovação de determinado candidato). As funcionalidades também permitem todos os tipos de filtragem e cruzamento e, nestes, podem indicar a relevância estatística das variáveis, quando ocorrer.

A pesquisa com abordagem quantitativa

A ferramenta permite ainda adicionar cotas para encerrar o questionário, assim que se houver alcançado o número desejado de respostas. É possível definir uma data e uma hora de corte, exigir uma senha e restringir as respostas a apenas uma por endereço IP, ou admitir respostas infinitas por endereço IP para laboratórios de informática e quiosques. Podemos ainda obter respostas com uma URL acessível, incluindo nosso *link* em *e-mails*, *sites*, no *Twitter*, no *Facebook* e muito mais. Todos os modelos de questionários do SurveyMonkey atendem à Seção 508 das normas de acessibilidade dos Estados Unidos da América (EUA) [3], além de ficarem bem apresentados em praticamente qualquer dispositivo. O aplicativo possibilita a obtenção de *insights* em tempo real, com tabelas e gráficos, a segmentação de dados com filtros e tabulações cruzadas. Com ele, podemos ainda baixar os resultados com diversas opções de exportação. Os dados estão seguros e protegidos por reconhecidos selos de confiança *on-line*, que incluem a Norton (anteriormente VeriSign), a TRUSTe, a McAfee e o Better Business Bureau.

O SurveyMonkey permite os seguintes tipos de questionários *on-line*:

- questionários de negócios;
- questões de questionários certificadas;
- questionários de clientes;
- questionários de lealdade do cliente;
- avaliações e pesquisas com funcionários;
- questionário de pesquisa de clima organizacional;
- questionários sobre planejamento de eventos;
- questionários de RH e treinamento;
- questionário de satisfação com o trabalho;
- questionários de pesquisa de *marketing*;
- questionários sobre pesquisa de mercado;
- medição e testes questionários de pesquisa médica;
- questionários sem fins lucrativos;
- votações *on-line*;
- questionário de pesquisa de opinião sobre produtos;
- questionários de educação;
- questionários divertidos.

---

[3] A Seção 508 do *U.S. Rehabilitation Act* contém uma série de diretrizes de acessibilidade do Governo dos EUA para uma ampla variedade de fontes e tecnologias de informação.

Outra facilidade muito utilizada que o aplicativo provê é a possibilidade de integrar nossos questionários com seu aplicativo para *Facebook*. Por meio dela, podemos saber o que pensam nossos amigos, do que eles gostam ou não gostam, além de incorporar, de modo bastante amigável, um questionário diretamente em nossa página de fãs ou postar um *link* de questionário em nosso mural. Para isso, criamos nosso questionário com o SurveyMonkey, escolhemos a opção de coletor do *Facebook* para enviar nosso questionário, incorporamos nosso questionário em nossa página de fãs ou postamos um *link* em nosso mural. Assim, podemos, entre outras coisas, explorar nossas redes sociais, obtendo *insights* de clientes, fãs, funcionários e amigos, diretamente no *Facebook*. Os resultados podem vir em formatos que podemos analisar, como gráficos e relatórios incluídos. Os questionários do *Facebook* permitem que alcancemos facilmente um público-alvo, para descobrir o que nossos amigos e fãs pensam de nossa marca, nossa ideia, nossos produtos e muito mais.

Como todo sistema, o SurveyMonkey tem seus limites. Um deles é não permitir a clonagem de uma base de dados, ou seja, sua duplicação no próprio sistema, o que facilitaria a realização e a comparação de estudos baseados em recortes das amostras. (Pode-se baixar os dados e fazer a análise de segmentos *off-line*, nos *softwares* mais utilizados para isso, como planilhas ou SPSS e PSPP, mas não no próprio SurveyMonkey.) Outro limite importante é que não há funcionalidades para análise estatística avançada – qui-quadrado ou coeficiente de correlação, por exemplo.

O Google Docs

O Google Docs é outro aplicativo para pesquisas *on-line* bastante utilizado nos dias atuais. Ele foi desenvolvido para suprir uma deficiência bastante comum nos aplicativos via Internet, prejudicados pela insegurança que as pessoas sentiam ao enviar formulários de pesquisa por *e-mail* a uma lista de contatos, por motivos de segurança dos próprios destinatários. A realização de pesquisas qualitativas, quantitativas e a solicitação para atualização de cadastro não eram viáveis em todos os programas de *e-mail*. Alguns desses programas não deixam os formulários de mensagens funcionar, porque esse seria um mecanismo muito fácil para *spammers* e criminosos conseguirem os dados pessoais (e sigilosos) de várias pessoas.

Com o Google Docs, podemos montar nossa própria pesquisa *on-line* (e sem custo), já que ele, além de documentos de texto e planilhas, permite criar páginas de formulários que funcionam muito bem para essa modalidade de pesquisa.

As únicas desvantagens em usar o Google Docs para pesquisas *on-line* são:

- É preciso contabilizar as respostas de cada usuário manualmente.

A pesquisa com abordagem quantitativa

- Não é possível usar um *template*[4] de página criado por nós mesmos, nem usar nossa marca nos *templates* disponíveis.

- Não é possível condicionar o aparecimento de novas questões em função das respostas de questões anteriores.

Se pudermos superar esses pequenos defeitos, perceberemos que o Google Docs pode ser um importante aliado de suas ações de *e-mail marketing*, bastando para isso que tenhamos uma conta *Google*, acessemos o Google Docs e cliquemos no botão "Criar Novo Formulário". Daí em diante, basta preencher os campos conforme a estrutura de pesquisa que desejamos criar. Damos um nome para a pesquisa, uma descrição e começamos a criar as questões.

É possível criar questões para respostas dissertativas (campo livre para o usuário escrever um texto), de múltipla escolha, escolha de apenas uma alternativa, grade e escala.

A tela para a criação de um formulário é mostrada na Figura 43.

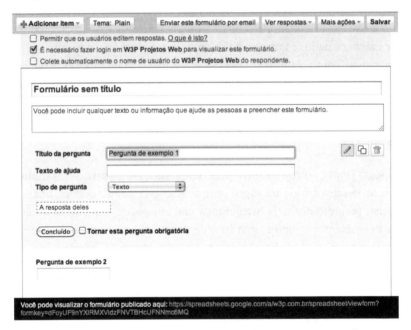

Figura 43 - Tela para criação de formulário de pesquisa no Google Docs.

Podemos adicionar quantas questões quisermos, desde que não deixemos a pesquisa muito extensa, para não cansar as pessoas. Na barra superior, podemos escolher o tema

---

[4] *Template* (ou "modelo de documento") é um documento sem conteúdo, com apenas a apresentação visual (apenas cabeçalhos, por exemplo) e instruções sobre onde e qual tipo de conteúdo deve entrar a cada parcela da apresentação – por exemplo, conteúdos que podem aparecer no início e conteúdos que só podem aparecer no final.

ou o *template* que será aplicado à pesquisa, para formatá-la visualmente. Após criada a pesquisa, podemos associá-la a um *e-mail marketing*, bastando para isso que criemos um *template* do tipo "convite", um *e-mail* que explica aos destinatários os propósitos da pesquisa, como ela funciona, o que podemos identificar com base nos resultados fornecidos e como pretendemos usar essa informação. Nesse *e-mail*, colocamos *links* para a página da pesquisa e pedimos para o destinatário acessá-la. No rodapé da tela de pesquisa do Google Docs, podemos encontrar o *link* que devemos enviar aos destinatários.

Notemos que, para qualquer usuário poder acessar o endereço de nossa pesquisa, é preciso desmarcar a opção "É necessário fazer *login* em (Nome de nossa conta Google) para visualizar este formulário".

Para que ações de pesquisa *on-line* sejam bem sucedidas, os mentores do Google Docs apresentam as seguintes recomendações:

- Devemos ser transparentes quanto aos objetivos da pesquisa. Isso exige que expliquemos claramente como pretendemos utilizar as informações fornecidas na pesquisa, se pretendemos manter sigilo sobre elas, se o destinatário deve autorizar a divulgação de suas respostas etc.

- Para aumentar a eficiência das respostas, podemos, se for o caso, disponibilizar brindes aos autores das "melhores respostas" ou aos primeiros que responderem a pesquisa, por exemplo. Ações com prêmios, que têm um caráter de concurso cultural, tendem a ter mais sucesso de participação de público.

- Podemos divulgar os resultados da pesquisa em nosso *site* ou nas redes sociais, se for o caso. As pessoas que a responderam podem gostar de saber como as informações que elas nos forneceram influenciaram nos resultados da pesquisa. Há exemplos de pesquisas utilizando o Google Docs em que, após contabilizados os resultados, seus promotores escrevem um *post* em seus *blogs* com alguns *highlights*, do tipo "56% das pessoas que responderam à nossa pesquisa disseram ter dificuldades em lidar com sua plataforma de envios de *e-mail*".

- Não devemos criar pesquisas extensas. Uma boa ideia é acrescentar ao *mailing* de *e-mail* da pesquisa o tempo médio que o destinatário vai levar para respondê-la, algo do tipo "você só precisa de dois minutinhos do seu tempo". Assim, ele sabe de antemão que a pesquisa não deve ser longa.

Importante lembrar que o Google Docs tabula parcialmente os dados, mas não efetua cruzamentos.

O primeiro passo que devemos executar é montar nosso questionário como um formulário no próprio Docs. Por exemplo, quando inserimos uma pergunta de múltipla escolha, o próprio aplicativo abrirá tantas colunas quantas forem necessárias para que visualizemos as respostas. Ele faz isso automaticamente, inserindo colunas ao final da última pergunta do questionário. Depois disso, se não enviarmos o questionário por *e-mail* para que cada entrevistado insira suas próprias respostas – o que facilitaria nosso trabalho, já que cada entrevista respondida colocaria os dados diretamente na planilha de tabulação –, teremos que inserir os dados linha por linha, sendo cada linha para um questionário, usando a estrutura do próprio Google Docs que ele já deixa montada.

Inseridas as respostas, podemos usar a ferramenta "Filtro de dados", que funciona como no Excel (aliás, podemos até exportar todos os dados depois de inseridos e trabalhar diretamente no Excel, que é mais fácil, porque não é *on-line*). O filtro nos dirá quantos entrevistados optaram pela resposta A, B ou C, facilitando as coisas para que montemos as tabelas individuais de cada pergunta.

A realização de pesquisas utilizando plataformas tornadas disponíveis por meio da *Web* tem viabilizado a coleta de informação de grande relevância para o mercado como um todo. A vantagem é que elas são de custo baixo e proporcionam alto retorno. Os americanos sugerem até, desde que passaram a adotar a pesquisa via *web*, que nos esqueçamos do *telemarketing* e da mala direta.

Klein (2007) relata experiências vividas por ela, em que, entre suas mensagens novas na caixa de entrada do correio eletrônico, recebe o informativo de uma revista feminina americana. A partir desse informativo, ela tem acesso às chamadas para as principais matérias da próxima edição e notícias recentes postadas no *site*, pode apreciar promoções, destaques em produtos vendidos em um catálogo eletrônico da própria publicação e um convite para participar de uma pesquisa.

Afirma a autora que:

> *A recompensa – um número para um sorteio de vários kits de cosméticos – é atraente. E lá vou eu seguir o link indicado. Em menos de dez minutos, e de maneira muito simples, completo o percurso, fornecendo informação valiosas sobre o meu perfil e hábitos de consumo para uma montadora de carros (aposto, pelo teor da pesquisa); além de despejar ali boas ideias sobre o que gostaria de ver publicado, fazendo a festa da equipe editorial em próximas reuniões de pauta; e ainda dando à área comercial da editora dados para justificar preços e adequação da mídia para investidas publicitárias*

de empresas ligadas ao mercado automobilístico. Isto tudo sem sair de casa e sem me sentir invadida por telefonemas de operadores de telemarketing que apenas recitam seus scripts ou de cartas-resposta que invariavelmente parariam no lixo. Da mesma forma, a empresa que encomendou a pesquisa reduziu seus gastos e teve acesso a resultados de maneira rápida, provavelmente com a possibilidade de emissão de relatórios diversos a partir da mesma base de dados. Ganha-ganha total, com todo mundo muito feliz (eu mesma, pela experiência, apesar do azar no sorteio).

Mas esses, segundo Klein (2007), são apenas alguns dos benefícios ao se usar a Internet como base para a aplicação de questionários. Profissionais do meio ressaltam, em artigos acadêmicos divulgados pela *web*, as principais vantagens dessa nova forma de fazer pesquisas:Facilidade em modificar as questões.

- Fácil acesso a dados preliminares.
- Possibilidade de criação de cota de controle num clique.
- Informação sobre o progresso da pesquisa a qualquer momento.
- Conferência da validade dos dados.
- Boa resposta e atenção por parte do público.
- Baixo custo para implementação.
- Excelência na possibilidade de personalização de questionários.

Uma vantagem adicional é que, ao optarmos por essa plataforma, não concorremos com os aparentemente saturados meios de pesquisa por *e-mail* e telefone, que, de tão usados, contam também com vários mecanismos desenvolvidos para impedir o contato, como sistemas *anti-spam*, identificadores de chamadas, secretárias eletrônicas etc.

Dependendo do mercado a ser estudado, e se ele está na Internet, essa alternativa é rápida, barata e certa, a ponto de, nos Estados Unidos, já existirem empresas especializadas somente em pesquisas dessa natureza. A empresa *e-Rewards*, que recebeu aporte financeiro do grupo investidor Sutter Hill Ventures, por exemplo, promete resultados aos clientes e recompensas aos afiliados. Misturando conceitos de clube de vantagens e rede de relacionamento, a empresa, por meio de seu *site*, convida pessoas a se cadastrarem. Uma vez com uma conta ativa, essas pessoas podem definir o quanto querem participar (ou quantos convites para pesquisa por *e-mail* quer receber). A cada pesquisa respondida, o membro ganha pontos, que variam de acordo com a utilidade dentro da pesquisa. Se for barrado logo nas primeiras perguntas de qualificação, ganha só um

A pesquisa com abordagem quantitativa | **183**

agrado pequeno. Respondendo a tudo, enche a carteira digital. Com os pontos, pode fazer "compras" entre as empresas clientes da pesquisadora.

Klein (2007) relata que ela, por exemplo, respondeu questionários sobre serviços de telefonia e decoração e reverteu seu "trabalho" em locações gratuitas de DVDs na Blockbuster, outra cliente. Além dela, são patrocinadores a Pizza Hut, a rede de locação de automóveis Hertz, o conglomerado Hilton e várias companhias aéreas.

O número de empresas que oferecem desde *software* a consultoria para realização de pesquisas de opinião pela *Web* cresce a cada dia. Se entrarmos no Google e digitarmos a expressão "*Web survey software*" podemos atestar a popularidade do tema. São páginas e páginas com *links* para oferta de produtos com funcionalidades variadas a modelos prontos para mercados e objetivos bem específicos. Não faltam também dicas de como montar a pesquisa por conta própria.

Como se vê, nos dias atuais, a quantidade de opções para se obter informação por meio de pesquisas via Internet é bastante significativa, o que, de certo modo, contribui em muito para o aprimoramento cada vez maior da qualidade dos estudos de usuários da informação.

Cabe destacar que o Google oferece várias ferramentas, além do Google Docs, que permitem a realização de pesquisas pela Internet.

Análise de dados

A palavra análise vem do grego e quer dizer separar uma coisa em partes, decompor, para poder observar melhor cada parte e entender tanto a parte como o todo. Recomendam os compêndios de Ciências Sociais que para uma boa análise devemos definir as partes do problema, da situação ou do objeto que se deseja entender, separar as partes e observá-las com acuidade, refletindo sobre elas em particular, encaixá-las no quebra-cabeça e tirar nossas conclusões. Enquanto decidir é, sob muitos aspectos, uma coisa de coração, analisar é algo de cérebro. Portanto, para analisar um problema ou situação, devemos deixar o coração de lado, para, depois, em hora oportuna, voltar a colocá-lo. Isso equivale a dizer que, em muitas das vezes, analisar com emoção atrapalha. Por exemplo, as emoções atrapalham quando criam o chamado *wishful thinking* (pensamento carregado de desejo), isto é, o indivíduo deixa de ver os fatos com isenção e acredita no que quer acreditar, ou, em outras palavras, ilude-se. Além disso, as análises feitas com emoção tendem a levar o sujeito a ver pessoas ou situações do modo como gostaria que fossem, e não como são de fato. Apegos a ideias preconcebidas e preconceitos fazem com que se deixe de enxergar alternativas ou diferentes ângulos das questões.

Para que as análises fossem feitas de forma mais criteriosa e cuidadosa, os especialistas, ao longo do tempo, desenvolveram métodos de análise inicialmente utilizando apenas o bom-senso. É importante saber utilizar esses métodos com cuidado. Além dos métodos particulares de uma disciplina ou uma situação, alguns são universais. Exemplos simples são os prós e os contras. É um pressuposto verdadeiro que, na maioria das vezes, os eventos apresentam aspectos positivos, desejáveis, e aspectos negativos, indesejáveis. É preciso conhecê-los e pesá-los, antes de se tomar uma decisão. Um exercício muito comum e relativamente fácil de identificar esses aspectos é listá-los em uma folha de papel, separando os positivos de um lado e os negativos de outro.

185

Cunha, Amaral e Dantas (2014) recomendam que as análises sejam feitas sem pressa, uma vez que a pressa é considerada a inimiga número um de qualquer boa análise. As análises apressadas muitas vezes levam a visões parciais, em que só se enxerga a superfície, sem que se percebam detalhes, isto é, fazem com que deixemos de perceber a mecânica intrínseca inerente a cada parte do todo.

Ainda que "regras de bolo" nem sempre sejam adequadas ao pensamento científico, os autores relacionam pelo menos cinco pontos que acreditam ser interessantes para uma boa análise:

- Meditar e refletir profundamente sobre o assunto que foi investigado e que é o objeto da análise.

- Conversar e trocar ideias com outras pessoas a respeito do objeto pesquisado.

- Buscar informações adicionais a respeito do objeto que está sendo analisado.

- Interromper temporariamente a análise, a fim de evitar vícios de interpretação e leitura e vieses deles decorrentes.

- Deixar nosso cérebro ditar seu próprio ritmo.

Além desses pontos, não se pode esquecer que uma boa análise requer um raciocínio sem vícios e sem mecanismos ou respostas prontas. As pessoas costumam derrapar facilmente em algumas falhas de raciocínio porque misturam fatos (o que é) com opiniões (como a pessoa avalia os fatos, o que pensa sobre eles), confundem causa (aquilo que provocou um fenômeno qualquer) e efeito (os resultados) – o que é mais perigoso quando dois ou três fenômenos têm a mesma causa –, negam um fato só porque vem da pessoa X ou Y (gostemos ou não de qualquer pessoa, se ela estiver com a verdade, somos obrigados a aceitar) e/ou misturam sequência de tempo com relações de causa e efeito, isto é, raciocinam erroneamente: o fenômeno ocorreu após A ou B; então, A (ou B) foi a causa.

Portanto, uma vez obtidos os dados e a informação deles decorrente sobre os hábitos, as necessidades ou o uso da informação pelos usuários, mediante a aplicação dos métodos e técnicas de coleta anteriormente descritos, temos que analisá-los. Comumente se recorre a técnicas estatísticas, ainda que também seja conveniente, em certos casos, complementar tais técnicas com outras procedentes de disciplinas distintas, como a Psicologia e a Sociologia.

Essa análise permitirá conhecer, de forma relativamente precisa, uma série de dados considerados imprescindíveis à avaliação dos serviços oferecidos por qualquer unidade de prestação de serviços de informação. Alguns desses dados são os tipos de fontes de informação mais utilizados, sua frequência de uso, a idade dos conteúdos procurados, a homogeneidade ou a heterogeneidade que os diferentes usuários apresentam em seus hábitos de informação etc.

Pode-se também realizar estudos comparativos sobre o uso que as pessoas fazem da informação, bem como sua evolução no tempo, a fim de conhecer se existe ou não afinidade em alguma das características que aparecem ligadas ao uso ou predizer o interesse dos usuários a respeito de um serviço específico ou de determinado produto de informação.

Nesse sentido, a análise correta dos dados desempenha um papel vital na adoção de decisões sobre o desenho e o planejamento de novos serviços de informação, bem como na adaptação dos existentes, conforme as novas necessidades detectadas, ou nas mudanças que ocorrem no uso da informação pelos usuários.

Algumas técnicas estatísticas mais utilizadas serão estudadas aqui. Antes, porém, é conveniente revisar alguns conceitos associados a esses tipos de técnicas de análises, que ajudarão a entender melhor seu desenvolvimento.

A análise de dados consiste em se trabalhar o material coletado em uma pesquisa ou estudo, com vistas a identificar tendências, padrões, relações e inferências, à busca de abstrações. Ela está presente em todas as etapas da pesquisa ou do estudo em curso, mas é mais sistemática após o encerramento da coleta de dados.

Alguns possíveis procedimentos são recomendados para que a análise dos dados obtidos a partir de uma pesquisa ou um estudo seja bem feita:

- Inicialmente, é interessante que delimitemos progressivamente o foco de estudo, a fim de que a coleta se torne mais concentrada e produtiva. A delimitação do foco surge do confronto entre o objetivo da pesquisa e as características da situação investigada.
- Devem também ser formuladas questões analíticas, para favorecer a análise e articular os pressupostos teóricos e os dados da realidade.
- O aprofundamento da revisão de literatura também é um ponto importante para a análise, pois facilita a percepção dos principais questionamentos, as convergências e as divergências. Pode ajudar, por exemplo, na descoberta de investigações similares, facilitando, por conseguinte, uma análise comparativa. É fazer uma espécie de ponte entre a fundamentação teórica e os dados coletados.
- A testagem de ideias junto aos sujeitos é importante para esclarecer os pontos obscuros da análise.

- Comentários, observações e especulações feitos ao longo da coleta contribuem igualmente para a análise, uma vez que ajudam a superar a mera descrição.

Após a coleta de dados, uma análise, normalmente, segue duas etapas distintas, sendo que a primeira consiste na avaliação do conjunto de categorias descritivas, tendo o referencial teórico como base inicial de conceitos para a primeira classificação dos dados. Nessa etapa, levamos em consideração o manifesto e o latente (os silêncios e as entrelinhas, por exemplo, no caso de entrevistas). Se necessário, fazemos uso de codificação, ou seja, definimos um critério de classificação segundo as categorias teóricas iniciais e os conceitos emergentes, usando números, letras etc., para reunir componentes similares. Como resultado, temos a elaboração de um conjunto inicial de categorias a serem reavaliadas *a posteriori*, por exemplo, relacionando-as com conceitos mais abrangentes, ou subdividindo-as em componentes menores. A segunda etapa consiste em passar da análise à teorização. Nesse caso, devemos rever a categorização que utilizamos, com vistas a ultrapassar a mera descrição, em um esforço de abstração, buscando estabelecer conexões e relações que apontem novas explicações e interpretações acerca do fenômeno investigado. É a etapa da interpretação para além da descrição.

Na realização da análise de dados básica, o analista de pesquisa se depara com a decisão quanto a usar as medidas de tendência central (média, mediana, moda) ou percentagens (tabelas de distribuição de frequências, tabulações cruzadas). As respostas às perguntas, ou são categorizadas ou tomam a forma de variáveis contínuas. Variáveis categorizadas como "ocupação" (codificada com 1 para arquiteto, 2 para engenheiro etc.), por exemplo, limitam o analista a relatar a frequência e o potencial relativo com o qual cada categoria foi encontrada. Variáveis como idade podem ser contínuas ou categóricas, dependendo do modo como as informações foram obtidas. Um entrevistador pode, por exemplo, perguntar diretamente aos entrevistados qual é a sua idade (o que nem sempre é visto com bons olhos no Brasil) ou em que categoria se inclui a sua idade (de 20 a 30 anos, acima de 30 anos etc.). Se os dados etários reais estiverem disponíveis, a idade média dos respondentes pode ser imediatamente calculada. Se forem usadas categorias, as tabelas de distribuição de frequências e as tabulações cruzadas são as escolhas mais adequadas para a análise. Os dados contínuos, contudo, podem ser dispostos em categorias e as médias podem ser estimadas para dados categorizados aplicando-se a fórmula de cálculo da média para dados agrupados, apresentada anteriormente.

Finalmente, estão disponíveis testes estatísticos que podem indicar se duas médias – por exemplo, a leitura média de livros por homens e por mulheres, entre os usuários de uma biblioteca – ou dois percentuais diferem em uma proporção maior do que seria esperado pelo acaso (erro de amostragem) ou se existe uma relação significativa entre duas variáveis em uma tabela de tabulação cruzada.

Tipos de análise de dados

A análise de dados, segundo Levine, Berenson e Stephan (1998), pode ser de dois tipos:

- **Análise descritiva**, ou seja, o método que envolve a apresentação e a caracterização de um conjunto de dados, de modo a descrever apropriadamente as várias características desse conjunto. A análise descritiva se dá pelas medidas de tendência central (média, moda e mediana) e pelas medidas de dispersão (distribuição de frequência absoluta, distribuição de frequência relativa, amplitude, variância e desvio-padrão). A estatística descritiva trata somente de descrever e analisar uma amostra composta por determinadas observações, sem tirar conclusões ou inferências de toda a população. Isso equivale a dizer que, mediante esse tipo de estatística, as conclusões se limitam à amostra estudada.

- **Análise indutiva ou inferencial**, que é o método que torna possível a estimativa de uma característica de uma população ou a tomada de uma decisão referente à população com base somente em resultados de amostras. A análise inferencial se dá por análises multivariadas e permite que se tirem conclusões a respeito de uma população a partir da análise de uma amostra representativa desta. Nesse caso, as conclusões que se obtêm superam o limite da amostra estudada. As técnicas de análise multivariada possibilitam avaliar um conjunto de características levando em consideração as correlações existentes, que permitem que inferências sobre o conjunto de variáveis sejam feitas em um nível de significância conhecido.

Em primeiro lugar, é preciso identificar o tipo de distribuição dos dados para saber que tipo de análise aplicar. Sob esse ponto de vista, a análise pode ser **paramétrica** ou **não-paramétrica**. Os **testes paramétricos** obrigam a que as populações envolvidas obedeçam a certas premissas. A análise paramétrica serve, entre outras coisas, para comparar produtos ou serviços em desenvolvimento com os já existentes, com base em certas variáveis chamadas de parâmetros comparativos. Os parâmetros, por sua vez, podem ser classificados como quantitativos e qualitativos. Parâmetros quantitativos são características de uma população que podem ser expressos numericamente (por exemplo: idade média dos usuários de uma biblioteca, porcentagem de livros emprestados pela biblioteca em determinado período ou qualquer outra medida quantificável). Parâmetros qualitativos são aqueles que servem para comparar ou ordenar os produtos e serviços, mas não apresentam uma medida absoluta (por exemplo: qual a biblioteca mais confortável? Qual a que se adapta melhor às condições exigidas por seus usuários? Qual é a forma mais simples de facilitar o acesso ao acervo da biblioteca?). A análise

não-paramétrica é aquela que permite a análise de dados, porém sem a exigência do conhecimento de sua distribuição. Nos testes não-paramétricos, portanto, as populações não têm que obedecer a quaisquer premissas. Assim, esses testes são também designados por testes *distribution-free*[1].

Para tentar explicar melhor as análises paramétricas e não-paramétricas, suponhamos que um pesquisador esteja interessado em determinar o nível de eficiência de dois processos, a fim de se decidir pela adoção entre um e outro, com vistas a aprimorar o serviço oferecido aos usuários de informação de uma unidade de prestação de serviços de informação técnica. Pretende, então, oferecer aos usuários os dois processos, durante determinado período de tempo, ao final do qual a eficiência de cada um será avaliada. Acompanha, assim, diariamente, a utilização dos dois processos pelos usuários de informação da unidade de informação. Ao final do período de acompanhamento, analisa o comportamento dos usuários em relação a cada um dos dois processos, a fim de decidir sobre qual deles será mantido. Se optar por uma análise paramétrica, o pesquisador terá de definir um modelo a que os dados se ajustem (por exemplo, critérios de uso, rapidez na obtenção da informação, tempo de consulta etc.) e determinar quais os parâmetros que ajudam a medir esse modelo (indicadores). Os parâmetros obtidos devem ser diferentes para cada processo. Nas análises paramétricas, portanto, o pesquisador realiza comparações entre tais parâmetros para verificar se os parâmetros são realmente diferentes entre si e se os respectivos desempenhos dos indicadores diferem entre si. Já nas análises não-paramétricas, o pesquisador não define um modelo e, portanto, não determina parâmetros para os processos. Nesses casos, os testes se referem a outros aspectos dos conjuntos de dados que não são os parâmetros. Um exemplo de análise não-paramétrica bastante utilizada são os testes Qui-Quadrado.

O Qui-Quadrado, simbolizado por X^2, é um teste de hipóteses que se destina a encontrar um valor da dispersão para duas variáveis nominais e a avaliar a associação existente entre variáveis qualitativas. É um teste não-paramétrico, ou seja, não depende de parâmetros populacionais, como média e variância. O princípio básico desse método é comparar proporções, isto é, as possíveis divergências entre as frequências observadas e esperadas para um certo evento. Evidentemente, pode-se dizer que dois grupos se comportam de forma semelhante se as diferenças entre as frequências observadas e as esperadas em cada categoria forem muito pequenas, próximas a zero. Portanto, o teste é utilizado para verificar se a frequência com que um determinado acontecimento observado em uma amostra se desvia significativamente ou não da frequência com que ele é esperado e comparar a distribuição de diversos acontecimentos em diferentes

---

[1] Em geral, os métodos não-paramétricos são aplicados em problemas de inferência no qual as distribuições das populações envolvidas não precisam pertencer a uma família específica de distribuições de probabilidade tal como Normal, Uniforme, Exponencial etc. Por isso, os testes não-paramétricos são também chamados testes livres de distribuição (*distribution free tests*).

amostras, a fim de avaliar se as proporções observadas desses eventos mostram ou não diferenças significativas ou se as amostras diferem significativamente quanto às proporções desses acontecimentos.

O conceito de "método não-paramétrico", ainda está sujeito à discussão dos teóricos da Estatística. Intuitivamente, como o nome sugere, Reis (1997) entende que esse tipo de método é aquele em que as entidades em estudo não são os parâmetros de uma população. O entendimento de Reis está fundamentado na opinião de Conover (1999) de que um método estatístico pode ser considerado não-paramétrico se satisfaz a pelo menos uma das seguintes condições:

a) O método pode ser utilizado com dados na escala nominal, que é mais um procedimento de classificação do que propriamente uma escala, pois os números dela indicam que o objeto pertence a uma determinada classe, mas não indicam nada sobre os outros objetos da classe. Os números nessa escala servem somente como identificação dos elementos a que foram atribuídos. Só é permitido, na escala nominal, contagem e classificações; não é possível executar com esses números qualquer operação, pois servem somente para classificações e contagens. A única estatística válida é a moda e o único teste de significância é o "Qui-Quadrado". Exemplos de escala nominal são: a lista telefônica e a lista de códigos de endereçamento postal.

b) O método pode ser utilizado com dados na escala ordinal, instrumento de medida que ordena os objetos segundo o grau em que eles possuem um dado atributo. São escalas ordinais, por exemplo, os dez livros mais emprestados pela biblioteca, ou a classificação final dos times num campeonato de futebol. Como o seu próprio nome indica, a ordenação dos números numa escala ordinal implica igual ordenação dos objetos. Na escola ordinal, os intervalos ao longo da escala não são necessariamente iguais. Por exemplo, o fato de um time ser classificado em segundo lugar não sugere que ele seja superior ao time classificado em terceiro lugar no mesmo grau, ou que seja inferior ao time classificado em primeiro lugar. Finalmente, como foi o caso na escala de intervalo, uma razão entre as medidas não implica que os dois objetos possuam o atributo na mesma proporção, pois a escala ordinal não possui zero natural.

c) O método pode ser utilizado com dados na escala de intervalos, ou intervalar, que ordena os objetos de acordo com o grau em que possuem um dado atributo, e os intervalos ao longo da escala são iguais. A escala de intervalo permite relações de ordenação e de distância. Um exemplo da escala de intervalo é a escala de um termômetro em graus Celsius ou Fahrenheit. Também pode ser usada a escala de razão, assim denominada porque a razão dos números da escala é igual à razão que descreve o grau em que os dois objetos ou pessoas possuem um atributo. Por exemplo, se um carro está à velocidade de 100 Km/h e outro carro está a 50 Km/h, a razão é de 2 para 1. A escala de razão é usada se a função distribuição da variável aleatória que produz os dados não está especificada, ou está especificada a menos de um número infinito de parâmetros desconhecidos.

De acordo com Fonseca e Martins (1996), as técnicas da estatística não-paramétrica são, particularmente, adaptáveis aos dados das ciências do comportamento. A aplicação dessas técnicas não exige suposições quanto à distribuição da população da qual se tenha retirado amostras para análises. Podem ser aplicadas a dados que se disponham simplesmente em ordem, ou mesmo para estudo de variáveis nominais, diferentemente do que acontece na estatística paramétrica, em que as variáveis são, na maioria das vezes, intervalares. Os testes não-paramétricos são extremamente interessantes para análises de dados qualitativos. Os testes da estatística não-paramétrica exigem poucos cálculos e são aplicáveis para análise de pequenas amostras (n < 30, isto é, menor que 30).

Análise de conteúdo

A análise de conteúdo, considerada ao mesmo tempo uma técnica de pesquisa e uma metodologia de análise de dados, tem sua origem no final do século XIX. Suas características e diferentes abordagens, entretanto, foram desenvolvidas, especialmente, a partir da década de 1940. É uma metodologia de análise de textos que parte de uma perspectiva predominantemente quantitativa, que analisa numericamente a frequência de ocorrência de determinados termos, construções e referências em um dado texto. Nos estudos em Comunicação, é frequentemente usada como contraponto à análise do discurso, eminentemente qualitativa. A análise de conteúdo constitui uma metodologia de pesquisa usada para descrever e interpretar o conteúdo de toda classe de documentos e textos. Essa análise, ao conduzir a descrições sistemáticas, qualitativas ou quantitativas, ajuda a reinterpretar as mensagens e a atingir uma compreensão de seus significados num nível que vai além de uma leitura comum.

Ainda que a fase em que a análise de conteúdo esteve orientada pelo paradigma positivista, que supervalorizava a objetividade e a quantificação, ela está atingindo novas e mais desafiadoras possibilidades, porquanto se integra cada vez mais à exploração qualitativa de mensagens e informação. Conforme Moraes (1999, p. 1), "neste sentido, ainda que eventualmente não com a denominação de análise de conteúdo, se insinua em trabalhos de natureza dialética, fenomenológica e etnográfica, além de outras".

192 | *Pesquisa de mercado*

A análise de conteúdo incide sobre várias mensagens, desde obras literárias até entrevistas. Por meio dela, o investigador:

- Tenta construir um conhecimento analisando o que está sendo apresentado, a disposição e os termos utilizados por quem apresenta.

- Necessita utilizar métodos que implicam a aplicação de processos técnicos relativamente precisos, não devendo se preocupar apenas com aspectos formais, que servem somente de indicadores de atividade cognitiva de quem apresenta.

Essa metodologia de pesquisa faz parte de uma busca teórica e prática, com um significado especial no campo das investigações sociais. Constitui-se em bem mais do que simples técnica de análise de dados. Representa uma abordagem metodológica com características e possibilidades próprias.

Apesar de a análise de conteúdo, historicamente, oscilar entre o rigor da suposta objetividade dos números e a fecundidade sempre questionada da subjetividade, ao longo do tempo, as abordagens qualitativas têm sido cada vez mais valorizadas, valendo-se especialmente da indução e da intuição como estratégias para atingir níveis de compreensão mais aprofundados dos fenômenos que se pretende investigar.

Como método de investigação, a análise de conteúdo compreende procedimentos especiais para o processamento de dados científicos, além de ser caracterizada como uma ferramenta, um guia prático para a ação, sempre renovada em função dos problemas cada vez mais diversificados que se propõe a investigar. Assim, ela pode ser considerada um instrumento único, marcado, porém, por uma variedade de formas e adaptável ao vasto campo de aplicação da comunicação.

Olabuenaga e Ispizúa (1989), citados por Moraes (1999), defendem que a análise de conteúdo é uma técnica para ler e interpretar o conteúdo de toda classe de documentos, que, analisados adequadamente, nos abrem as portas ao conhecimento de aspectos e fenômenos da vida social de outro modo inacessíveis.

A matéria-prima da análise de conteúdo engloba todo e qualquer material oriundo de comunicação verbal ou não-verbal, tal como cartas, cartazes, jornais, revistas, informes, livros, relatos autobiográficos, discos, gravações, entrevistas, diários pessoais, filmes, fotografias, vídeos etc. Há que considerar, entretanto, que os dados decorrentes dessas fontes, na maioria das vezes, não chegam ao pesquisador, como seria desejável, o que exige que eles sejam processados para, assim, facilitar o trabalho de compreensão, interpretação e inferência a que a análise de conteúdo aspira.

Em sua vertente qualitativa, a análise de conteúdo parte de alguns pressupostos, os quais, no exame de um texto, servem de suporte para captar seu sentido simbólico. Como alerta Moraes (1999, p. 2), "este sentido nem sempre é manifesto e o seu significado não é único. Poderá ser enfocado em função de diferentes perspectivas".

Por isso, um texto contém muitos significados e, conforme colocam Olabuenaga e Ispizúa (1989, p.185):

a) o sentido que o autor pretende expressar pode coincidir com o sentido percebido pelo seu leitor;

b) o sentido do texto poderá ser diferente, de acordo com cada leitor;

c) um mesmo autor poderá emitir uma mensagem, sendo que diferentes leitores poderão captá-la com sentidos diferentes;

d) um texto pode expressar um sentido do qual o próprio autor não esteja consciente.

Cabe destacar que será sempre possível investigar os textos de acordo com múltiplas perspectivas, conforme alerta Krippendorf (1990, p. 30):

> *Em qualquer mensagem escrita, simultaneamente, podem ser computadas letras, palavras e orações; podem categorizar-se as frases, descrever a estrutura lógica das expressões, verificar as associações, denotações, conotações e também podem formular-se interpretações psiquiátricas, sociológicas ou políticas.*

É importante lembrar ainda que, apesar de o consenso ou o acordo intersubjetivo a respeito do significado de uma mensagem simplificar a análise de conteúdo, tal coincidência dos significados não é indispensável.

Como salienta Moraes (1999, p. 4):

> *Os valores e a linguagem natural do entrevistado e do pesquisador, bem como a linguagem cultural e os seus significados, exercem uma influência sobre os dados da qual o pesquisador não pode fugir. De certo modo a análise de conteúdo é uma interpretação pessoal por parte do pesquisador com relação à percepção que tem dos dados. Não é possível uma leitura neutra. Toda leitura se constitui numa interpretação. Esta questão de múltiplos significados de uma mensagem e das múltiplas possibilidades de análise que possibilita está muito intimamente relacionada ao contexto em que a comunicação se verifica. Ainda que em sua proposta*

original a análise de conteúdo se preocupasse mais diretamente com o significado das mensagens para os receptores, na sua evolução, assumiram uma importância cada vez maior as investigações com ênfase tanto no processo como no produto, considerando tanto o emissor como o receptor. Ao longo desta evolução, cada vez mais, a compreensão do contexto evidencia-se como indispensável para entender o texto. A mensagem da comunicação é simbólica. Para entender os significados de um texto, portanto, é preciso levar o contexto em consideração. É preciso considerar, além do conteúdo explícito, o autor, o destinatário e as formas de codificação e transmissão da mensagem. O contexto dentro do qual se analisam os dados deve ser explicitado em qualquer análise de conteúdo. Embora os dados estejam expressos diretamente no texto, o contexto precisa ser reconstruído pelo pesquisador. Isto estabelece certos limites. Não é possível incluir, nessa reconstrução, todas as condições que coexistem, precedem ou sucedem a mensagem, no tempo e no espaço. Não existem limites lógicos para delimitar o contexto da análise. Isto vai depender do pesquisador, da disciplina e dos objetivos propostos para a investigação, além da natureza dos materiais sob análise.

Ainda de acordo com o autor, levando-se em consideração os aspectos mencionados, uma pesquisa que utilize a análise de conteúdo necessita fundamentar-se em uma explicitação clara de seus objetivos, pois, dependendo da abordagem de pesquisa utilizada, a definição dos objetivos pode assumir dois rumos diferentes, conforme ilustra o Quadro 22:

Quadro 22 - Os rumos da definição dos objetivos na análise de conteúdo.

ABORDAGEM DE PESQUISA	RUMOS DA DEFINIÇÃO DOS OBJETIVOS
Quantitativa, dedutiva, de verificação de hipóteses	Os objetivos são definidos de antemão, de modo bastante preciso. Constituem parte essencial do planejamento inicial que precede e orienta as fases posteriores da pesquisa, especialmente a definição dos dados e os procedimentos específicos de análise.
Qualitativa, construtiva ou heurística	A construção, pelo mesmo em parte, pode ocorrer ao longo do processo. Assim como as categorias poderão ir emergindo ao longo do estudo, também a orientação mais específica do trabalho – os objetivos, no seu sentido mais preciso – poderá ir se delineando à medida que a investigação avança. Entretanto, de um modo geral, é possível afirmar que, ao se concluir uma pesquisa, é importante ser capaz de explicitar com clareza os objetivos do trabalho realizado. Quando se utiliza a análise de conteúdo, uma clara explicitação de objetivos ajuda a delimitar os dados efetivamente significativos para uma determinada pesquisa.

Fonte: Adaptado de Moraes (1999, p. 5).

Moraes (1999) relata que naturalmente haveria muitas formas de categorizar possíveis objetivos de pesquisas realizadas utilizando análise de conteúdo, mas que historicamente eles têm sido definidos em seis categorias, levando-se em consideração os aspectos intrínsecos da matéria-prima desse tipo de análise, do contexto a que as pesquisas se referem e das inferências pretendidas. Essa classificação se baseia na definição original de Lasswell (1948), para quem a comunicação é caracterizada a partir de seis questões: 1) quem fala? 2) para dizer o que? 3) a quem? 4) de que modo? 5) com que finalidade? 6) com que resultados? Com base nessa definição, afirma Moraes, pode-se categorizar os objetivos da análise de conteúdo de acordo com a orientação que toma em relação a essas questões.

Veja-se o Quadro 23:

Quadro 23 - Orientação da análise de conteúdo e seus objetivos, a partir de Lasswell (1948).

ORIENTAÇÃO DA ANÁLISE DE CONTEÚDO	OBJETIVO	OBSERVAÇÕES
Quem fala?	Investigar quem emite a mensagem.	Esse estudo naturalmente será efetuado a partir da mensagem, com base na qual se procurará determinar características de quem fala ou escreve, seja quanto à personalidade, ao comportamento verbal, a valores, ao universo semântico, a características psicológicas ou outras. Nesse caso, de certo modo, avança-se a hipótese de que a mensagem exprime e representa o emissor. Frente a esse objetivo, fazem-se inferências do texto ao emissor da mensagem.
O quê?	Verificar as características da mensagem propriamente dita, seu valor informacional, as palavras, os argumentos e as ideias nela expressos.	É o que constitui uma análise temática.
A quem?	Investigar o receptor, procurando inferir as características deste, a partir do que lê ou ouve.	Indicadores e características da mensagem originam inferências sobre quem a recebe.
Como?	Verificar aspectos relacionados a diversas características relacionadas à comunicação e à mensagem.	O pesquisador estará voltado à forma como a comunicação se processa, seus códigos, seu estilo, a estrutura da linguagem e outras características do meio pelo qual a mensagem é transmitida.
Com que finalidade?	Analisar a finalidade é novamente orientar-se para o emissor, mas no sentido de captar as finalidades com que emite uma determinada mensagem, sejam elas manifestas ou ocultas.	O pesquisador se questionará sobre os objetivos de uma dada comunicação, sejam explícitos ou implícitos.
Com que resultados?	Identificar e descrever os resultados efetivos de uma comunicação.	Os objetivos não coincidem necessariamente com os resultados efetivamente atingidos e, assim, a pesquisa pode também explorar a questão da congruência entre fins e resultados.

Fonte: Adaptado de Moraes (1999, p. 5).

As premissas de Lasswell (1948), um dos pioneiros dos estudos das teorias da comunicação, são as seguintes: a) os processos exclusivamente assimétricos; b) a comunicação é intencional e orientada por um objetivo; e c) as funções do comunicador e do destinatário são isoladas.

Lembra ainda Moraes (1999) que a definição de objetivos de uma análise de conteúdo, a partir desse esquema ou de outro, não implica ater-se a uma dessas categorias, e que pesquisas poderão direcionar-se ao mesmo tempo para duas ou mais dessas questões. Similarmente, os métodos e as técnicas de análise poderão variar em função dos objetivos propostos. A percepção do conteúdo e, de modo especial, as inferências atingidas dependem dos objetivos propostos.

A importância da compreensão dos fundamentos da análise de conteúdo reside no fato de o analista conseguir tirar o máximo dessa metodologia, o que implica a compreensão de sua história e o entendimento dos tipos de materiais que possibilita analisar.

Método da análise de conteúdo

Para Moraes (1999), a análise de conteúdo é constituída das cinco etapas apresentadas na Figura 44:

Figura 44 - As cinco etapas da análise de conteúdo, segundo Moraes (1999).

As cinco etapas propostas por Moraes estão focadas principalmente em uma análise qualitativa, embora possam ser aplicadas também em estudos quantitativos. Elas precisam ser necessariamente precedidas das definições normais que acompanham um projeto de pesquisa, ou seja, a definição do problema, o claro estabelecimento dos objetivos da pesquisa e, a partir daí, a reunião dos dados previstos pelo projeto.

Vejamos cada etapa:

1. Preparação

Uma vez de posse da informação a ser analisada, necessitamos, antes de tudo, submetê-la a um processo de preparação, que consiste, ainda segundo Moraes (1999), em:

> » Identificar as diferentes amostras de informação a serem analisadas. Recomenda-se ler todo o material e tomar uma primeira decisão sobre que partes dele estão efetivamente de acordo com os objetivos da pesquisa. Os documentos incluídos na amostra devem ser representativos dos objetivos da análise e a estes pertinentes, além de cobrirem o campo a ser investigado de modo abrangente.

> » Iniciar o processo de codificação dos materiais, a partir do estabelecimento de um código que permita identificar, de modo rápido, cada elemento da amostra de depoimentos ou documentos a serem analisados. Tal código poderá ser constituído de números ou letras que, a partir desse momento, orientarão o pesquisador para retornar a um documento específico, quando assim o desejar.

Mesmo que os documentos que serão examinados por meio da análise de conteúdo seguidamente já existam, eles necessitam ser preparados e transformados, para constituírem a informação a ser submetida a essa análise.

2. Unitarização

A unitarização, de acordo com Moraes (1999), consiste em:

> » Reler cuidadosamente o material, a fim de se definir a unidade de análise, que é também denominada "unidade de registro" ou "unidade de significado". A unidade de análise é o elemento unitário de conteúdo, que será, posteriormente, submetido à classificação, uma vez que toda categorização ou classificação necessita definir o elemento ou indivíduo unitário a ser classificado.

> » Definir a natureza das unidades de análise, que podem ser tanto palavras quanto frases, temas ou mesmo documentos em sua forma integral, o que é feito pelo pesquisador. Para a definição das unidades de análise constituintes de um conjunto de dados brutos, então, os documentos ou as mensagens podem ser mantidos

em sua forma íntegra ou ser divididos em unidades menores. A decisão sobre o que será a unidade depende da natureza do problema, dos objetivos da pesquisa e do tipo de material a ser analisado.

» Reler todo o material e identificar nele as unidades de análise. Assim, cada unidade será codificada a partir do estabelecimento de códigos adicionais, associados ao sistema de codificação já elaborado anteriormente. Com a conclusão desse processo, ter-se-á a divisão das diferentes mensagens em elementos menores, cada um deles identificado por um código que especifica a unidade da amostra da qual provém e, dentro desta, a ordem sequencial em que aparece. Por exemplo, se um documento da amostra recebeu o código "1", as diferentes unidades de análise desse documento poderão receber os códigos "1.1", "1.2", "1.3", e assim por diante.

» Isolar cada uma das unidades de análise. Isso pode ser feito reescrevendo-se cada uma delas em um cartão, de modo a ficarem individualizadas e isoladas. O processo de isolar as unidades de análise exige que estas sejam reescritas ou reelaboradas seguidamente, de modo que possam ser compreendidas fora do contexto original em que se encontravam. Alerta Moraes (1999, p. 7) que:

No processo de transformação de dados brutos em unidades de análise é importante ter em conta que estas devem representar conjuntos de informação que tenham um significado completo em si mesmas. Devem poder ser interpretadas sem auxílio de nenhuma informação adicional. Isto é importante, já que estas unidades, nas fases posteriores da análise, serão tratadas fora do contexto da mensagem original, integrando-se dentro de novos conjuntos de informação e, então, deverão poder ser compreendidas e interpretadas mantendo-se o significado original. É importante salientar que neste processo de fragmentação de um texto necessariamente se perde parte da informação do material analisado. A leitura feita representará sempre uma perspectiva do pesquisador. Entretanto, na medida em que se tem consciência de que não existe uma leitura objetiva e completa de um texto, a perda de informação pode ser justificada pelo aprofundamento em compreensão que a análise possibilita.

» Definir as unidades de contexto. Ainda que seja desejável e importante definir as unidades de análise de modo a terem um significado completo nelas mesmas, é uma prática da análise de conteúdo definir também, juntamente com tais unidades, outro tipo de unidade de conteúdo, que é a unidade de contexto. A unidade de contexto é uma unidade, de modo geral mais ampla do que a de análise, que serve de referência a esta, fixando limites contextuais para interpretá-la. Cada unidade de contexto, geralmente, contém diversas unidades de registro.

A proposição das unidades de contexto se fundamenta no fato já comentado de que, mesmo que uma mensagem possa ser dividida em unidades de significado independentes, ou seja, as unidades de análise, sempre se perderão significados nesse processo. É importante, portanto, que se possa retornar periodicamente ao contexto do qual provém cada unidade de análise, para, desse modo, poder explorar de forma mais completa todo seu significado.

Quando todas as unidades de análise forem identificadas e codificadas, o analista de conteúdo poderá, então, envolver-se com a categorização. Se a quantidade de material a ser investigado for grande, recomenda-se que inicialmente o trabalho de unitarização seja realizado apenas com parte desse material. A partir daí, faz-se um primeiro esforço de categorização, retornando depois à unitarização, para completar o trabalho. Isso é verdadeiro quando as categorias são definidas a partir do material em exame e quando o próprio conceito de unidade de análise é construído a partir do conteúdo investigado.

3. Categorização

Categorização é o procedimento de agrupar dados levando-se em conta a parte comum existente entre eles. A categorização ou classificação é feita por semelhança ou analogia, cujos critérios, previamente estabelecidos ou definidos no processo, podem ser semânticos, originando categorias temáticas, ou sintáticos, quando as categorias são definidas a partir de verbos, adjetivos, substantivos etc. As categorias podem também ser constituídas a partir de critérios léxicos, com ênfase nas palavras e seus sentidos, ou fundamentadas em critérios expressivos, focalizando em problemas de linguagem. Cada conjunto de categorias, no entanto, deve fundamentar-se em apenas um destes critérios.

Moraes (1999, p. 8) cita Olabuenaga e Ispizúa (1989), para quem "o processo de categorização deve ser entendido em sua essência como um processo de redução de dados. As categorias representam o resultado de um esforço de síntese de uma comunicação, destacando neste processo seus aspectos mais importantes".

A categorização, então, é uma operação de classificação dos elementos de uma mensagem que facilita a análise da informação, mas deve basear-se em uma definição precisa do problema, dos objetivos e dos elementos utilizados na análise de conteúdo. Ela é, sem dúvida, uma das etapas mais criativas da análise de conteúdo. Entretanto, seja com categorias definidas *a priori*, seja com uma categorização a partir dos dados, o estabelecimento de categorias necessita obedecer a uma série de critérios.

Segundo Moraes (1999, p. 9), as categorias devem ser:

> » **Válidas, pertinentes ou adequadas**: uma característica inicial e básica de todo e qualquer conjunto de categorias deve ser a sua validade. Uma categorização é considerada válida quando for adequada ou pertinente. Essa adequação se refere aos objetivos da análise, à natureza do material que está sendo analisado e às questões que se pretende responder por intermédio da pesquisa. A validade, ou pertinência, exige que todas as categorias criadas sejam significativas e úteis em termos do trabalho proposto, sua problemática, seus objetivos e sua fundamentação teórica. Além disso, todos os aspectos significativos do conteúdo investigado e dos objetivos e problemas da pesquisa devem estar representados nas categorias. Entre criar novas categorias e criar categorias úteis e significativas, é preciso atingir um equilíbrio em que o número de categorias seja mantido no mínimo necessário. O pesquisador deve ser parcimonioso nesse sentido. Quando as categorias são definidas *a priori*, a validade, ou pertinência, pode ser construída a partir de um fundamento teórico. No caso de as categorias emergirem dos dados, os argumentos de validade são construídos gradativamente. Uma categorização válida deve ser significativa em relação ao conteúdo dos materiais que estão sendo analisados, constituindo-se numa reprodução adequada e pertinente desse conteúdo.

> » **Exaustivas ou inclusivas**: para que um conjunto de categorias seja considerado exaustivo, deve possibilitar a categorização de todo o conteúdo significativo definido conforme os objetivos da análise. Assim, cada conjunto de categorias deve ser exaustivo no sentido de possibilitar a inclusão de todas as unidades de análise, sem que fique de fora nenhum dado

significativo que não possa ser classificado. A regra da exaustividade precisa ser aplicada aos conteúdos efetivamente significativos do estudo. Os objetivos da análise definem o conjunto de dados que efetivamente deverão ser categorizados. Uma vez tomada essa decisão, as categorias deverão ser exaustivas, ou seja, ter possibilidade de enquadrar todo o conteúdo.

» **Homogêneas**: a organização das categorias deve ser fundamentada em um único princípio ou critério de classificação. Um conjunto de categorias é homogêneo quando todo o conjunto é estruturado em uma única dimensão de análise, que equivale a dizer, numa perspectiva quantitativa, que deve basear-se numa única variável. Se houver mais de um nível de análise, o critério de homogeneidade deve estar presente em todos os níveis. É importante ainda que essa homogeneidade não seja garantida somente em conteúdo, mas também em nível de abstração.

» **Exclusivas ou mutuamente exclusivas**: garantidas a exaustividade e a homogeneidade de suas categorias, o analista de conteúdo precisa assegurar ainda que cada elemento possa ser classificado em apenas uma categoria. É o critério de exclusividade ou exclusão mútua. Um mesmo dado não pode ser incluído em mais de uma categoria, ou seja, cada elemento ou unidade de conteúdo não pode fazer parte de mais de uma divisão. Para que um conjunto de categorias atenda ao critério da exclusividade, é importante que seja construído um conjunto de regras de classificação bem precisas e claras.

» **Objetivas, consistentes ou fidedignas**: o critério de objetividade ou consistência relaciona-se ao critério de exclusividade. Quando um conjunto de categorias é objetivo, as regras de classificação são explicitadas com suficiente clareza, de modo que possam ser aplicadas consistentemente ao longo de toda a análise, o que significa que não deve ficar nenhuma dúvida quanto às categorias em que cada unidade de conteúdo deverá ser integrada. Quando um conjunto de categorias atende ao critério da objetividade, a classificação não será afetada pela subjetividade dos codificadores. Nessas condições, diferentes pesquisadores deverão chegar a resultados semelhantes quando categorizando as mesmas unidades de conteúdo a partir das mesmas regras de classificação. A questão da objetividade tem sido cada vez mais questionada nas pesquisas qualitativas, tipo de investigação em que o pesquisador muitas vezes acredita em realidades múltiplas e cada um poderá captar dimensões diferentes a partir de um mesmo texto ou mensagem. Isso, entretanto, se refletirá possivelmente mais na constituição de conjuntos diferentes de categorias do que na classificação do conteúdo, uma vez estabelecido o conjunto de categorias. Portanto, mesmo em pesquisas essencialmente qualitativas, o critério da objetividade ou consistência das categorias e da classificação parece continuar significativo e importante de ser considerado.

4. Descrição

Definidas as categorias e identificado o material que constitui cada uma, é preciso comunicar o resultado desse trabalho. O primeiro momento da comunicação e a descrição.

Se a abordagem de pesquisa for quantitativa, a descrição envolverá a organização de tabelas e quadros que apresentem as categorias construídas no trabalho e permitam a computação de frequências e percentuais referentes a elas. Poderá haver diferentes tipos de tabelas, conforme os níveis de categorização utilizados.

Se a abordagem for qualitativa, a descrição tende a ser de outra ordem. Para cada categoria será produzido um texto síntese em que se expresse o conjunto de significados presentes nas diversas unidades de análise incluídas em cada uma delas. Em geral, recomenda-se o uso intensivo de citações diretas dos dados originais.

De modo geral, a organização da descrição será determinada pelo sistema de categorias que se construiu ao longo da análise.

O momento da descrição é de grande importância na análise de conteúdo, uma vez que é aquele em que se expressam os significados captados e intuídos nas mensagens analisadas. De nada adianta investir muito tempo e esforço na constituição de um conjunto de categorias significativo e válido se, no momento de apresentar os resultados, os mesmos cuidados não forem observados. É por meio do texto produzido como resultado da análise que, em geral, se poderá perceber a validade da pesquisa e de seus resultados.

Ainda que o capítulo de um relatório de pesquisa em que se apresentam as descrições dos resultados da análise de conteúdo seja um dos mais importantes do relatório, ele não é suficiente, pois requer que se chegue à interpretação.

Análise de dados | **203**

5. Interpretação

Uma compreensão mais aprofundada do conteúdo das mensagens por meio da inferência e da interpretação é de suma importância na análise de conteúdo.

Vale lembrar que o termo "inferir" refere-se especificamente à pesquisa quantitativa e remete ao teste inferencial de hipóteses, que estabelece os limites em que os achados de um estudo, geralmente feitos a partir de uma amostra, são passíveis de generalização para a população da qual a amostra se origina. Inferir da amostra para a população é, portanto, a extensão das conclusões de um grupo menor para uma população mais ampla.

O termo "interpretação", por sua vez, está mais associado à pesquisa qualitativa, ainda que também esteja presente na abordagem quantitativa, e refere-se ao movimento de procura de compreensão. Toda leitura de um texto constitui-se numa interpretação. Entretanto, o analista de conteúdo exercita com maior profundidade esse esforço de interpretação, e o faz não só a respeito de conteúdos manifestados pelos autores, como também sobre os latentes, sejam eles ocultados de forma consciente ou inconsciente pelos autores.

No movimento interpretativo, duas vertentes se destacam: uma se relaciona a estudos com fundamentação teórica claramente explicitada *a priori*, em que a interpretação é feita por meio de uma exploração dos significados expressos nas categorias da análise, estabelecendo um contraste com essa fundamentação. A outra vertente é aquela em que a teoria é construída com base nos dados e nas categorias da análise. Como a teoria surge das informações e das categorias, nesse caso a própria construção da teoria é uma interpretação. Como alerta Moraes (1999, p. 11), "teorização, interpretação e compreensão constituem um movimento circular em que a cada retomada do ciclo se procura atingir maior profundidade na análise". Para o autor, a interpretação constitui um passo imprescindível em toda a análise de conteúdo, especialmente nas de natureza qualitativa.

Abordagens da análise de conteúdo

Com a análise de conteúdo, o pesquisador pode, entre várias opções, decidir sobre o tipo de conteúdo que se propõe a examinar. Uma questão pertinente, segundo Moraes (1999), é se ele se limitará ao conteúdo manifesto ou se procurará explorar igualmente o conteúdo latente, bem como se optará por uma exploração objetiva ou por a uma análise mais subjetiva.

A análise de conteúdo no nível manifesto se restringe "ao que é dito, sem buscar os significados ocultos", ao passo que, no nível latente, "o pesquisador procura captar sentidos implícitos" (MORAES, 1999, p. 12). Somente após a análise de conteúdo é que o pesquisador "parte da informação manifesta no texto para então dirigir-se à intenção que o autor quis expressar, chegando, às vezes, a captar algo de que nem o autor tinha consciência plena" (MORAES, 1999, p. 12).

Ambos os níveis, o manifesto e o latente, se relacionam às ênfases na objetividade ou na subjetividade, entre as quais a análise de conteúdo oscila. O nível manifesto corresponde a uma leitura representacional, em que se procura a inferência direta do que o autor quis dizer, mas pode ser insuficiente quando se busca uma compreensão mais profunda do conteúdo das mensagens, revelado anteriormente pelo que não foi dito. É como se fosse feita uma leitura que capta, nas entrelinhas, motivações inconscientes ou não manifestas, reveladas por descontinuidades e contradições.

A esse respeito, Moraes (1999, p. 12) propõe a seguinte questão: "como fazer, de forma válida, uma análise de dados subjetiva? ". Para respondê-la, o autor remente a Lincoln e Guba (1982, p. 45), para quem

> [...] a dimensão da objetividade-subjetividade não questiona a objetividade ou a subjetividade do pesquisador. Corresponde à forma de categorização, pois categorias conceituais podem ser estabelecidas a priori para serem aplicadas ao texto, a abordagem objetiva, ou podem constituir-se num processo indutivo, reconstruindo as categorias usadas pelos sujeitos para expressarem suas próprias experiências e visão de mundo, a abordagem subjetiva.

Alerta Moraes (1999, p 13), também com fundamento em Lincoln e Guba (1982), que a ênfase na subjetividade não é inconciliável com o rigor científico, porquanto este não exclui nem substitui sentidos latentes e intuições não quantificáveis. "A análise de conteúdo, numa abordagem qualitativa", afirma o autor, "ultrapassa o nível manifesto, articulando o texto com o contexto psicossocial e cultural".

A opção por uma ou outra alternativa equivale à assunção de alguns pressupostos epistemológicos e de pesquisa, explicitados ou não.

Nas próprias palavras de Moraes (1999, p. 13):

> A discussão anterior, conduzindo-nos através dos níveis manifesto e latente dos conteúdos das mensagens, necessariamente relacionados à questão da objetividade e subjetividade, nos coloca frente ao que poderíamos denominar

Análise de dados | **205**

duas abordagens básicas de análise de conteúdo. Uma (...) pode ser identificada, utilizando uma caracterização proposta por Getz e LeCompte (citado por Lincoln e Guba, 1982) como dedutiva, verificatória, enumerativa e objetiva. A outra, em seu extremo, caracteriza-se por ser indutiva, gerativa, construtiva e subjetiva. Esta bipolarização pode ser interpretada como relacionada à utilização preferencial do raciocínio dedutivo versus indutivo. A primeira procura explicações e generalizações probabilísticas. A segunda visa à compreensão dos fenômenos investigados. A abordagem dedutiva parte de uma teoria, enquanto a indutiva visa chegar à teoria.

O autor alerta que, dependendo da abordagem em que o pesquisador se fundamenta ao realizar sua pesquisa, haverá consequências não só sobre os procedimentos de análise, como também sobre outros aspectos importantes da pesquisa (MORAES, 1999, p. 13). Em seguida, ele faz uma descrição mais completa a respeito dessas abordagens:

*A **abordagem dedutiva-verificatória-enumerativa-objetiva** parte de teorias e hipóteses que propõem sua testagem ou verificação dentro dos cânones da pesquisa tradicional. As hipóteses ajudam a direcionar o processo, definindo, juntamente com a teoria, a natureza dos dados e sua organização, razão pela qual, nesta abordagem as categorias são fornecidas ou estabelecidas a priori, seja a partir da teoria, seja dos objetivos ou das questões de pesquisa. De qualquer modo, nesta abordagem as categorias necessitam ser justificadas a partir de um sólido fundamento teórico. A adoção desta abordagem, em geral, implica a utilização da quantificação como tratamento preferencial dos dados, culminando em testes de hipóteses que possam levar a inferências justificadas dentro de padrões estatísticos da pesquisa quantitativa. Também nesta abordagem a objetividade é altamente considerada, mesmo reconhecendo que isto possa resultar em perda de informação preciosa que porventura as mensagens carreguem, mas que não se enquadrem nas categorias definidas a priori.*

*A **abordagem dedutiva-verificatória** possibilita atingir níveis de precisão, rigor e sistematização mais aceitáveis dentro da visão da pesquisa tradicional. Entretanto, esta opção não foge a todo um conjunto de críticas que têm sido levantadas sobre este tipo de pesquisa e suas limitações. Nesta abordagem, a teoria precede à análise e serve de fundamento para ela.*

206 | Pesquisa de mercado

*A **abordagem indutiva-construtiva** toma como ponto de partida os dados, construindo a partir deles as categorias e a partir destas a teoria. É, portanto, essencialmente indutiva. Sua finalidade não é generalizar ou testar hipóteses, mas construir uma compreensão dos fenômenos investigados. Nesta abordagem as categorias são construídas ao longo do processo da análise. As categorias são resultantes de um processo de sistematização progressivo e analógico. A emergência das categorias é resultado de um esforço, criatividade e perspicácia de parte do pesquisador, exigindo uma releitura exaustiva para definir o que é essencial em função dos objetivos propostos. Os títulos das categorias só surgem no final da análise. Para esta abordagem, segundo Lincoln e Guba (1985), duas estratégias têm sido sugeridas: o método da indução analítica e o método da comparação constante. Tanto um como outro se fundamentam na indução, processo em que as regras de categorização são elaboradas ao longo da análise, e fazem intensa utilização do conhecimento tácito do pesquisador como fundamento para a constituição das categorias. Tanto as categorias como as regras de categorização são permanentemente revistas e aperfeiçoadas ao longo de toda a análise. Nesta abordagem, a teoria emerge da análise, isto é, resulta como um dos produtos dela.*

*A **abordagem indutiva-construtiva** também persegue um rigor científico, ainda que não definido do mesmo modo que o faz a abordagem dedutiva-verificatória. O rigor e a cientificidade na perspectiva indutiva necessita ser construído ao longo de todo o processo, não podendo ser garantido a priori.*

Essas são algumas considerações, propostas por Moraes (1999), sobre certos aspectos da metodologia de análise de conteúdo e suas abordagens e que, por sua importância, julgamos oportuno replicar neste livro. Alerta o autor, entretanto, que uma compreensão mais aprofundada, tanto dos fundamentos como da metodologia de análise em si, somente é adquirida por meio da prática. À medida que tal compreensão avança, o pesquisador sentirá necessidade de se posicionar de modo mais claro a respeito de questões epistemológicas. Ainda na opinião de Moraes (1999, p. 14), "a análise de conteúdo se constitui num instrumento versátil, podendo ser adaptado a uma grande diversidade de pesquisas, especialmente em estudos na área social. Cada pesquisador é desafiado a tentar encontrar a forma de sua utilização nas áreas específicas de seu trabalho".

Referências

AAKER, David A.; KUMAR, V.; DAY, George S. *Pesquisa de marketing*. São Paulo: Atlas, 2009.

AAKER, David A. *Marca*: *Brand equity*: gerenciando o valor da marca. São Paulo: Negócio Editora, 1998.

ALVES, Maria Teresa Gonzaga; SOARES, José Francisco. Medidas de nível socioeconômico em pesquisas sociais: uma aplicação aos dados de uma pesquisa educacional. *Opinião Pública*, Campinas, v. 15, n. 1, p. 1-30, jun. 2009.

ANGROSINO, M.; FLICK, U. (Coord.). *Etnografia e observação participante.* Porto Alegre: Artmed, 2009.

BARDIN, L. *Análise de conteúdo*. Lisboa: Edições 70, 1977.

BARQUETTE, Stael (Org.), CHAOUBAH, Alfredo. *Pesquisa de marketing*. São Paulo: Saraiva, 2007.

BARROS, A. J. P.; LEHFELD, N. A. S. *Projeto de pesquisa*: propostas metodológicas. Petrópolis: Vozes, 1991.

BATRA, R.; HOMER, P. M.; KAHLE, L. R. Values, susceptibility to hormative influence, and attribute importance weights: a nomological analysis. *Journal of Consumer Psychology*, v. 11, n. 2, p. 115-128, 2001.

BRAGA, José Luiz. *Para começar um projeto de pesquisa.* Disponível em: <http://migre.me/kVgEi>. Acesso em: 6 jan. 2017.

CHISNALL, Peter. *Marketing research*: analysis and measurement. New York: McGraw-Hill, 1973.

CHURCHILL, G. *Marketing research*: methodological foundations. New York: The Dryden Press, 1998.

CORRÊA, Kenneth. *Tabulação e análise dos resultados.* 2008. Disponível em: <http://www.administracaoegestao.com.br/pesquisa-de-clima-organizacional/etapa-8-tabulacao-e-analise-dos-resultados/>. Acesso em: 9 jun. 2016, às 15h37.

CUNHA, Murilo Bastos da; AMARAL, Sueli Angelica do; DANTAS, Edmundo Brandão. *Manual de estudo de usuários da informação.* São Paulo: Atlas, 2014.

DANTAS, Edmundo Brandão. *Gestão da informação sobre a satisfação de clientes e orientação para o mercado.* 2007. Tese (Doutorado em Ciência da Informação) – Programa de Pós-graduação em Ciência da Informação, Universidade de Brasília, Brasília.

DAVENPORT, Thomas. *Ecologia da informação.* São Paulo: Futura, 1998.

DELGADO, J. M.; GUTIERREZ, J. *Métodos y técnicas cualitativas de investigación en ciencias sociales.* Madrid: Sintesis, 1994.

DEMBY, Emanuel H. Psychographics revisited: the birth of a technique. *Marketing Research*, Chicago, ILL: The Association, v. 6, n. 2, p. 26-29, spring 1994.

DIAS, Cláudia Augusto. Grupo focal: técnica de coleta de dados em pesquisas qualitativas. In: *Informação & Sociedade: Estudos*, v. 10, n. 2, p. 141-158, 2000. Disponível em: <http://migre.me/vPJiR>. Acesso em: 6 jan. 2017.

DUARTE, Jorge. Entrevista em Profundidade. In: DUARTE, J.; BARROS, A. (Orgs.). *Métodos e técnicas de pesquisa em comunicação.* São Paulo: Atlas, 2003.

ENGEL, J. F.; BLACKWELL, R. D.; MINIARD, P. D. *Comportamento do consumidor.* Rio de Janeiro: LTC, 2000.

FERNANDES, Bruno Portela de Lima. *Segmentação psicográfica de consumidores no Brasil*: um estudo empírico no mercado automotivo. 2007. 174 f. Dissertação (Mestrado em Administração) – Faculdade de Administração, Universidade FUMEC, Belo Horizonte.

FOX, D. *The research process in education*. New York: Holt, Rinehart & Winston, 1969.

FRANCO, M. L. P. B. O que é análise de conteúdo. *Cadernos de Psicologia da Educação*. São Paulo, PUCSP, n. 7, p. 1-31, Ago. 1986.

GENRO FILHO, Adelmo. *O segredo da pirâmide*: para uma teoria marxista do jornalismo. Porto Alegre: Tchê, 1987.

GIL, Antonio Carlos. *Como elaborar projetos de pesquisa*. São Paulo: Atlas, 2002.

GRAWITZ, M. *Méthodes en sciences sociales*. Paris: Dalloz, 1986.

HABERKORN, Ernesto M. *Computador e processamento de dados*. São Paulo: Atlas, 1983.

HAY, I. *Qualitative research methods in human geography*. Oxford: Oxford University Press, 2005.

HOMER, P.; KAHLE, L. A structural equation test of the value-attitude-behaviour hierarchy. *Journal of Personality and Social Psychology*, n. 54, p. 638-664, winter 1988.

KAHLE, Lynn R.; BEATTY, Sharon E.; HOMER, Pamela M. Alternative measurement approaches to consumer values: the list of values (LOV) and the values and life style (VALS). *Journal of Consumer Research*, v. 13, n. 4, p. 405-9, 1986.

KAHLE, Lynn R; KENNEDY, Patricia. Using the list of values (LOV) to understand consumers. *Journal of Consumer Marketing*, v. 6, n. 3 , p. 5-12, 1989.

KAMAKURA, W.A.; NOVAK, T.P. `Value-system segmentation: exploring the meaning of LOV. *Journal of Consumer Research*, v. 19, June, p. 119-32, 1992.

KINNEAR, Thomas, TAYLOR, James. *Marketing research*: an applied approach. New York: McGraw-Hill, 1991.

KOTLER, P. *Administração de marketing*: análise, planejamento e controle. São Paulo: Atlas 1997.

KRIPPENDORFF, K. *Metodologia de análisis de contenido*: teoria e práctica. Barcelona: Ediciones Paidós, 1990.

LINCOLN, Y. S.; GUBA, E. G. *Naturalistic inquiry*. Londres: Sabe, 1985.

Alguns conceitos importantes para se entender pesquisa

LUZ, Ricardo Silveira. *Gestão do clima organizacional*. Rio de Janeiro: Qualitymark, 2003.

MALHOTRA, Naresh K; et al. *Introdução à pesquisa de marketing*. São Paulo: Pearson Prentice Hall, 2005.

MATTAR, Fauze Najib. *Pesquisa de marketing*. Rio de Janeiro: Elsevier, 2012. Edição compacta.

MATTAR, Fauze Najib. *Pesquisa de marketing*. São Paulo: Atlas, 1992. Edição compacta.

MATTAR, Fauze Najib. *Pesquisa de marketing 1* . São Paulo: Atlas, 1999.

McINTYRE, R. P.; CLAXTON, R. P.; JONES, D. B. Empirical relationships between cognitive style and LOV: implications for values and value-systems. *Advances in consumer research*, n. 21, p. 141-146, 1994.

Mick, Jacques; LIMA, Samuel P. *Perfil dos jornalistas brasileiros*: características demográficas, políticas e do trabalho (2012). Florianópolis: Insular, 2013.

MINAYO, M. C. *O desafio do conhecimento*: pesquisa qualitativa em saúde. Rio de Janeiro: Hucitec-Abrasco, 1992.

MITCHELL, Arnold. *The nine american lifestyles*. New York: Warner, 1983.

MORAES, Roque. Análise de conteúdo: limites e possibilidades. In: ENGERS, M. E. A. (Org.). *Paradigmas e metodologias de pesquisa em educação*. Porto Alegre: EDIPUCRS, 1994.

_____. Análise de conteúdo. *Revista Educação*, Porto Alegre, v. 22, n. 37, p. 7-32, 1999.

MOREIRA, H.; CALEFFE L. G. *Metodologia da pesquisa para o professor pesquisador*. Rio de Janeiro: DP&A, 2006.

MOWEN, J. C.; MINOR, M. S. *Comportamento do consumidor*. São Paulo: Prentice Hall, 2003.

MUCCHIELLI, R. *L'analyse de contenu des documents et des communications*. Paris: Les Librairies Techniques, 1977.

NEVES, José Luis. Pesquisa qualitativa: características, usos e possibilidades. *Caderno de Pesquisas em Administração*, São Paulo, v. 1, n. 3, 2. sem. 1996.

NOVAK, Thomas P.; MacEVOY, Bruce. On comparing alternative segmentation schemes: the List of Values and Values and Life Styles. *Journal of Consumer Research*, n. 17, p. 105-109, june 1990.

OLABUENAGA, J. I. R.; ISPIZUA, M. A. *La descodificacion de la vida cotidiana*: métodos de investigación cualitativa. Bilbao: Universidad de Deusto, 1989.

OSGOOD, C. E.; SUCI, G.; TANNENBAUM, P. *The measurement of meaning*. Urbana, IL: University of Illinois Press, 1957.

PAGÉS, M.; BONETTI, M.; GAULEJAC, V.; DESCENDRE, D. *O poder das organizações*. São Paulo: Atlas, 1990.

PIIRTO, Rebecca. *Beyond mind games*: The marketing power of psychographics. Ithaca, NY: Amer Demographics Books, 1991.

PLUMMER, Joseph T. The concept and application of life style segmentation. *Journal of Marketing*, New York, NY: The Association, v. 38, p. 33-37, jan. 1974.

RICHARDSON, R. J. *Pesquisa social*: método e técnicas. São Paulo: Atlas, 1989.

ROKEACH, Milton. *Beliefs, atitudes, and values*. São Francisco: Jossey Bass, 1968.

ROKEACH, Milton. *The nature of human values*. New York: The Free Press, 1973.

ROSEMBERG, F. Da intimidade aos quiprocós: uma discussão em torno da análise de conteúdo. *Caderno CERU*, São Paulo, n. 16, p. 69-80, 1981.

SHETH, L. N. Comportamento do consumidor. In: CZINKOTA, M. R. et al. (Org.). *Marketing*: as melhores práticas. Porto Alegre: Bookman, 2001.

SHIRAISHI, Guilherme (Org.). *Pesquisa de marketing*. São Paulo: Pearson Prentice Hall, 2012.

SILVA, Maria Oneide Lino da; OLIVEIRA, Sandra Suely; PEREIRA, Vanderléa Andrade; LIMA, Maria da Glória Soares Barbosa. Etnografia e pesquisa qualitativa: *apontamentos sobre um caminho metodológico de investigação*. 2010. Disponível em: <http://leg.ufpi.br/subsiteFiles/ppged/arquivos/files/VI.encontro.2010/GT.1/GT_01_15.pdf>. Acesso em 6/3/2018.

Alguns conceitos importantes para se entender pesquisa

SIMÕES, S. P. Significado e possibilidades da análise de conteúdo. *Tecnologia educacional*, v. 20 (102/103): 54-57, set./dez., 1991.

SUE, V. M.; Ritter, L. A. *Conducting on-line surveys*. Los Angeles/London/New Delhi/Singapore: Sage Publications, 2007.

TELEBRÁS – Telecomunicações Brasileiras S. A. TREINAMENTO EM PESQUISA QUALITATIVA. Brasília-DF, nov./dez. 1997.

THURSTONE, Louis Leon; CHAVE, E. J. "Theory of Attitude Measurement." Chapter 1 in: THURSTONE, Louis Leon; CHAVE, E. J. *The Measurement of Attitude*: A psychophysical Method and Some Experiments with a Scale for Measuring Attitude toward the Church. Chicago: University of Chicago.

TOMANARI, Sílvia Assumpção do Amaral; YANAZE, Mitsuru Higuchi. Desmistificando a segmentação psicográfica. In: XXIV CONGRESSO BRASILEIRO DE CIÊNCIAS DA COMUNICAÇÃO, INTERCOM – Sociedade Brasileira de Estudos Interdisciplinares da Comunicação, Campo Grande-MS, 2001.

ZANINI, Débora. *O que é pesquisa etnográfica?*. 2015. Disponível em: https://www.ibpad.com.br/blog/comunicacao-digital/o-que-e-pesquisa-etnografica/. Acesso em 5/3/2018.

Anexos

Anexo 1

Alterações na aplicação do Critério Brasil, válidas a partir de 1/1/2015[1]

A metodologia de desenvolvimento do Critério Brasil que entrou em vigor no início de 2015 está descrita no livro *Estratificação socioeconômica e consumo no Brasil*, dos professores Wagner Kamakura (Rice University) e José Afonso Mazzon (FEA/USP), baseado na Pesquisa de Orçamento Familiar (POF) do IBGE.

A regra operacional para classificação de domicílios, descrita a seguir, resulta da adaptação da metodologia apresentada no livro às condições operacionais da pesquisa de mercado no Brasil.

As organizações que utilizam o Critério Brasil podem relatar suas experiências ao Comitê do CCEB. Essas experiências serão valiosas para que o Critério Brasil seja permanentemente aprimorado.

A transformação operada atualmente no Critério Brasil foi possível graças à generosa contribuição e à intensa participação dos seguintes profissionais nas atividades do comitê:

- Luis Pilli (Coordenador) – Larc Pesquisa de Marketing
- Bianca Ambrósio – TNS
- Bruna Suzzara – Ibope

---

[1] Texto disponível em: http://www.sbpm.org.br/criterios.asp. Acesso em 10/5/2016, às 14h40.

- Marcelo Alves – Nielsen
- Margareth Reis – GFK
- Paula Yamakawa – Ibope
- Renata Nunes – Datafolha
- Tatiana Wakaguri – Ibope
- Sandra Mazzo – Ipsos
- Valéria Tassari – Ipsos

A Associação Brasileira de Empresas de Pesquisa – Abep, em nome de seus associados, registra o reconhecimento e agradece o envolvimento desses profissionais.

Sistema de pontos

Variáveis

	QUANTIDADE				
	0	**1**	**2**	**3**	**4 ou +**
Banheiros	0	3	7	10	14
Empregados domésticos	0	3	7	10	13
Automóveis	0	3	5	8	11
Microcomputador	0	3	6	8	11
Lava-louça	0	3	6	6	6
Geladeira	0	2	3	5	5
Freezer	0	2	4	6	6
Lava-roupa	0	2	4	6	6
DVD	0	1	3	4	6
Micro-ondas	0	2	4	4	4
Motocicleta	0	1	3	3	3
Secadora de roupa	0	2	2	2	2

Grau de instrução do chefe de família e acesso a serviços públicos

ESCOLARIDADE DA PESSOA DE REFERÊNCIA	
Analfabeto/ Fundamental I incompleto	0
Fundamental I completo/ Fundamental II incompleto	1
Fundamental II completo/ Médio incompleto	2
Médio completo/ Superior incompleto	4
Superior completo	7

Serviços Públicos	Não	Sim
Água encanada	0	4
Rua pavimentada	0	2

Distribuição das classes

As estimativas do tamanho dos estratos atualizados referem-se ao total do Brasil e resultados das macrorregiões, além do total das 9 regiões metropolitanas e resultados para cada um das RMs (Porto Alegre, Curitiba, São Paulo, Rio de Janeiro, Belo Horizonte, Brasília, Salvador, Recife e Fortaleza).

As estimativas para o total do Brasil e macrorregiões são baseadas em estudos probabilísticos nacionais do Datafolha e do Ibope Inteligência. E as estimativas para as 9 regiões metropolitanas se baseiam em dados de estudos probabilísticos da GFK, IPSOS e Ibope Media (LSE).

Classe	Brasil	Sudeste	Sul	Nordeste	Centro-Oeste	Norte
A	2,7%	3,3%	3.2%	1,1%	3,7%	1,5%
B1	5,0%	7,0%	6,3%	2,1%	5,7%	2,5%
B2	18,1%	22,7%	21,3%	10,2%	20,3%	11,2%
C1	22,9%	27,3%	29,0%	14,9%	22,6%	14,4%
C2	24,6%	23,9%	24,5%	24,5%	25,9%	28,2%
D-E	26,6%	15,9%	15,6%	47,2%	21,8%	42,1%

Classe	9RM's	POA	CWB	SP	RJ	BH	BSB	SSA	REC	FOR
A	4,3%	4,5%	6,5%	5,0%	3,1%	3,9%	10,6%	1,8%	2,7%	3,6%
B1	6,6%	7,2%	9,2%	8,1%	5,2%	5,8%	11,3%	3,5%	4,0%	4,4%
B2	20,7%	23,7%	26,5%	25,1%	18,3%	20,3%	23,2%	12,6%	12,2%	12,1%
C1	25,0%	28,4%	27,1%	27,9%	24,3%	24,7%	22,2%	21,1%	18,6%	16,7%
C2	25,0%	23,7%	21,1%	23,1%	27,4%	26,7%	18,8%	30,5%	27,3%	24,7%
D-E	18,4%	12,5%	9,6%	10,9%	21,7%	18,5%	13,9%	30,5%	35,1%	38,5%

Cortes do Critério Brasil

Classe	Pontos
A	45 – 100
B1	38 – 44
B2	29 – 37
C1	23 – 28
C2	17 – 22
D-E	0 – 16

Estimativa para a renda média domiciliar
para os estratos do Critério Brasil

Abaixo são apresentadas as estimativas de renda domiciliar mensal para os estratos socioeconômicos. Os valores se baseiam na PNAD 2013 e representam aproximações dos valores que podem ser obtidos em amostras de pesquisas de mercado, mídia e opinião. A experiência mostra que a variância observada para as respostas à pergunta de renda é elevada, com sobreposições importantes nas rendas entre as classes. Isso significa que pergunta de renda não é um estimador eficiente de nível socioeconômico e não substitui ou complementa o questionário sugerido abaixo. O objetivo da divulgação dessas informações é oferecer uma ideia de característica dos estratos socioeconômicos resultantes da aplicação do Critério Brasil.

Estrato Sócio Econômico	Renda média domiciliar
A	20.272,56
B1	8.695,88
B2	4.427,36
C1	2.409,01
C2	1.446,24
D - E	639,78
Total	2.876,05

Procedimento na coleta dos itens

É importante e necessário que o critério seja aplicado de forma uniforme e precisa. Para tanto, é fundamental atender integralmente as definições e os procedimentos citados a seguir.

- **Para aparelhos domésticos em geral:** Devem ser considerados todos os bens que estão dentro do domicílio em funcionamento (incluindo os que estão guardados), independentemente da forma de aquisição: compra, empréstimo, aluguel etc. Se o domicílio possui um bem que emprestou a outro, este não deve ser contado, pois não está em seu domicílio atualmente. Caso não estejam funcionando, considere apenas se tiver intenção de consertar ou repor nos próximos seis meses.

- **Banheiro:** O que define o banheiro é a existência de vaso sanitário. Considerar todos os banheiros e lavabos com vaso sanitário, incluindo os de empregada, os localizados fora de casa e os da(s) suíte(s). Para ser considerado, o banheiro tem que ser privativo do domicílio. Banheiros coletivos (que servem a mais de uma habitação) não devem ser considerados.

- **Lava-Roupa:** Considerar máquina de lavar roupa somente as máquinas automáticas ou semiautomática. O tanquinho NÃO deve ser considerado.

- **Empregados domésticos**: Considerar apenas os empregados mensalistas, isto é, aqueles que trabalham pelo menos cinco dias por semana, durmam ou não no emprego. Não se esqueça de incluir babás, motoristas, cozinheiras, copeiras, arrumadeiras, considerando sempre os mensalistas Note bem: o termo empregado, "mensalista", se refere aos empregados que trabalham no domicílio de forma permanente e/ou contínua, pelo menos cinco dias por semana, e não ao regime de pagamento do salário.

- **DVD:** Considere como leitor de DVD (Disco Digital de Vídeo ou Disco Digital Versátil) o acessório doméstico capaz de reproduzir mídias no formato DVD ou outros formatos mais modernos, incluindo *videogames*, computadores, *notebooks*. Inclua os aparelhos portáteis e os acoplados em microcomputadores.
  Não considere DVD de automóvel.

- **Automóvel**: Não considerar táxis, vans ou *pick-ups* usados para fretes, ou qualquer veículo usado para atividades profissionais. Veículos de uso misto (pessoal e profissional) não devem ser considerados.

- **Micro-ondas:** Considerar forno micro-ondas e aparelho com dupla função (de micro-ondas e forno elétrico).

- **Microcomputador**: Considerar os computadores de mesa, *laptops*, *notebooks* e *netbooks*. Não considerar: calculadoras, agendas eletrônicas, *tablets*, *palms*, *smartphone*s e outros aparelhos.

- **Motocicleta:** Não considerar motocicletas usadas exclusivamente para atividades profissionais. Motocicletas apenas para uso pessoal e de uso misto (pessoal e profissional) devem ser consideradas.

- **Lava-Louça:** Considere a máquina com função de lavar as louças.

- **Secadora de roupas:** Considerar a máquina de secar roupa. Existem máquinas que fazem duas funções, lavar e secar. Nesses casos, devemos considerar esse equipamento como uma máquina de lavar e como uma secadora.

- **Geladeira e *freezer*:** No quadro de pontuação, há duas linhas independentes para assinalar a posse de geladeira e *freezer*, respectivamente. A pontuação será aplicada de forma independente: Havendo uma geladeira no domicílio, serão atribuídos os pontos (2) correspondentes à posse de geladeira; se a geladeira tiver um freezer incorporado – 2ª porta – ou houver no domicílio um *freezer* independente, serão atribuídos os pontos (2) correspondentes ao *freezer*. Dessa forma, esse domicílio totaliza 4 pontos na soma desses dois bens.

Modelo de Questionário sugerido para aplicação

P.XX Agora vou fazer algumas perguntas sobre itens do domicílio para efeito de classificação econômica. Todos os itens de eletroeletrônicos que vou citar devem estar funcionando, incluindo os que estão guardados. Caso não estejam funcionando, considere apenas se tiver intenção de consertar ou repor nos próximos seis meses.

INSTRUÇÃO: Todos os itens devem ser perguntados pelo entrevistador e respondidos pelo entrevistado. Vamos começar? No domicílio tem_____ (LEIA CADA ITEM)

		QUANTIDADE QUE POSSUI			
ITENS DE CONFORTO	**NÃO POSSUI**	**1**	**2**	**3**	**4+**
Quantidade de automóveis de passeio exclusivamente para uso particular					
Quantidade de empregados mensalistas, considerando apenas os que trabalham pelo menos cinco dias por semana					
Quantidade de máquinas de lavar roupa, excluindo tanquinho					
Quantidade de banheiros					
DVD, incluindo qualquer dispositivo que leia DVD e desconsiderando DVD de automóvel					
Quantidade de geladeiras					
Quantidade de *freezers* independentes ou parte da geladeira duplex					
Quantidade de microcomputadores, considerando computadores de mesa, laptops, notebooks e netbooks e desconsiderando tablets, palms ou smartphones					
Quantidade de lavadora de louças					
Quantidade de fornos de micro-ondas					
Quantidade de motocicletas, desconsiderando as usadas exclusivamente para uso profissional					
Quantidade de máquinas secadoras de roupas, considerando lava e seca.					

A ÁGUA UTILIZADA NESTE DOMICÍLIO É PROVENIENTE DE ?	
1	Rede geral de distribuição
2	Poço ou nascente
3	Outro meio

CONSIDERANDO O TRECHO DA RUA DO SEU DOMICÍLIO, VOCÊ DIRIA QUE A RUA É:	
1	Asfaltada/ Pavimentada
2	Terra/ Cascalho

Qual é o grau de instrução do chefe da família? Considere como chefe da família a pessoa que contribui com a maior parte da renda do domicílio.

NOMENCLATURA ATUAL	NOMENCLATURA ANTERIOR
Analfabeto/ Fundamental I incompleto	Analfabeto/ Primário Incompleto
Fundamental I completo/ Médio incompleto	Primário Completo/ Ginásio Incompleto
Fundamental completo/ Médio incompleto	Ginásio Completo/ Colegial Incompleto
Médio completo/ Superior incompleto	Colegial Completo/ Superior Incompleto
Superior completo	Superior Completo

Observações importantes

Esse critério foi construído para definir grandes classes que atendam às necessidades de segmentação por poder aquisitivo da grande maioria das empresas. Não pode, entretanto, como qualquer outro critério, satisfazer todos os usuários em todas as circunstâncias. Certamente há muitos casos em que o universo a ser pesquisado é de pessoas, digamos, com renda pessoal mensal acima de US$ 30.000. Em casos como esse, o pesquisador deve procurar outros critérios de seleção que não o CCEB.

A outra observação é que o CCEB, como os seus antecessores, foi construído com a utilização de técnicas estatísticas que, como se sabe, sempre se baseiam em coletivos. Em uma determinada amostra, de determinado tamanho, temos uma determinada probabilidade de classificação correta, (que, esperamos, seja alta) e uma probabilidade de erro de classificação (que, esperamos, seja baixa).

Nenhum critério estatístico, entretanto, tem validade sob uma análise individual. Afirmações frequentes do tipo "... conheço um sujeito que é obviamente classe D, mas pelo critério é classe B..." não invalidam o critério que é feito para funcionar estatisticamente.

Servem, porém, para nos alertar, quando trabalhamos na análise individual, ou quase individual, de comportamentos e atitudes (entrevistas em profundidade e discussões em grupo respectivamente). Numa discussão em grupo, um único caso de má classificação pode pôr a perder todo o grupo. No caso de entrevista em profundidade, os prejuízos são ainda mais óbvios. Além disso, numa pesquisa qualitativa, raramente uma definição de classe exclusivamente econômica será satisfatória. Portanto, é de fundamental importância que todo o mercado tenha ciência de que o CCEB, ou qualquer outro critério econômico, não é suficiente para uma boa classificação em pesquisas qualitativas. Nesses casos, deve-se obter, além do CCEB, o máximo de informação (possível, viável, razoável) sobre os respondentes, incluindo então seus comportamentos de compra, preferências e interesses, lazer e *hobbies* e até características de personalidade.

Uma comprovação adicional da adequação do Critério de Classificação Econômica Brasil é sua discriminação efetiva do poder de compra entre as diversas regiões brasileiras, revelando importantes diferenças entre elas.

Anexo 2

Elaboração de objetivos – geral e específicos

Prof. Fernando P. Bueno

Alguns verbos sugeridos para a elaboração de objetivos (geral e específicos) de projetos de pesquisa[2].

Sugestão de verbos para elaboração de objetivo geral (palavras abertas que possibilitam diferentes interpretações)			
· Acreditar · Adquirir · Aperfeiçoar · Aprender · Assimilar	· Aumentar · Capacitar · Conhecer · Criar · Desempenhar	· Desenvolver · Entender · Falar · Internalizar · Pensar	· Reconhecer · Saber · Utilizar · Valorar
Sugestão de verbos para elaboração de objetivos específicos (palavras abertas que possibilitam poucas interpretações)			
· Assinalar · Apresentar · Abreviar · Calcular · Aplicar · Argumentar · Acentuar · Converter · Avaliar · Alterar · Adicionar · Categorizar · Classificar · Citar · Combinar · Criticar · Concordar · Computar · Concluir · Demonstrar	· Decompor · Diferenciar · Discriminar · Designar · Deduzir · Derivar · Estimar · Explicar · Exemplificar · Esboçar · Escrever · Enumerar · Empregar · Estabelecer · Generalizar · Identificar · Indicar · Inferir · Interpretar · Justificar	· Mostrar · Modificar · Multiplicar · Nomear · Narrar · Numerar · Organizar · Opinar · Omitir · Ordenar · Planejar · Provar · Propor · Predizer · Parafrasear · Pesquisar · Prever · Precisar · Rotular · Relatar	· Reescrever · Selecionar · Solucionar · Sumarizar · Sintetizar · Sugerir · Sistematizar · Sustentar · Substituir · Subtrair · Sublinhar · Transferir · Transformar · Verificar · Variar · Validar · Verbalizar · Usar

Ademais, apresenta-se um quadro com informações detalhadas para alguns tipos de ações características do processo de apreensão da realidade e reflexão sobre esta, inerente ao desenvolvimento de pesquisas científicas – por meio de sua denominação correspondente –, com a correspondente indicação de verbos que direta ou indiretamente estão relacionados a essas ações.

---

[2] Este documento foi elaborado a partir da adaptação de informações obtidas nos seguintes documentos: BORBA, Amanda Maria de; CARVALHO, Roberta P. Vieira de. **Como construir objetivos educacionais.** Itajaí. [200?]. 03 p.; e UNIVERSIDADE DO VALE DO ITAJAÍ. **Listagem de verbos para auxiliar na formação dos objetivos.** Balneário Camboriú, 2000. 13 p.

Domínio Cognitivo	Verbos		
Conhecimento a utilização desta categoria corresponde à ênfase aos processos psicológicos da memória e refere-se ao conhecimento de elementos específicos, de maneiras e meios de tratar com tais elementos e com os conhecimentos universais, bem como sua abstração num certo campo.	· Apontar · Calcular · Citar · Classificar · Definir · Descrever · Distinguir · Enumerar · Enunciar	· Especificar · Estabelecer · Evocar · Exemplificar · Expressar · Identificar · Inscrever · Marcar · Medir	· Nomear · Ordenr · Reconhecer · Registrar · Relacionar · Relatar · Repetir · Sublinhar
Compreensão refere-se a um tipo de entendimento em que o indivíduo conhece e pode fazer uso do material ou ideia que está sendo comunicada, envolvendo possibilidades de translação, interpretação e extrapolação desta comunicação original.	· Conduzir · Deduzir · Demonstrar · Derivar · Descrever · Determinar · Diferenciar · Discutir · Estimar · Explicar · Exprimir	· Extrapolar · Ilustrar · Induzir · Inferir · Interpolar · Interpretar · Localizar · Modificar · Narrar · Predizer · Preparar	· Provar · Reafirmar · Relatar · Reorganizar · Representar · Revisar · Traduzir · Transcrever · Transformar · Transmitir
Aplicação refere-se ao uso de abstrações em situações particulares e concretas.	· Aplicar · Demonstrar · Desenvolver · Dramatizar · Empregar · Esboçar	· Estruturar · Generalizar · Ilustrar · Interpretar · Inventariar · Operar	· Organizar · Praticar · Relacionar · Selecionar · Traçar · Usar
Análise desdobramento de uma comunicação em seus elementos ou partes constituintes, de modo que a hierarquia ou relação entre ideias são tornadas explícitas (análise de elementos, de relações ou princípios organizacionais).	· Analisar · Calcular · Categorizr · Combinar · Comparar	· Correlacionar · Criticar · Debater · Deduzir	· Diferenciar · Discutir · Distinguir · Investigar
Síntese combinaçao de elementos e partes, de modo a formar um todo (produção de uma comunicaçao singular, de um plano ou indicação de um conjunto de operações ou derivação de um conjunto de relações abstratas).	· Codificar · Compor · Comunicar · Conjugar · Constituir · Construir · Coordenar	· Criar · Dirigir · Documentar · Erigir · Escrever · Especificar · Esquematizar	· Formular · Organizar · Originar · Planejar · Prestar · Produzir · Propor
Avaliação julgamento sobre o valor material para as intenções determinadas (julgamento em termos de evidência interna e/ou externa a partir de referência de critérios selecionados ou evocados).	· Argumentar · Comparar · Contrastar · Decidir · Escolher	· Estimar · Julgar · Medir · Precisar	· Selecionar · Taxar · Validar · Valorizar

Tipografia:	Adobe Devanagari
	Lora
	Montserrat
Papel:	Offset 80g/m2
Impressão:	Teixeira Gráfica e Editora